「法と経済学」叢書 VI

ロバート・G・ボウン著
民事訴訟法の
法と経済学

細野　敦　訳
太田勝造推薦

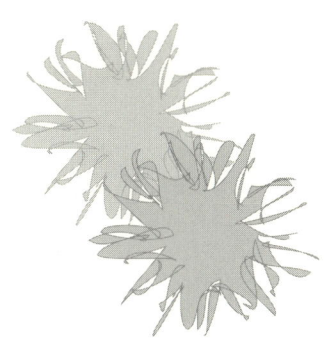

木鐸社刊

妻のエリザベスと息子のジョッシュ
──私の人生の幸福を最大化してくれている2人──
に捧げる

推薦の言葉

　民事訴訟の法と経済学と言えば次のような寓話を想起する読者も多かろう。

　　狐と鴉が大きな蛤を見付けて取り合いになった
　　共に伯夷叔斉の如く空腹だったので
　　両者間には熾烈な紛争が勃発した
　　そこへ望月の満れる面輪に花の如き笑みを浮かべた
　　正義の女神が通りかかった
　　狐も鴉も正義の女神に公正な裁判を願い出た
　　正義の女神はソロモンの如き智慧を以て
　　両者の主張立証を慎重に比較検討し
　　徐に蛤を開き中身をペロリと平らげた
　　目が点になった狐と鴉には
　　ふたみに別れ行った蛤の殻を一つずつ与えた
　　紛争の火種は見事に消失し当事者達は平等な結果を得た
　　「とっても美味しかったわ。これからは仲良くね。バイバイ」
　　正義の女神は霓裳羽衣曲を舞うが如く優雅に去って行った

　言うまでもなく，これはアレグザンダー・ポウプの寓話を潤色したものである。本書を読んで法と経済学の分析ツールをマスターすれば，この寓話の面白さが数倍増すであろう。ここには費用便益分析（効率性）と分配的公正の問題，取引費用と手続的正義の問題などを見ることができる。

　本書の鋭利で説得力のある分析を読んで，法学者には伝統的民事訴訟法理論との連続と不連続を堪能していただきたく，法実務家には民事訴訟が取り組むべきインセンティヴと情報の制禦という問題に洞察を深めより良き実践のための糧としていただきたく，そして，法政策立案担当

者には（限界）社会的総費用と（限界）社会的総便益の間のバランシングに配慮したクリエイティヴな法創造の参考としていただきたい。

＊＊＊＊＊

『民事訴訟法の法と経済学』が細野敦判事という現役の裁判官によって訳出されたことは，日本の民事訴訟法の歴史における「事件」として後世の法制史家に位置づけられるようになるであろうという気がするのは私だけではなかろう。伝統的な民事訴訟法理論においては，確率や期待値概念はもちろん，偽陽性・偽陰性，逆選択，エージェンシー・コスト，さらには集合行為論などの社会科学において確立した分析道具も活用されているとはまだまだ言い難い。それどころか，社会科学では疾っくの昔に否定されたことが議論の前提に置かれることさえないわけではない。そのような状況の中で，細野判事は夙に「判決効の主観的拡張理論とその経済分析」『判例タイムズ』828号72頁以下（1993年）という優れた論文を発表されておられる。このように，法と経済学についての深く広い理解と裁判官としての充実した実務経験とを併せ持つ稀有な存在である細野判事が，多忙を極める裁判実務の合間を見付けて，本書の翻訳の労を取って下さったことに，深い感謝と感銘の念を抱くのは私だけではないであろう。しかも訳文は，日本語として非常にこなれており，翻訳であることを忘れて細野判事の書き下ろしのご著書を読んでいるような気持ちになってしまう。本書が，法律学に関心を持つ国民に広く読まれることを祈念してここに推薦の言葉とさせていただく。

2004年9月
太田勝造

民事訴訟法の法と経済学
目次

《目次》

推薦の言葉　　　　　　　　　　　　　　　　　　太田勝造　3
はじめに　　　　　　　　　　　　　　　　　　　　　　　　8
　第0.1節　実証的法と経済学 対 規範的法と経済学　　　　11
　第0.2節　基本構想　　　　　　　　　　　　　　　　　　13
　第0.3節　本書の内容と章立てについて　　　　　　　　　14

第1部　実証的法と経済学の分析道具

第1章　濫訴の謎：勝ち目のない訴訟が起こされるのは，なぜか？　22
　第1.1節　法と経済学の訴訟モデル　　　　　　　　　　　24
　第1.2節　濫訴の謎を解く　　　　　　　　　　　　　　　41
　第1.3節　分析の精緻化：リスク回避と評判　　　　　　　63
　第1.4節　第1章のまとめ　　　　　　　　　　　　　　　66
第2章　和解の謎：訴訟がトライアルにまで至るのは，なぜか？　67
　第2.1節　法と経済学の和解モデル　　　　　　　　　　　69
　第2.2節　和解の謎を解く　　　　　　　　　　　　　　　74
　第2.3節　和解額を予測する　　　　　　　　　　　　　　87
　第2.4節　分析の精緻化：エイジェンシー・コストと弁護士報酬の取決め　89
　第2.5節　第2章のまとめ　　　　　　　　　　　　　　　93
第3章　合理的選択理論の限界　　　　　　　　　　　　　　95
　第3.1節　概観　　　　　　　　　　　　　　　　　　　　96
　第3.2節　限定合理性　　　　　　　　　　　　　　　　　96
　第3.3節　認知能力の限界　　　　　　　　　　　　　　　100

第2部　規範的法と経済学の分析道具

第4章　プリーディングの最適なルールはどれか？　　　　　116
　第4.1節　プリーディング・ルール一般について　　　　　117
　第4.2節　過誤コストの基礎的分析　　　　　　　　　　　118
　第4.3節　手続コスト　　　　　　　　　　　　　　　　　133
　第4.4節　分析の統合　　　　　　　　　　　　　　　　　135

第4.5節　第4章のまとめ　142
第5章　両面的弁護士報酬敗訴者負担制度を合衆国も導入するべきか？
　　　　　　　　　　　　　　　　　　　　　　　　　143
　　第5.1節　訴え提起のインセンティヴ　144
　　第5.2節　和解のインセンティヴ　152
　　第5.3節　訴訟追行に費用をかけるインセンティヴ　157
　　第5.4節　インセンティヴ相互の影響と法遵守のインセンティヴ　160
　　第5.5節　第5章のまとめ　164
第6章　規範的法と経済学の限界　167
　　第6.1節　公正　対　効率性　167
　　第6.2節　手続的公正についての理論　168

第3部　その他の応用

第7章　ディスカヴァリ　179
　　第7.1節　概観　181
　　第7.2節　法定のディスカヴァリの便益　182
　　第7.3節　法定のディスカヴァリの費用　192
　　第7.4節　ディスカヴァリの改革　199
第8章　遮断効　206
　　第8.1節　請求遮断効の法と経済学　208
　　第8.2節　争点遮断効の法と経済学　215
第9章　クラス・アクション　228
　　第9.1節　クラス・アクションの便益　229
　　第9.2節　クラス・アクションの費用　236
　　第9.3節　クラス・アクション改革への提案　256

おわりに　262

訳者あとがき　264

索引　267

はじめに

> 訴訟戦略や訴訟戦術に適用される法的ルールほど，弁護士の実務にとって切実な重要性を持つものはない。そして，そのような法的ルールとして，いかなるものが望ましいかという問題ほど，深い哲学的課題を突きつけるものはない。
>
> ロナルド・ドゥオーキン[1]

　民事訴訟が「深い哲学的課題」を突きつけるものであるというドゥオーキン教授の主張を前にして，多くの読者は戸惑いを隠せないであろう。実務を知らない学者の取るに足らない戯言に過ぎないと見えるであろう。哲学といえども不法行為法，刑事法，あるいは契約法に対してならば多少は関係があるかも知れないが，民事訴訟と哲学の間に関係などあるわけがない。民事訴訟の目的は，本質的に実務的なものである。すなわち，訴訟が適切に行われることを目的としている。この法分野は，相手方に対して戦略的に優位に訴訟を追行するために弁護士がマスターしなければならない多数の技術的なルールからなっている。深かろうとそうでなかろうと，民事訴訟が哲学的な課題を突き付けたりするものであるわけがない。読者はこのようにいぶかるであろう。
　しかしながら，実際のところは，実はドゥオーキン教授の方が正しいのである。手続ルールの設計に際しては，難しい政策上の問題が突きつけられ，それらはときとして深い哲学的問題につながっているのである。その理由は，手続と実体法の間に密接な関係が存在するからであり，ま

---

[1] Ronald Dworkin, *Principle, Policy, Procedure, in* A MATTER OF PRINCIPLE 72 (1985).

た，優れた手続システムを設計しようとすれば，規範的価値の間のトレード・オフ（二律背反）に必然的に逢着するからである。実体法上の権利は，それを強制するための手続がきちんと整備されていなければ何にもならない。他の人々が合理的な注意義務を果たし，契約を遵守し，プライヴァシーを尊重してその侵害を避けようとするであろうと，われわれが安んじて信頼できるのは，実体法の抑止力のお陰である。そして，実体法の抑止力は，訴訟手続が適切に機能してこそ効果を上げることができるのである。

　ヴォルテールの諷刺小説『カンディド：楽天主義』（1759）に出てくる楽天家のパングロス博士並みの「あらゆる可能性の中で最善の世界」にわれわれが住んでいるとするならば，そこでの訴訟手続は，コスト・ゼロで，しかも完璧な正確さで実体法を強制するであろう。しかし，われわれの現実の世界は資源が限られており，また多くの制約を課されているので，不完全な制度で妥協しなければならない。つまり，強制の過誤を縮減しようとすれば，そのこと自体によってコストを惹起してしまうような不完全な訴訟制度で満足しなければならない。しかも強制の過誤を完全に除去することもできない。訴訟法の直面する困難な課題は，利益とコストの間にちょうどよいバランスを取らなければならないということであり，しかも予測される効果についての情報が非常に不完全な状況でそれをしなければならないということである。訴訟手続が徹底したものになればなるほど，確かに過誤のリスクは減少するが，手続のコストはどんどん嵩むようになり，そのため，他の重要な社会制度のために使えたはずの資源が使い果たされてしまう。その結果，手続ルールの選択は常に，価値相互間の比較という価値判断の困難なトレードオフをもたらすことになる。これらは複雑で，かつ，激しく争われる政策上の問題を提起するとともに，ときとして深い哲学的問題をも提起するのである。

　本書では，このような政策上のトレードオフを解決する1つの方法を説明する。すなわち「法と経済学」と呼ばれる方法論である。法と経済学においては，訴訟手続の諸問題に関する研究が多数なされてきており，それら長年にわたる研究によって，非常に有効な分析道具が開発されて

きている。実際のところ，訴訟制度のほとんど全ての問題に対して，法と経済学の手法は非常に効果的である。たとえば，主張責任・証明責任，正式事実審理を経ないでなされる判決であるサマリー・ジャッジメント，濫訴，多数当事者訴訟（共同訴訟，参加，補助参加）の手続ルール・複数請求訴訟（請求の併合，反訴など）の手続ルール，ディスカヴァリ（証拠開示手続），クラス・アクション（集合代表訴訟），訴訟上の和解，裁判外紛争解決手続（ADR）などの分析に有効である。

　本書を執筆中の2002年のアメリカ合衆国においては，訴訟手続の改革が政治的課題および公共政策上の課題として激しく議論されている。1994年に，共和党の構想である「アメリカとの契約（Contract With America）」政策の下，訴訟手続の改革が政策上の最重要課題として浮上した。それ以来，市町村レベルから国政レベルまで，選挙で公職を目指す候補は必ず，訴訟手続の改革をその政策綱領に入れるようになった。たとえば，濫訴への対応策，クラス・アクションの要件，和解や裁判外紛争解決手続（ADR）の利用促進などである。実際のところ，20世紀を通じて，現在ほど訴訟手続の改革が激しく議論された時期はなかったといえる。そのため，手続ルールは常に流動的となっており，現状の訴訟制度に対する批判者たちは，当事者対立主義や弁論主義の最も根本的な原理までをその批判の俎上に載せている。たとえば，当事者に訴訟追行上のコントロール権を与える原則や，当事者対立型のトライアルに基づいて裁判所が判決を言い渡す原則などが批判の対象となっている。

　このような激しい政治状況の下では，諸々の手続ルールの背後にある政策原理を理解することが，民事訴訟の研究者にとって特に重要であり，そのためには法と経済学の手法が不可欠である。法と経済学の分析道具は，実務で弁護士が自己の依頼者に有利な法解釈を構築する上で，また，裁判官が訴訟代理人の主張の当否を判断する上で，そして，議会や審議会の立法担当者たちが種々の改革提案を評価し公共の利益に最も適うルールを選択する上でそれぞれ役に立つ。事実，将来の訴訟制度のあり方は，法とその背後の政策原理との双方に精通した有能な法律家に託されているのである。

第0.1節　実証的法と経済学　対　規範的法と経済学

　法と経済学は，2つの異なる政策分析道具を提供する。すなわち，実証的分析道具と規範的分析道具である。実証的法と経済学は予測のためのものであり，これに対して，規範的法と経済学は評価のためのものである。提案されたルールについて判断を下すためには，まずそのルールの影響を予測する方法がなければならず，次いで，そのルールを評価する方法がなければならない。その上で，当該ルールが，採用するに値するほどの利点を有しているかについて比較衡量して決定しなければならない。

0.1.1　実証的法と経済学

　実証的法と経済学は，不確実性下の意思決定理論に基づいている。この理論は合理的選択理論と呼ばれる。大まかに要約すれば，合理的選択理論は，人々が結果に対する選好を有しており，かつ，その選好がある特定の意味で規則的になされること，より厳密に言えば，選好がいわゆる「合理的選択の公理 (axioms of rational choice)」を満たすことを仮定している[2]。選好が規則的になされる場合，人々は自己の「期待効用 (expected utility)」を最大化するものを選択する。しかし，期待効用は複雑な概念であるので，本書では，「期待金銭価値 (expected monetary value)」，あるいは縮めて，「期待価値 (expected value)」と呼ばれる比較的単純ではあるが有効な概念定義を用いることにする。

　2）　合理的選択の公理は，個人の期待効用が確実に最大化されるために選好順序が保持していなければならない属性について述べている。公理について詳細に説明するのは本書の範囲を超えるが，簡単に言えば，完全性（あらゆる結果は選好に従ってランク付けすることができる），推移性（結果Lが結果Mよりも好まれ，結果Mが結果Nより好まれるならば，結果Lは結果Nよりも好まれる），さらに多少複雑な代替性，連続性などの属性がある。合理的選択の公理と期待効用理論の詳しい説明として，David M. Kreps, A COURSE IN MICROECONOMIC THEORY 71-81 (1990) 参照。

実証的法と経済学は純粋に記述的方法論である。つまり，人々がどのように行動「すべきか」，については対象としない。単に人々がどのように行動「するか」，を予測するだけである。より厳密に言えば，実証的法と経済学は，人々が期待効用（ないし期待価値）を最大化するように行動すると仮定できるならば，十分に信頼できる行動予測が得られるという前提に依拠している。したがって，実証的法と経済学は，そのもたらす予測が的中する限度において有効である。そして，それらの予測は実は到底完璧とは言い難いものであるが，それはさして驚くべきことでもなかろう。合理的選択理論の限界を実証的に検討する研究が蓄積されてきているので，合理的選択理論に基づく訴訟と和解の基本モデルを説明した後に，第3章においてそのような実証的研究のいくつかを検討する。

0.1.2 規範的法と経済学

規範的法と経済学は，「厚生経済学（welfare economics）」と呼ばれる経済学の別の分野に属する。厚生経済学を他と区別する特徴は，社会的総計を問題とする方法論である。その基本的考え方は，社会厚生を最大化するルールを選択すべきだというものである。法と経済学の研究においては，社会厚生を社会的費用の関数として扱うのが通常である。訴訟手続の分析において社会的費用とは，訴訟当事者の私的な訴訟コスト，裁判システム運営のための公的コスト，および，不正確な判断が惹起する過誤のコストである。したがって，分析の目標は，これらの諸コストの総計を最小化するルールを選ぶというものになる。

規範理論としての厚生経済学が批判の対象となる理由は，それが社会的総計を問題とする方法論だからである。ある特定のルールの下ではAが非常に大きな損失を蒙るが，Bは大きな利益を享受できるとしよう。もしBの利益が十分に大きくて，Aの損失を凌駕するものであるなら，社会的総計としてはネットの利益をもたらすので，このルールの採用は正当化されることになる。しかし，このような形で社会的総計を行うことに対して異議を唱える者も多い。つまり，この方法は，Aの置かれた不利な状況を十分に考慮しておらず，Aが極度に大きな損失を蒙る場合には正当化しえない結果を生じさせてしまうというのである。そこでは，

たとえば，Bの利益がいかに大きくとも，Aにはかけがえのない個人の「権利」があり，そのような個人の権利は社会厚生の総計を最大化するというような目標によっては排除することができないと論じられている。

厚生経済学の支持者たちは，権利や正義への考慮は社会的総計を問題とする方法論と完全に整合的であると反論している。極端な損失を回避しつつ，個人の権利を尊重することは，長期的な社会厚生の最大化にとってしばしば最善の方法なのである。権利論者たちはこの考え方に同意しない。しかしながら，ここで重要なのは，厚生経済学だけが考慮に値する唯一の規範的アプローチだというわけではないという点である。権利に基礎を置く理論や分配的正義の理論なども重要な洞察をもたらしてくれる。本書でもこれらの代替的な理論について第6章で簡単に議論する。

最後の重要な点は次のようなものである。実証的法と経済学と規範的法と経済学との間には論理必然的な関係があるわけではない。厚生最大化目標を受け入れることなく，実証的法と経済学における予測のための分析道具を利用することは可能である。たとえば，個人の権利を保護することが，厚生の社会的総計の最大化よりも優先されるべき場合においても，ルールが個人の権利に与える影響を予測する上で，実証的法と経済学および合理的選択理論が有効であることに変わりはない。事実，帰結を何らかの形で問題とする規範理論はそれがいかなるものであれ，予測を本質的に重要なものとせざるをえないのである。この点は，効用に着目する規範理論然り，権利に着目する規範理論然り，平等に着目する規範理論然りであり，どのようなものであれ何らかの基準尺度に着目する規範理論は全て同様なのである。

第0.2節　基本構想

本書は，政策上の課題や問題についての分析によって構成されている。さまざまな概念や分析道具を単に説明するのではなく，本書は，現在実務上問題となっている重要課題の分析の中に理論的な論点を位置づけることで，教室での議論を喚起したいと考えている。たとえば，第1章は期待価値の考え方と法と経済学における訴訟モデルを紹介しているが，

その際には，濫訴の弊害の程度を予測するという具体的な問題を解決するのに必要な分析道具としてそれらを紹介している。

　本書のような問題志向型のアプローチにはいくつもの利点がある。法律上の政策課題の分析を試みることで，法と経済学の有効性を直接的な形で明らかにすることができる。また，法と経済学は決して単なる理論の寄せ集めに過ぎないのではなく，実践的な法的問題を解決するための有効な分析道具であるという本書の中心的なメッセージを容易に読者に伝えることができる。最後に，問題志向型のアプローチによって，本書がより理解しやすいものとなっただけでなく，より面白く，より有益なものともなったことを願うものである。

　各章の冒頭の枠で囲った中で，その章で扱う法と経済学の概念と分析道具を明示してある。この方法によって読者は，当該の章で何を習得すればよいかを見失わずに済むであろう。主要な分析理論の章（第1章，第2章，第4章，および，第5章）には，さらに，当該章の内容のまとめの節を設けてある。

　本書を読む上で，法と経済学の基礎知識は全く必要がない。本書の目的の1つは，できるだけ広範な人々に読んでもらいたい，ということだからである。さらに，本書では技術的な分析や数学的な分析を一切用いないで説明している。全ての概念は，簡単な数値例を用いて直観的に理解できるように説明してある。一部では，数式を用いた場合もないわけではないが，数式を用いなければ説明できないような場合に限定してあり，しかも最も単純な数式のみを用いてある。さらに，そのような場合にも，読者がそれら数式を用いることなく内容を理解し，応用することができるように最大限の努力を払っている。

第0.3節　本書の内容と章立てについて

　本書は3部構成である。第1部では，実証的法と経済学の分析道具を説明する。第1部の構成は，現在の政策課題にとって重要な，訴訟についての2つの問題を分析する形となっている。第1の問題は第1章で検討されるものであり，原告の中に勝ち目がないことを承知で訴えを提起する者がいるのはなぜか，というものである。この問題に対する答えを

見出すことは，濫訴に対して効果的な規制策を設計するために決定的に重要である。この問題の解決のために必要な分析道具は，期待価値，法と経済学における訴訟モデル，ゲーム理論における均衡概念などである。

第2の問題は第2章で検討されるものであり，訴訟事件の中で，和解で解決されずにトライアルにまで進んでしまうものが出てくるのはなぜか，というものである。この問題の解決は，和解に対する賢明な規制策を設計する上で決定的に重要である。そして，この問題の解決のためには，法と経済学における和解モデル，強硬な交渉態度や当事者間での期待の相違がもたらす効果，および，エイジェンシー・コストと弁護士報酬取決めの影響等について十分な理解が必要である。

第1部の最後の章である第3章では，合理的選択理論の限界について簡単に検討する。そこで示すように，行動経済学の研究成果は，訴訟と和解についての合理的選択理論モデルを修正するために用いることができ，それによってこれらのモデルの予測能力を改善することができる。

第2部では，規範的法と経済学について説明する。第4章と第5章では，この20年の間，政策担当者たちによって非常に注目され議論されてきている2つの政策課題に取り組む。第1の問題は第4章で取り扱われるもので，公正な通知をもたらし，かつ，濫訴のみを効果的に排斥できるようなプリーディング（訴答）のルールは，どのように設計したらよいか，というものである。この問題の分析を通じて，期待過誤コスト，期待手続コスト，および，偽陽性過誤と偽陰性過誤の区別を説明する。さらに，第1章の濫訴の実証的法と経済学の分析を，過誤コストと手続コストの分析枠組みに取り入れるとどうなるかも説明する。

第2の政策的問題は第5章で取り扱われるもので，「イギリス・ルール」と呼ばれる両面的弁護士報酬敗訴者負担ルールをアメリカ合衆国も導入するべきか，というものである。第5章での分析により，たとえば，訴え提起，和解，訴訟追行にかける費用，および，法遵守などの各インセンティヴに対する影響，さらには，複数のインセンティヴ相互の影響を総合的に分析することの重要性が明らかにされる。規範的枠組みで分析するための前提として不可欠な予測を行うために，第4章と同様，第5章でも，第1部で構築した訴訟と和解の実証的モデルを利用する。

第2部の最後である第6章では、規範的法と経済学の限界を検討し、いくつかの代替的アプローチにも簡単に触れる。たとえば、公正さを判断するに際して、手続を基礎にした公正の理論（process-based fairness theory）や結果を基礎にした公正の理論（outcome-based fairness theory）などを概説する。

　第3部では、現在非常に問題となっている民事訴訟手続の3つの分野をさらに検討する。そこでは、現行の民事訴訟の原理を批判的に検討し、それらに対する改革の提案を分析するために、法と経済学の手法を用いる。第7章ではディスカヴァリを取り扱う。第8章では請求遮断効と争点遮断効を取り扱う。第3部の最後であり本書の最後の章でもある第9章では、クラス・アクションを取り上げる。これら3つの章の分析では、いくつか新しい概念を導入するにはするが、基本的には本書でそれまでに構築してきた分析道具の応用である。

* * * * *

　本書が完成するまでには多くの人々のお世話になった。その中でも特にお世話になったのは、ボストン大学の私の同僚のキース・ヒルトン教授と、ヴァジニア大学ロー・スクールのクリス・サンチリコ教授である。両教授は、本書の草稿に目を通して下さり、数多くの有益なコメントを寄せてくださった。おかげで、本書は格段に良くなった。また、同僚のスーザン・コニャック教授にも感謝の意を表わしたい。教授は第9章を読んで下さり、数多くの有益な指摘をして下さった。さらに、本書執筆の際に熱心に手助けをしてくれた研究助手のアラヴィンド・スワミナタン、ピーター・キャンセルモ、ライアン・カニンガム、そして、本書の校正に際してお世話になったアイリス・グライディンジャーに感謝するものである。もちろん、本書に残存する誤りは全て私の責任であることはいうまでもない。

第1部

実証的法と経済学の分析道具

次のような単純な問題を考えてみよう。訴訟遅延は，裁判官の増員でかなりの程度改善するであろうか？　答えは明白であるようにみえるかもしれない。裁判官が多くなれば，裁判所は事件をより迅速に処理し，未済事件数を減少させ，それにより，訴訟遅延を緩和することができる。しかし，ことはそれほど単純ではない。

裁判に要する期間が短くなれば，訴訟（トライアル）はより魅力的な選択肢になる。そうすると，さらに多くの訴訟事件が提起されることになるが，提起された事件のうち和解で解決される件数は少なくなる。裁判の事件数が増加すれば，未済処理件数は増加し，裁判に要する期間も長期化する。結局，裁判官を増員すると，直接的な効果として，一定期間に処理される事件数は増加するが，他方で，処理の必要な訴訟事件数もまた増加するという間接的な効果も生じることになるのである。直接的な効果は訴訟遅延を緩和する方向に働くが，間接的な効果は訴訟を長期化する方向に働く。結論は，どちらの効果がより優っているかにかかっている。

もう1つ間接的な効果があり，これにより，分析はさらに複雑になる。判決までの期間が短縮されると，原告は迅速にお金を手に入れることができるから，金銭賠償の実質的価値は高くなるが，他方で，被告は早期の金銭支払を余儀なくされるから，その損失は以前より大きくなる。このことは，双方の当事者にとって，係争利益が大きくなっていることを意味するが，係争利益が大きくなればなるほど，通常，当事者は訴訟に多額の費用を使うことになる。訴訟当事者は，ディスカヴァリ（証拠開示手続）で，たとえば，過剰に申立てを行い，より激しくこれを争い，また，さらに複雑な争点を持ち出すなどして，多額の費用を支出するかもしれない。訴訟でより激しく争えば，裁判に費やす時間は長くなり，そのため，訴訟遅延はさらに悪化する。

この例は，訴訟という戦略的な状況下において，予測という作業がどれだけ複雑となりうるか，また，直接的な効果だけでなく，間接的な効果を考慮することがいかに大切かを示している。実証的法と経済学の分析道具には，複雑な問題をより扱いやすくし，生じうるすべての影響を特定したり，その影響の度合いを測ったりするための体系的手段を提供

するという長所がある。

モデルの利点と限界

　実証的法と経済学は，複雑な現実の生活を抽象化したモデルに大きく依存している。たとえば，すでに見た訴訟遅延に関する簡単な分析について言えば，最初に分析を始めた裁判システムのモデルでは，事件数と和解件数が一定で，かつ，当事者の訴訟に対する費用の投入が一定レベルのものであることを前提にしていた[1]。分析が複雑になるにつれて，状況設定はより詳細になり，複雑さも増した。初めに，われわれは，事件数と和解件数が一定であるという条件を緩め，次いで，訴訟に対する費用投入の金額が係争利益の大きさに応じて異なることを受け入れた。それでもなお，この分析では，現実世界の細かな部分はほとんど無視されている。

　モデルは現実世界を抽象化するという理由で，これに反対する者もいる。彼らは首を傾げるのである。モデルでは現実のかなりの部分が無視されているのに，どうして有益な予測ができるのか，と。しかし，実際には，抽象化というのは短所というよりむしろ長所であり，合理的思考における不可欠な側面である。人間の思考では，到底，現実に生起する出来事の微妙な差異や細部のすべてを処理することはできない。モデルは，状況を抽象化することによって，目に見えない法則を認識し，扱いやすい方法で問題を処理することを可能にするのである。高速道路での車線変更という日常的な行動でさえ，運転する者の行動と道路状況に関して抽象的なモデルを構築して行われている。このモデルでは，とりわけ，車を運転する者が合理的に行動すること，車を運転する者は事故を避けようと注意を払っていること，車を運転する者は少なくとも交通ルールについて基本的な理解を持っていることが仮定として置かれている。このモデルは通常はうまく機能するが，うまく機能しないときには，事

　1）　さらなる前提として，事件数は各裁判官に均等に割り当てられるとともに，期日簿が事件で一杯になることがあっても裁判官の事件処理能力は影響を受けないというようなことがある。

故をもたらすことが多い。

　したがって，モデルの目的は，現実をそのまま写すことではありえない。もっとも，モデルは，合理的に信頼することのできる予測を担保する程度には，現実に近いものでなければならないが，予測の過程を実行不可能なくらい複雑にするほど現実に近いことまでは要しない。重要なのは，行動に最も強い影響を与える要素を含みながら，他方で，ほとんど影響のなさそうな要素は除外するということである。

　われわれが日常生活で普通に使うモデルは，その場限りの，インフォーマルなものであるが，法と経済学のモデルは，精密，体系的，かつ，しばしば数学的なものである。どちらのモデルも有用であるが，数学的モデルは政策分析により利点を発揮する。すなわち，その厳密さによって分析がより明晰になるので，分析を行おうとする者は，どの条件が必要で，異なった変数がどのように互いに影響しあうかを明快に理解することができる。

　モデル化の作業は，予測を行うための唯一の方法ではない。実証的研究やインフォーマルな経験も役に立つ可能性がある。しかし，モデル化の作業が訴訟手続において特に重要なのは，訴訟の過程では，他に取りうる方法がほとんど制限されているからである。訴訟の過程に関して，信頼するに足る実証的研究は極めて少ない。つまり，将来の研究のための資金は乏しいし，実効性のある研究プランは根本的な方法論的障害に直面している。たとえば，倫理的な配慮から，現実の社会で比較実験を行うことは困難である。また，セレクション・バイアスによって事件のサンプルに偏りが生じるし，守秘義務を重視すると，和解のデータやその他の種類の情報を利用することができなくなる。さらに，インフォーマルな経験は，有用であるときもある反面，信頼できないことも多い。記憶は，喚起する過程で自然に変化し，細部をゆがめる傾向を持っているからである。

　実際，モデル化の作業と経験的手法とは，互いに補い合うことが可能である。モデルは，経験的に実証可能な関係を明らかにし，もし経験的に導かれた結果がモデルの予測を実証するならば，モデルの信頼性は高まる。また，両者の関係は逆方向にも働く。すなわち，経験的に導かれ

た結果（および広く共有されているインフォーマルな経験）によって，モデルに含まれるべき最も特徴的な変数が明らかになるので，これをモデル構築の指標にすることができる。端的に言えば，経験的な手法は，モデルを実証し，精緻化するのに役立ち，そのモデルが，今度は，実証的研究を方向づけるのに役立つことになる。

まとめ

経済学者は，数学という言語によってモデルを表現することが多いが，その理由は，数学が高度な正確さを持ち，予測を導くための強力な分析手法を提供するからである。しかし，残念ながら，数学を使用すると，数学者でない者にとってはモデルが利用しにくくなり，ときにはモデル化の作業一般に対する敵意を生み出すことさえある。これは不幸なことである。モデルの論理は，ほとんどの場合，堅苦しい数学を使用しなくとも，あるいは，少なくとも単純な計算（加えて，簡単な代数学）のレベル以上の数学を用いなくとも，表現しうるものである。そこで，本書におけるモデルは，すべて最小限の数学的用語を使って表現されている。

第1章

濫訴の謎：勝ち目のない訴訟が起こされるのは，なぜか？

概念と分析道具

- 合理的選択と期待価値
- 法と経済学における訴訟モデルと訴訟提起の意思決定
- 回収不能費用
- 簡単なゲイム理論
  ・均衡の概念
  ・情報の非対称性と一括化戦略
- リスク回避
- 評判効果

　濫訴は，今日，強い関心を集めている問題である。濫訴は，膨大な未済事件数，裁判の長期化，高額な訴訟費用，あるいは，技術革新と活発な競争を妨げる過大な賠償責任[2]を初めとする，司法制度の最も深刻な諸問題に原因があると広く信じられている。1980年代には，連邦裁判所は，プリーディング（訴答）の要件を厳しくすることで濫訴に対応したが，さらに，1995年には，連邦議会が，私人による証券訴訟改革法（Pri-

---

　2）　一般向けの出版物の中で特に著名な例といえば，原告がホットコーヒーのカップをこぼして負った熱傷に対する損害の賠償を求めて訴えを提起した「マクドナルドのホットコーヒー事件」である。Liebeck v. McDonald's Restaurants, P.T.S., No. CV‐93‐02419, 1995 WL 360309 (D.N.M. August 18, 1994) 参照（16万ドルの填補損害賠償金と270万ドルの懲罰的損害賠償金の支払いを命じた点を含めて，陪審の評決が報告されている）。

vate Securities Litigation Reform Act)[3] で，証券詐欺クラス・アクションに対し，厳しい要件のプリーディングを立法化した。1983年には，連邦民事訴訟規則の改正諮問委員会が連邦民事訴訟規則11条を改正し，濫訴に対する制裁を強化した[4]。そして，1986年には，連邦最高裁が，トライアル以前に，言いがかりの訴訟や根拠のない訴訟を排除する手段として，主張自体失当などの場合も含めて，正式事実審理を経ずに簡易迅速に請求を棄却する判決であるサマリー・ジャッジメントを利用する道を広げた[5]。

　この強い関心にもかかわらず，われわれは濫訴について実際はほとんど何も知らないに等しい。この分野の実証的研究は現実に行うのが極めて難しいが，その理由は，ほとんどの訴訟が和解で終了し，和解で終わることによってその訴訟が濫訴であったかどうかが分からなくなるからである。事実，濫訴がどの程度横行しているのかはほとんど分からない。もし，ある訴訟が濫訴であるならば，原告が裁判で勝訴する確率はほとんどないことになる。そうすると，彼は，なぜ弁護士に依頼して，訴状を起案してもらう費用を払ってまで，敗訴確実な訴訟を追行するのであろうか？

　勝ち目のない訴訟を起こす原告は和解を狙っているのだというのが一般的な答えである。しかし，この答えはさらなる問題を提起する。原告にとって勝ち目のない訴訟で，一体なぜ被告は和解しようとするのであろうか？　一般的に考えられている理由は，被告はトライアルに金をかけるよりも，和解で迷惑料を払った方が得をするというものである。し

---

3) Pub. L. No. 104-67, 190 Stat. 737 (1995). 厳格なプリーディングの条項は 15 U.S.C. § 78u-4(b)(2) に規定されている。

4) 連邦民事訴訟規則11条（1983）参照。その10年後，連邦民事訴訟規則改正諮問委員会は，その中の厳格すぎる規定のいくつかを削除して同規則を改正した。この改正された規則が現在施行されているルール11である。連邦民事訴訟規則11条（1993）参照。

5) Celotex Corp. v. Catrett, 477 U.S. 317 (1986); Anderson v. Liberty Lobby, Inc., 477 U.S. 242 (1986); Matsushita Elec. Indus. Co. v. Zenith Radio Corp., 475 U.S. 574 (1986).

かし，なぜそうなるのであろうか？　勝ち目のない訴訟を起こす原告は，結局は，自分の事件をトライアルに持ち込もうとはしないはずである。そうであれば，被告の最良の戦略は，なぜ，単純に和解を拒否し，原告に訴えを取り下げさせることではないのだろうか？

　この問題を解決することは，濫訴に対する効果的な規制策を考えるための不可欠な第一歩である。この問題に答えがない，言い換えれば，大勢の原告が勝ち目のない訴訟を起こす理由がないのであれば，どのような規制も費用がかかるばかりで効果はないから，何もしないのが一番ということになる。しかし，結局のところ，勝ち目のない原告はまさに訴訟を提起する動機を持っているのである。その理由を考えるためには，初めに，なぜ，そして，いつ，当事者は訴訟を提起するのかを理解する必要がある。

第1.1節　法と経済学の訴訟モデル

1.1.1　期待価値と合理的選択

　直観的に考えると，訴訟提起すべきかどうかの意思決定は，少なくとも3つの要素に依存しているはずである。すなわち，賠償の見込額，勝訴率，裁判費用の3要素である。損害額が大きければ大きいほど，また，勝訴の可能性が高ければ高いほど，あるいは，裁判費用が低ければ低いほど，訴訟提起をする見込みは高い。実証的法と経済学の提供する訴訟モデルによれば，これらの変数が互いにどのように影響しあうかについて厳密に説明をすることができる。このモデルは**合理的選択理論**（the theory of rational choice）に基づいている。以下の検討では，合理的選択理論の核心となっている特徴を説明し，その後，基本モデルの概要を述べることとする。

　簡単にいえば，合理的選択理論は，個人が**期待効用**（expected utility）を最大化するとみなしている。期待効用というのは，ある結果がもたらす効用に，その結果が実現する確率を乗じたものである。「効用」の概念はやや複雑である。大雑把にいえば，効用は個人の好みの相対的な大きさを測るものである。すなわち，効用がより大きいということは，その

結果がより強く好まれているということを意味する。幸いなことに，効用の概念をこれ以上展開する必要はない。われわれの目的のために大変役に立つ，もっと単純でより直観的な概念があるからである。それが**期待価値**（expected value）の概念である。

期待価値は，期待効用の特別な場合であり，意思決定者が**リスク中立的**（risk-neutral）な場合に用いられる。ここで，リスク中立的というのは，リスクに対する一定の態度を意味している。リスク中立的な当事者は，危険を冒すスリルに特別な喜びを見いだすことはないし，逆に，特別な不安を抱くこともない。彼は，厳格に，金銭的な利得を求めて賭けをする。対照的に，**リスク愛好的**（risk-seeking）当事者は，ギャンブルそれ自体のスリルを求めて，危険を冒すことを楽しむところがある。そして，**リスク回避的**（risk-averse）当事者はリスクのある選択に直面すると不安を覚える。ほとんどの人は，多少リスク回避的な面があり，個人的資産を賭ける部分が大きくなればなるほど，よりリスク回避的になる。しかし，ギャンブルを愛し，危険にさらすものが多くなればなるほどスリルを覚えるという人もいる。

訴訟手続に関する法と経済学の研究のほとんどは，当事者がリスク中立的であると仮定している。この仮定はすべての場合に当てはまるものではないが，この仮定によって分析が単純化され，概ね正しい予測がもたらされる。さらに，最初の時点でリスク中立的という単純な仮定の下で分析を行うことで，リスク選好がより複雑になった際に，結論がどのように変化するかを示すことができる。したがって，われわれもリスク中立性を前提とした上で，期待価値の概念を用いることとする。

しかし，期待価値とは正確にはどういうもので，どのように測られるのであろうか？　訴訟とは関係のない2つの単純な例から始めてみよう。最初の例は，ジョンがコインを指ではじくゲイムにメアリーを誘うというものである。このゲイムでコインの表が出たら，ジョンはメアリーに1000ドルを払い，コインの裏が出たら，メアリーがジョンに2000ドルを払う。この例で，メアリーが合理的でリスク中立的だとしたら，彼女はゲイムをするだろうか？

メアリーは不確実性下での選択に直面している。すなわち，彼女は，

結果がどうなるかがはっきり分からない状態でゲイムをするかどうかを決めなければならない。コインに細工がなく，表の出る確率も裏の出る確率も同じならば，ちょっと考えれば合理的な選択は明らかである。つまり，メアリーはゲイムをしないであろう。このことが直観的に明らかな理由を考えておこう。その理由は，メアリーが，得をするのではなく，損をすると予測するからである。勝つ確率も負ける確率も同じであるが（すなわち表の確率50％，裏の確率50％），損失の可能性（2000ドル）は利得の可能性（1000ドル）より大きいのである。

では次に，表が裏より３倍出る重しをつけたコインで，上と同じ例を考えてみよう。メアリーがこのゲイムをするかどうか決めるのは先ほどの例よりも難しい。直観的に問題を分析すると次のようになるであろう。メアリーが，以前と同じく，利得の２倍の損失を被ることがあることに変わりはないが，彼女の勝つチャンスは，負ける場合に比して３倍大きくなっている。ある意味では，勝つ場合が負ける場合の３倍あるという事実は，負けた場合の損失額が勝った場合の利得額の２倍あるという事実の埋め合わせをするとも考えられる。この大雑把な分析によると，われわれの予測では，メアリーがこの方式でのゲイムに参加するということになりそうであるが，後で見るように，それはまさに，合理的かつリスク中立的である場合に彼女がとる行動である。

これらの例で重要な点は，メアリーの判断が単に損得の額によって決まるのではなく，確率によっても決まるということである。前提となっている利益は，その確率が低くなるにつれて魅力的でなくなり，また，前提となっている損失は確率が高くなるにつれて深刻なものとなる。直観的に考えて，利益や損失にそれが生じる確率を乗じる方法でメアリーの判断過程を説明するのが分かりやすいかもしれない。このことは，勝ったときに獲得する利益が大きくなればなるほど，あるいは，勝つ確率が高くなればなるほど，ギャンブルの魅力が高まるという事実をうまく捉えている。

期待価値の考え方は，この直観を定式化するものである。すなわち，
　ある結果の期待価値は，結果から得られるもの（利益であればプラス，損失であればマイナス）にその結果が生じる可能性を乗じたも

のである。2つ以上の結果が生じる可能性がある場合の選択肢の期待価値は、それぞれの結果を個別に計算した期待価値の和である。

それでは、この考え方を先ほどの2枚のコイン投げの例に順番に当てはめてみよう。先ほど挙げた両方の設定において、メアリーはゲームをするか、しないかの2つの選択肢から選択をしなければならない。ゲームをしないという選択をした場合の結果は、唯一、現状維持であり、メアリーはゲームをしないことによって得も損もしないので、その期待価値はゼロである。他方、ゲームをすることを選択した場合の結果は、勝ちと負けという2つの可能性がある。しかし、先の2つのゲームでは、勝ちと負けの確率が違うから、ゲームをする場合の期待価値は各ゲームで異なることになる。

何の細工もないコインを使うと、勝った場合の期待価値は1000ドル（表が出たときの支払額。利益であるからプラスである）に0.5（表が出る確率）を乗じた数値である。答えは、500ドルである[6]。負けた場合の期待価値はマイナス2000ドル（裏が出た場合の支払額。損失であるからマイナスである）に0.5（裏が出る確率）を乗じた数値である。答えは、マイナス1000ドル（すなわち、－＄1000）である[7]。これら起こりうる2つの結果の期待価値を合計した数値、マイナス500ドル（プラス500ドル＋マイナス1000ドル）がゲームをした場合の総期待価値である。2つの選択肢の期待価値を比較すると、リスク中立的なメアリーは、ゲームをしない方が望ましいのが明らかである。結局、支払額がゼロであるということは、500ドルの損失を被るよりもましだからである（メアリーがリスク愛好的な人物であり、彼女がゲームの結果に加えて、ゲームそれ自体のリスクに価値を見出すとすると、彼女はこのゲームに参加する可能性がある点に注意されたい[8]）。

---

6) 0.5×1000＝＄500.
7) 0.5×(－2000)＝－＄1000.
8) 実際、リスク選好は、期待価値を用いて説明されることが多い。Aが、確実に100ドルを受け取るか、細工のないコインを投げ、表が出たら200ドル、裏が出たら0ドルを受け取るというゲームをするかを選

これまでの説明を図解すると次のとおりになる。

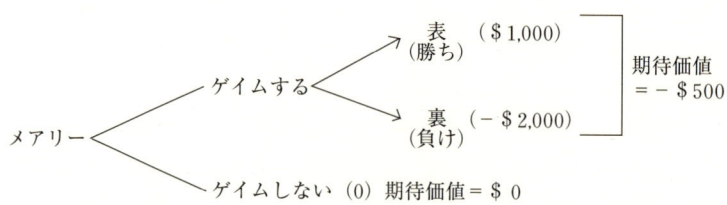

次に、重しをつけたコインの例を考えてみよう。コインの表は、コインの裏の3倍出るのだから、表の出る確率は0.75、裏の出る確率は0.25である。したがって、勝ったときの期待価値は、1000ドル（表が出たときの利益）に0.75（表が出る確率）を乗じた750ドルになる[9]。負けたときの期待価値は、マイナス2000ドル（裏が出たときの損失）に0.25（裏が出る確率）を乗じたマイナス500ドルになる[10]。これら起こりうる2つの結果に対応する期待価値の和が、ゲイムをすることの期待価値である。計算は、750ドル＋（－500ドル）＝250ドルとなる。ゲイムをすることによる250ドルという期待価値はゲイムをしないことによる0ドルと比較して大きいので、メアリーは、重しのついたコイン投げのゲイムをするであろう。しかも、宝くじを買う場合のようにゲイムの参加料を支払わなければならないとしても、その値段が250ドル以下である限り、メアリーはゲイムに参加するであろう。

一般的にいうと、合理的選択理論では、合理的で、リスク中立的な人

ぶように求められているとしよう。Aがリスク中立的ならば、どちらの選択肢も期待価値は同じであるから、どちらを選ぼうかと気にすることはないであろう。しかし、Aがリスク愛好的であるならば、ゲイムをする方をきっぱりと好むであろうし、Aがリスク回避的であるならば、断固として、100ドルを確実に受け取ることを選ぶであろう。

9) 0.75×1000＝$750.
10) 0.25×(－2000)＝－$500.

は最も期待価値の大きい選択肢を選ぶと考える。合理的な人間が何を選択するかという答えを出すためには，以下の手順で考えればよい。

期待価値による分析

1　起こりうるすべての選択肢を特定する。
2　以下のように，それぞれの選択肢の期待価値を計算する。
　a　各選択肢に対応して起こりうるすべての結果を特定する。たとえば，コイン投げのゲームには表か裏という2つの結果が起こりえた。ゲイムをしないという選択肢では，現状維持という1つの結論しかなかった。
　b　各結果に対応する金銭的価値と確率を決める。(損失については，マイナス記号を用いるよう注意する。)
　c　金銭的価値に確率をかけて，起こりうるすべての場合の答えを足す。
3　選択肢ごとに期待価値を比較する。合理的人間は最も大きい期待価値を持つ選択肢を採用する。

期待価値の考え方は，直観的な感覚にも非常によく合致する[11]。利益額に確率をかける方法は，不確実性下での決定がリスクの度合いと結果の大きさによってさまざまに異なるという法則をうまく捉えている。しかし，初めて，この期待価値の概念に接すると，難しいと感じられる点もある。混乱する原因の1つを理解するために，重しのついていないコ

---

[11]　実際，統計学に馴染みのある読者であれば，期待価値を，結果として得られる数値についての確率分布の平均として捉えるかもしれない。数学的用語を用いて説明すると，ある選択肢を選んだときに生じる可能性のある n 個の結果に対応するそれぞれの確率を $p_1, p_2, p_3, \cdots p_n$ と，また，それぞれの結果の金銭的価値を $v_1, v_2, v_3, \cdots v_n$ とすると，その選択肢の期待価値は，
$$p_1 \times v_1 + p_2 \times v_2 + p_3 \times v_3 + \cdots p_n \times v_n$$
となる。

イン投げの例を考えてみよう。ゲームの期待価値がマイナス500ドルになることを前に見たが，500ドルの損失というのはゲームで生じる可能性のない結果であるのに，なぜこれがゲームの期待価値になるのかと不思議に思う人もいるだろう。コインの表が出ればメアリーは1000ドル勝ち，コインの裏が出ればメアリーは2000ドル負ける，結果は2つだけである。メアリーが500ドル負けるという結果はまったく存在しない。そうすると，ゲームの期待価値がマイナス500ドルであるという結果は，何を意味するのであろうか？

　重要なことは，期待価値は実際の結果の大きさを測るものではないということである。期待価値はギャンブルそれ自体の価値を測るものなのである。ギャンブルでは当然に複数の結果が生じる可能性があるから，ギャンブルの価値を知るためには，起こりうるすべての結果を一度に考慮しなければならない。ギャンブルの価値を知るための有益な方法は，ゲームを繰り返し行う場面を想定することである。そうすると，ギャンブルに勝つときもあるし，負けるときもあるが，期待価値は，多数回ゲームをした場合のすべての利益額と損失額の平均になる。

　重しのないコイン投げの例で具体的に考えてみよう。メアリーにとっては1000ドルの利益を得る確率が0.5で，2000ドルの損失を被る確率が0.5である。これはメアリーがゲームを繰り返し行う場合，その半分の場合に勝つことを意味している。勝つごとにメアリーは1000ドルを得，負けるごとに2000ドルを失う。すべてのゲームの利益額と損失額を併せた上で，これをゲームの回数で割ると，ゲームごとの平均的な損失額である500ドルが求められる。このマイナス500ドル（－＄500）という数字は，損失なので，ゲームの期待価値を示している[12]。前もってどんな結

---

12) たとえば，メアリーが100回ゲームをすると，50回勝って，50回負けることが予想される。メアリーが勝つごとに，彼女は1000ドルを受け取り，総額は5万ドルとなる。同じように，彼女は，負けるたびに2000ドルを支払い，その総額は10万ドルになる。したがって，100回ゲームをしたことによる純損失は5万ドルであり，ゲームごとの平均損失は，＄50,000÷100＝＄500となる。数字が損失を表すことを示すため

果が出るかを正確に知る方法はないから，起こりうるすべての結果の平均値に換算してゲームの評価をすることは理にかなっている。正確さには欠けるが，別の表現で言うと，どの特定の回のゲームも平均的なゲームとみなすことができ，したがって，その特定の回のゲームには，多数回ゲームをした場合の平均値と同じ値を割り当てることができるのである[13]。

　合理的選択理論に対しては，これに反対する意見も多い。多くの人は，愛や結婚，あるいは，家族について意思決定をする際に，人が期待価値を最大化するという考え方に強く反発している。さらに，実証的研究によれば，人は必ずしも合理的選択が予測するとおりに行動するものでもない。これらの問題のいくつかについては第3章で取り上げられるであろう。しかし，その限界にもかかわらず，合理的選択は，予測のための強力な分析道具である。実際，合理的選択が，特に訴訟の場面で機能するのには特別な理由がある。というのは，訴訟は高度に戦略的であり，当事者は他方当事者の利益をほとんど顧みることなく，自らの利益を最大化することを目的としているからである。さらには，訴訟における意思決定は，通常，専門的な訓練を受けた法律家によってなされるが，彼らは，期待価値の分析をうまく行うための経験と専門的技術を兼ね備えているからである。

1.1.2　訴訟提起の意思決定をモデル化する

　訴えを提起するかどうかを判断する際には，前項で論じたコイン投げ

　　　にマイナス記号を付けると，ゲームを1回行うことによる期待価値，
　　　－$500が求められる。
　13)　実際は，期待価値はドル単位では表されず，効用単位で表される。
　　　たとえば，1000ドルの利益には，1000の効用が割り当てられ，2000ドルの損失は－2000の効用が割り当てられる。これは技術的な点であり，読者の理解には重要なことではない。私は，より理解しやすいように，期待価値をドル単位で扱うことにしている。理解の進んだ読者はドルの単位を無視して，これを効用の単位（しばしば「ユーティル（utils）」と呼ばれる）に置き換えることができる。

ゲイムをすべきかどうかの選択と同じような不確実性下での選択に直面する。実際，訴訟は，ある種の賭け事である。もちろん，訴訟は，賭け事よりも重要なものではあるが，当事者やその代理人の目から見れば，出たとこ勝負のゲイムと同じ特徴を持っている。訴えを提起すべきかどうか考えている原告にとっては，訴訟提起することと訴訟提起しないこと，という2つの選択肢が，また，訴訟提起した結果，勝訴するか敗訴するかという2つの可能性があり，勝訴した場合の賠償額の範囲にもさまざまな可能性がある。原告もその代理人弁護士も結果がどうなるか確実には分からない。

　法と経済学における標準的な訴訟モデルは，賭け事を基礎に類推したモデルであり，1970年代初頭にモデルの主要な特徴を明らかにしたウィリアム・ランデス，リチャード・ポズナー，ジョン・グールドの名前をとって，ランデス－ポズナー－グールド（あるいはLPG）モデルとも呼ばれている[14]。このモデルを最も単純化したものは，傷害を受けた当事者が訴訟提起すべきか否か検討する場面を想定している。もしその当事者が訴えを提起しなければ何も受け取ることはないが，もし訴えを提起すれば，トライアルまで訴訟を行い，勝訴か敗訴かで終わる。

　現実の訴訟では，当事者は，訴え却下の申立て，ディスカヴァリ，サマリー・ジャッジメント，プリトライアル・コンファランス，そして，最後のトライアルというように，さまざまな段階を訴訟追行する。一番単純なモデルでは，これらすべての手続を一緒くたにして扱っている。最初の時点で，原告になろうとする者は，後の手続で自分の事件が実際にどう展開するかまったく考えないし，裁判に勝訴したり，求める賠償額を得たりする確率に影響を与えない限りは後の手続に注意を払うこともない。したがって，訴訟の過程というのは，原告にとっては，コイン

---

14) See William M. Landes, *An Economic Analysis of the Courts*, 14 J. L. & ECON. 61 (1971); Richard A. Posner, *An Economic Approach to Legal Procedure and Judicial Administration*, 2 J. LEGAL STUD. 399 (1973); John P. Gould, *The Economics of Legal Conflicts*, 2 J. LEGAL STUD. 279 (1973) 参照。

第1章 濫訴の謎：勝ち目のない訴訟が起こされるのは，なぜか？

投げと同じように，確率的な事象である。原告（より正確には，その代理人弁護士）は，平均的な勝訴の見込みを予測し，その予測を利用して，訴えを提起すべきかどうか決めることができる。

　車両同士の交通事故で被害車両を運転していたポールが，加害車両を運転していたダイアナを訴えるべきかどうか考えている場合を例にとってみよう。図で説明すると，ポールの選択は以下のように示されるが，ここで，pは勝訴率である。

最も単純なモデル

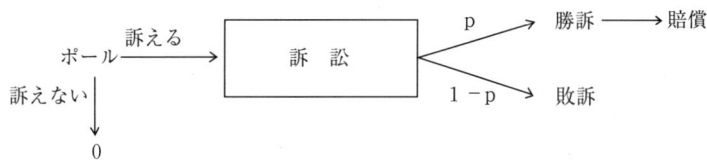

　意思決定の場面を多くすることによって，このモデルをもっと複雑にすることもできる。たとえば，被告のダイアナに，訴状に対する答弁をするかどうかの選択肢を与えるとすると，もし，彼女が答弁をしないならば，欠席判決を受けることになる。また，ダイアナがもし答弁書を提出すれば，続けて訴訟を追行することになる。図示すると以下のとおりである。

やや複雑なモデル

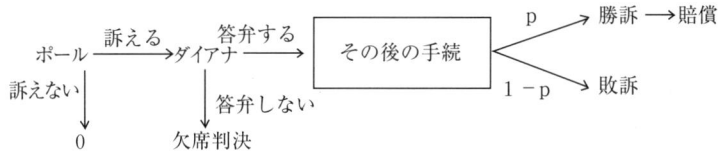

　このモデルは，ディスカヴァリを行うかどうか，サマリー・ジャッジメントの申立てを行うかどうか，自己に有利な証人を呼ぶかどうか，敵

性証人に反対尋問するかどうかなど，意思決定の場面を多く加えることによって，さらに複雑にすることができる。どの場面の意思決定を含めるかは，訴訟過程のどの局面を研究したいと考えるかによって決まる。次項 (1.1.3) では，手続の段階ごとに訴訟を扱うことで分かる重要な結果，すなわち，回収不能費用と情報効果が相互にどのように作用するかという点を検討する。しかし，今のところは，最も単純なモデルに焦点を合わせておこう。

　最も単純なモデルの下での訴訟提起の意思決定の様子を具体的に見るために，ポールが，勝訴する確率を60％，勝訴した場合に見込まれる賠償額を10万ドルと予測すると仮定してみよう。ポールはまた，勝訴しても敗訴しても，トライアルまで裁判をするために，2万ドルを支出すると予測する。この例を図示すると，次のようになる。

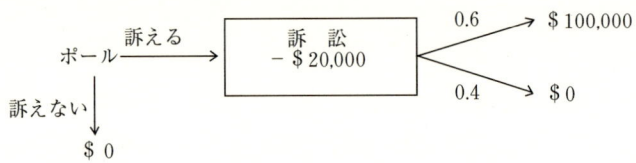

　ポールが合理的で，リスク中立的であるとした場合，ポールは訴えを提起するであろうか？　答えはイエスである。前項で見た，メアリーがコイン投げのゲームをするかどうかの意思決定を分析したのとまさに同じ方法で，この問題を分析してみると，ポールが訴えを提起する場合には，2通りの結果が生じうる。1つは，ポールが0.6の確率で勝訴する場合で，ポールはその場合10万ドルの賠償を得ることを期待する。もう1つは，ポールが0.4の確率で敗訴する場合で，その場合，ポールは一銭も賠償を得られない[15]。ポールは勝とうが負けようが，トライアルまで争うために2万ドルを支払わなければならない。この2万ドルには，訴

---

15)　3番目の可能性もある。すなわち，ポールは和解をするかもしれない。しかし，第2章で見るように，和解はトライアルで予測される結果の関数であるから，今のところは和解を度外視する。

訟代理人として弁護士に依頼する費用[16]，訴訟提起のための費用，専門家証人に対する報酬，コピー代などが含まれている。2万ドルの支出は，宝くじでいえば，どんな結果になろうとも支払わなければならない投下資本のようなものである。

　訴えるべきか否かというポールの意思決定を期待価値によって分析してみよう。訴え提起をすることによるポールの期待価値は，以下のとおり4万ドルである。

　　勝訴率（0.6）×勝訴した場合の賠償額（10万ドル）＋敗訴率（0.4）×敗訴した場合の賠償額（0ドル）－訴訟費用（2万ドル）[17]。

ポールが訴訟提起しない場合の期待価値は0ドルである[18]。したがって，合理的で，リスク中立的であるならば，ポールは訴えを起こすであろう。

　この例は，次のように一般化することができる。原告が勝訴し，被告が賠償責任を負わされる確率をpとしよう（ゆえに，$1-p$は，原告が敗訴する確率である）。被告に賠償責任が認められる場合の賠償額をw [19]，トライアルまで事件を争う原告の訴訟費用をc [20]とする。ポールと

---

[16]　アメリカ合衆国では，いわゆる「アメリカ・ルール」により，勝訴した場合も，あるいは，敗訴した場合も，当事者自らが弁護士費用を支払わなければならないことになっている（多少の例外はある）。単純化するため，われわれは，ポールが成功報酬ベースではなく，時間報酬ベースで弁護士に依頼し，その他の費用もすべて支払うと仮定している。費用負担の変化と成功報酬の影響については後記第2章4節で検討される。

[17]　$0.6 \times 100{,}000 + 0.4 \times 0 - 20{,}000 = \$40{,}000$

[18]　利益と損失は，原告が訴訟を提起するかどうか決める現在を基準に判断される。訴訟提起しない期待価値が0となるのはこういう理由からである。原告はもちろん怪我を負ったままの状態であるが，この損失はすでに発生しているものである。原告が訴え提起をしないという選択をする場合には，その際の自らの状況と比較して，原告が得るものは何もなく，また，失うものも何もない。

[19]　原告が金銭賠償を求めている場合には話は簡単であるが，原告が差止命令や宣言的判決による救済を求めている場合には，その判決の

ダイアナの例では、$p=0.6$、$w=10$万ドル、$c=2$万ドルである。

この表記によれば、訴訟提起する場合の期待価値は $p \times w - c$ であり[21]、訴訟提起しない場合の期待価値は 0 である。よって、原告は $p \times w - c > 0$ の場合に訴えを起こすであろう。

訴訟提起の条件
（トライアルを前提にして）

$p \times w - c > 0$

この不等式の意味するところは明らかである。原告は、訴訟を提起することにより、裁判で支出が見込まれる費用（c）より多くの利益（$p \times w$）を得ることが期待できる場合に訴えを起こす。$p \times w - c > 0$ のとき、この訴訟を**プラス期待価値**（positive expected value）と、$p \times w - c < 0$ のとき、この訴訟を**マイナス期待価値**（negative expected value）とそれぞれ呼ぶことにしよう。合理的で、リスク中立的な当事者は、トライアルまでずっと事件を争う場合、プラス期待価値の訴訟では訴えを起こすが、マイナス期待価値の訴訟では訴えを起こさない。

構成は単純ではあるが、この基本モデルは、訴訟提起の意思決定の本質を捉えている。弁護士は、勝訴の見込み、予想される賠償額、そして、費用を考慮して、訴訟提起すべきかどうかを判断する。確かに、経験豊富な法廷弁護士は、経験によって培われた鋭い直観を頼りにするであろうが、数式により、基本的な思考過程をモデル化するという作業を的確

　　　価値をいかに評価するかは、かなり難しい問題である。その場合には、w は、その判決の原告にとっての価値を金銭に換算した金額である。私は、本書で、金銭的賠償に関する事件だけに焦点を当てているが、もちろん、その内容は、他の救済方法にも当てはまるものである。

20）　この分析は、原告が時間報酬ベースで弁護士に依頼し、原告が勝訴するか否かに関わらず、弁護士報酬も含めたすべての訴訟費用を支払うことを前提にしている。

21）　$p \times w + (1-p) \times 0 - c = p \times w - c$

に行うことができる[22]。弁護士が訴訟を行うかどうか考える際には，予想される賠償額に勝訴の見込みをかけて計算を行い，その結果を予想される費用と比較するのである。

　読者の中には，勝訴率などの数字の算定がどのようになされるか不思議に思う方もいるかもしれない。弁護士は，事実関係や法律・判例・学説の調査を含め，個人的経験，専門的な出版物，同種事件の判決結果を記録したコンピュータのデータベースなど数々の情報源に基づいてこれらの値を推定している，というのがその答えである。もちろん，その推定した数値は正確ではない。結局のところ，弁護士は，同種事件に関して，おおよその平均値を計算しているにすぎない。しかし，期待価値はそれ自体同種事件の平均値であるから，平均値は期待価値としての機能を果たしていることになる[23]。

　たとえば，医療過誤事件を引き受けるべきかどうか検討している弁護士は，事件を依頼することになる人から事情を聴取し，おそらくは，準備的な調査を行うであろう。その後，自らの法律知識と経験，さらには，同種事件を扱ったことがある人の経験を踏まえて，勝訴の見込み（p）を推定する。その上で，事件の本案に根拠があるか五分五分に評価される場合には，確率を0.5と推定するであろう。また，相対的に見て根拠が強いといえるならば，0.6か0.7と考える。そして，極めて根拠が強い場合には，0.8か0.9とする。他方，事件の根拠が弱いと考えるならば，勝訴の確率を0.3か0.4と推定するかもしれないし，かなり根拠が弱い場合には，0.2かそれ以下とするであろう。弁護士は，他のパラメータである，期待判決額（w）や訴訟費用の見込額（c）を算出するために，過去の

　　22）　複雑かつ請求金額が高額な事件では，特に和解段階で，弁護士は経済学のコンサルタントに依頼して，厳密に期待価値分析を行うこともある。

　　23）　より正確に言えば，弁護士が算定するp，w，cなどの変数それ自体が期待価値である。たとえば，賠償額wは，トライアルで得られる可能性のあるさまざまな賠償額の期待価値である。あるいは，同じことであるが，同種の事件に対する平均的な賠償額ともいえる。

事件の経験，データベースなどに基づいて，同様の手順をとる。経験豊富な弁護士らがこの数値を推定した場合，全く等しい数値にはならないかもしれないが，彼らが同じ情報を持っていればおおよそ同じ値になると思われる。さらに，弁護士が事件を引き受けた場合には，訴訟が進行し，より多くの情報を獲得するにつれて当初の予想を改めるであろう。

1.1.3　回収不能費用

　濫訴がどのように説明されるかという問題にこの訴訟モデルを用いる前に，法と経済学の考え方をもう1つ紹介しておくのが有益であろう。それは，**回収不能費用**（sunk cost）の概念である。回収不能費用は，訴え提起の段階よりも，訴訟のもっと後の段階に関係するので，和解やディスカヴァリのような訴え提起後の手続に焦点を当てる次章でこの考え方を用いることになる。しかし，この概念は，濫訴に関するいくつかのモデルでも重要なので，ここで簡単に論じておくのが適当である[24]。

　回収不能費用は，当事者がすでに被り，一度支出すると永遠に失われ，後で回復することのできない費用のことをいう。法と経済学の理論では，将来について意思決定を下すとき，合理的な当事者は，回収不能費用を無視しているが，これは，回収不能費用が期待価値の計算に含まれないということを意味している。たとえば，ある当事者が，請求の立ちそうな事件について調査を終えて，すでに費用を支出し，訴えを提起するかどうか考えている場合には，その調査費用は回収不能費用であり，訴えを提起する際の意思決定では考慮に入れられない。

　本節の残りの部分では，具体的な例で回収不能費用の考え方を示そう。この例を見ると，訴訟の後々の段階における訴訟上の意思決定が，回収不能費用によってどのような影響を受けることになるかが分かる。特に，この例の示すところによれば，合理的な当事者は，自らの訴訟が実体判断においてかなり根拠が弱いと知った後でさえ訴訟を続けるかもしれない。訴えに根拠がないと分かったのであれば，当事者は訴えを取り下げ

　　24）　後記1.2.3.2参照（ルシアン・ベブチュク教授のモデルを簡潔に説明している）。

るとも考えられるが，もし，当事者が訴訟費用のほとんどを投入してしまっているならば，その当事者にとっては訴訟を続けることに価値があるかもしれないのである。

　ここでの例は，患者パブロ・プレンティスから担当外科医ドリス・デラーノに対して起こされた医療過誤訴訟である。ドリスは自らが何も悪いことはしていないことを知っている。しかし，患者のパブロ・プレンティスは当時麻酔状態で，何が起こったかをはっきりとは知らない。パブロは別の医師に診察してもらうが，その医師はパブロに，その病状がおそらくはドリスの過失に原因があると話をする。

　中立的な意見を手に入れて，パブロはトライアルでドリスに賠償責任があることを証明することのできる確率を70％と推定する。そして，パブロが勝った場合に30万ドルの賠償額を得て，訴訟費用として8万ドルを支出すると見込むと仮定してみよう。パブロの見通しでは，訴訟提起することの期待価値は13万ドル（$0.7 \times 300{,}000 - 80{,}000$）である。したがって，パブロは訴えを提起する。

　パブロが訴訟を起こすと，訴訟はさまざまな段階を経て進行する。たとえば，訴え提起の段階，次は，場合により，訴え却下の申立ての段階，引き続きディスカヴァリの段階，それからプリトライアル・ヒアリングの段階，最後にトライアルの段階である。ディスカヴァリの局面では，パブロは最初に相手方当事者に書面で質問して回答を求める質問書や最初の文書提出要求を使い，次に，それらに対する相手方の対応の内容に基づいて誰の宣誓供述を得るべきかを判断するかもしれない。

　それぞれの段階で，2つのことが起こる。第1に，パブロは訴訟費用の総額のうちの一部を支出するが，そのことは，将来トライアルに至るまでにパブロが支出しなければならない費用がだんだん少なくなるということを意味する。第2に，パブロは事実関係について徐々に知識を得て，それに従って，当初の予想確率を改める。われわれの事件では，ドリスは何も悪いことはしていないと仮定したので，パブロは情報を得るにしたがって，予測値を下方修正するはずである。

　次の図は，パブロとドリスの例における，これら2つの影響を示している。各段階に対応する金額は，パブロのその段階での総支出額であり，

各段階の最後のパーセンテージは、パブロがその段階とそれ以前の段階で得た情報に基づいて修正した勝訴の予想確率である。

訴訟段階ごとの費用支出と勝訴率の修正

訴え提起	却下申立	文書要求	宣誓供述	プリトライアル	トライアル
		←―ディスカヴァリ――→			
$5,000	$5,000	$10,000	$20,000	$10,000	$30,000
70%	60%	50%	20%	20%	

たとえば、訴え提起の段階では、パブロは調査、準備、訴状提出のために5000ドルを支出しており、勝訴の予想確率は70%である（パブロは訴訟提起段階では何も事情を知らないので）。訴え却下申立ての段階では、パブロは追加して5000ドルを支出し、また、自らに不利な事情も知って、勝訴の予想確率は60％に下がる。ディスカヴァリの質問書と文書提出要求の局面ではさらに1万ドルを支出し、また、もっと悲観的な事情をさらに知り、予想は50％に下がる。最後に、パブロが2万ドルを支出して、ドリスや、手術室にいたほかの医者と看護婦たちに宣誓供述させるときには、パブロは自分の事件にはほとんど理由がないことを確信し、予想を20％に下げる。

パブロが宣誓供述の段階を終えた時点で持っているのと同じ情報を最初から持っていたら、勝訴率を20％と評価し、訴訟はマイナスの期待価値（0.2×300,000－80,000＝－$20,000）をもたらすものと考え、訴え提起をしないと決めたであろう。しかし、ここが重要な点なのであるが、宣誓供述の段階の後に、パブロの予想が20％に下がった時点では、彼は4万ドルの訴訟費用をすでに投下し、訴訟費用としてあと4万ドルを残すのみとなっている。パブロは回収不能費用を無視するので、このことは、彼が訴訟を継続することの期待価値が0.2×300,000－40,000＝$20,000とプラスになっていることを意味する。したがって、パブロは

後で知った事情をもともと知っていたならば訴訟を提起することはなかったであろうが，訴訟が進行した時点では訴訟を続けることになるであろう。

要するに，パブロの投下費用が多くなればなるほど，彼が訴訟を続けることから生ずる期待価値は大きくなる。しかし，パブロが多くの情報を得るにつれて，彼の期待価値は低下する。このように２つの相反する効果がある。すなわち，回収不能費用の効果がパブロに訴訟を続行させようとするのに対して，情報効果は訴訟の続行を思いとどまらせる。われわれの例では，回収不能費用の効果がより優っており，パブロは勝訴の見込みがわずかであることを認識した後でさえ訴訟を継続する。さらに一般化すれば，原告の選択は，どちらの効果がより優っており，回収不能費用と情報が相互にどのように影響するかにかかっている。回収不能費用の考え方は後の章で用いられるが，今のところは，法と経済学の訴訟モデルでどのように機能するかを一般的に理解してもらえれば十分である。

第1.2節　濫訴の謎を解く

期待価値の概念と法と経済学の訴訟モデルで理論武装を終えたので，これらの分析道具を濫訴の問題に適用する作業に戻ろう。以下の議論では，初めに「濫訴」の基本的な定義を説明し，続いて，濫訴のプラス期待価値モデルとマイナス期待価値モデルを検討する。

1.2.1　「濫訴」の定義

濫訴の謎を解くには，最初に，「濫訴」を定義することが必要である。この作業は最初一見したよりも意外と難しい。濫訴をマイナス期待価値の訴訟と捉えることが直観的には魅力ある考えであるが，この定義ではうまく機能しない場合がある。勝訴の見込みがかなり高く，請求額が相当大きな訴訟は，濫訴と呼ぶにはあまりふさわしい類型とはいえないのであるが，訴訟費用が異常に高額である場合には，マイナス期待価値の訴訟となってしまう。たとえば，勝訴の見込みが30％で，係争利益が50万ドルの訴訟は，訴訟費用が15万ドルを超える場合にはマイナス期待価

値となる[25]。

　「濫訴（frivolousness）」を，あまり勝ち目のない訴訟と定義するのも適当でない。勝ち目がない訴訟というのも確かにあるが，そのなかには，確立した判例にあえて反して新しい法理論を打ち立てることを目的としているものもある。たとえば，公民権法の発展のためにはテスト・ケイスの訴訟が不可欠だと信じている人々は，公民権法のテスト・ケイス訴訟が勝訴する可能性をほとんど有していないという理由だけで濫訴に分類されることに異議を唱えるであろう。

　この例を見ても分かるように，ある訴訟に「濫訴」というレッテルが貼られるのは，単純に事件の中身について云々するためではなく，その訴訟が提起される・・・・・・べきではないという規範的な判断を表現するためである。「濫訴」を定義するのが困難なのは，この種の規範的判断についての議論が紛糾する傾向にあることが主たる原因の1つである。そして，そのような紛糾が生じるのは，その規範的判断が裁判のあるべき機能についてのさまざまな見解をそのまま反映しているからである。たとえば，裁判制度は，原告の拠って立つ法理論が確立した判例の合理的解釈によって裏付けられている場合にのみ利用されるべきだと考える人は，法を変えようと試みる公民権法のテスト・ケイスを「濫訴」に分類するかもしれない。他方で，裁判制度を社会変革のための道具と考える人は，公民権に関するほとんどのテスト・ケイス訴訟を根拠のある訴訟に分類するであろう。

　しかし，この不可避的な論争にもかかわらず，ほとんど誰もが「濫訴」と呼んではばからない訴訟がある。この章と本書の今後の検討では，2つのタイプの濫訴に焦点を当てる。1つ目は，いわゆる「嫌がらせ訴訟」であり，原告が主張するどのような法理論によっても明らかに被告に責任がないことを知りながらあえて訴える場合である。この1つ目のタイプは故意の不法行為に類似する。これは，被告が行ったと原告が主張することを実際は被告がしていなかったことを確実に（あるいはほぼ確実

---

[25] $p \times w = 0.3 \times 500{,}000 = \$150{,}000$. したがって，$c \geq \$150{,}000$ のときは常に，$pw - c < 0$ で，訴訟はマイナス期待価値である。

に）知りながら，故意に実体のない訴訟を起こすという不法行為である。

2番目のタイプは，原告の主張する法理論によれば被告に責任がないということを原告が知らないで訴えを提起する場合である。原告が被告に責任がないことを知らないのは，調査費用が高額でないにもかかわらず，訴訟提起前の調査をしていないからである。この2番目のタイプの濫訴は，過失の不法行為に類似する。原告は，訴訟提起前の調査を行うべきであるにもかかわらず，これを怠っている点で注意義務に違反しており，それゆえに，根拠のない訴訟を提起するという結果になっている。

つまり，私の定義する「濫訴」は，2つに分かれる。(1)自ら主張するところの法理論に基づく請求の根拠がまったく（あるいはほぼ完全に）ないということを，原告が知りながら訴え提起した場合，その訴訟は濫訴である。また，(2)原告が訴え提起前の調査をしていたならば，(1)の濫訴になったであろう場合に，注意義務に違反して，訴訟提起前の調査を行うことなく訴えを提起した場合，その訴訟は濫訴である。留意すべき重要な点は，この定義が「濫訴」に分類されるすべての場合をカバーしようとするものではないということである。たとえば，この定義は，事実関係ではなくて法の欠缺があるために請求に根拠がないような訴訟を含まない[26]。この定義は，ほとんどの人が濫訴と考える類型の事件を抽出したものであり，言い換えれば，比較的議論の余地のない中核的な部分を取り出したものにすぎない。

1.2.2 プラス期待価値による説明

原告が勝ち目のない訴訟を提起する理由の1つは，請求に理由がないにもかかわらず，その訴訟がプラスの期待価値を有しているという点に

---

[26] 私の定義には，事実認定や法適用の上では請求に根拠があるものの，それにもかかわらず，原告が異常なほど訴訟好きと考えられているがために「濫訴」と呼ばれるような事件（マクドナルドのホットコーヒー事件はこの1つの例であろう）も含んでいない。これら定義に関する問題のさらに詳細な議論については，Robert G. Bone, *Modeling Frivolous Suits*, 145 U. PA. L.REV. 519, 529-533 (1997) 参照。

ある。こういう事態は誤判率が高い場合に起こりうる。たとえば，ある管轄区域内に住む陪審員が25％の割合で誤った判断を下すとする。原告の訴訟は言いがかりで，そのことを原告は知っているとしよう。それにもかかわらず，原告の傷害の程度は重く，原告が被告に責任があると陪審員を説得することができるならば，10万ドルの損害賠償の支払いが陪審員によって命じられることを期待するほどの傷害である。この勝ち目のない訴訟は，予想される訴訟費用が2万5000ドルより少ない額である限り，プラス期待価値になる[27]。

勝ち目のない訴訟がプラス期待価値になりうるもう1つの場合は，トライアルの結果出される賠償額が異常に高額な場合である。たとえば，陪審員が懲罰的損害賠償で巨額の賠償金の支払いを命じるので，原告が何とか勝訴した場合には200万ドルの賠償が得られると期待するとしよう。このような条件の下では，訴訟費用が10万ドル未満である限り，勝訴率がわずか5％だとしても濫訴はプラス期待価値になる[28]。

しかし，これらプラス期待価値による説明には重大な疑問がある。ある訴訟がわれわれの定義するところの濫訴であるためには，被告に責任がないことがほぼ確実に裏付けられるほどに事実関係と証拠関係が明確でなければならない。しかし，証拠がそれほどに明確であるならば，特に，被告が徹底的にディスカヴァリを行う場合には，裁判官や陪審員は誤った判断をすることはない。さらに，懲罰的損害賠償を得るためには，原告は，被告が悪意をもって行動したことを示さねばならないが，特に勝ち目のない事件において，これは困難かつ費用のかかる仕事である[29]。

1.2.3 マイナス期待価値による説明

---

27) $p \times w = 0.25 \times 100{,}000 = \$25{,}000$. したがって，$c < \$25{,}000$のときは常に$p \times w - c > 0$で，訴訟はプラス期待価値となる。
28) $p \times w = 0.05 \times 2{,}000{,}000 = \$100{,}000$. したがって，$c < \$100{,}000$のときは常に$p \times w - c > 0$で，訴訟はプラス期待価値となる。
29) また，悪意を立証することの困難さゆえに，訴訟費用はさらに高額になるとともに，期待価値は減少するであろう。

プラス期待価値の説明がかなり説得力を欠くものなので，われわれは，原告がマイナス期待価値の濫訴を提起する理由を探さなければならない。実証的法と経済学は，この問題を解決するための分析道具を提供してくれる。モデルは，1.1.2で展開した単純な訴訟モデルよりも複雑なものになる。これらのモデルを全般的に検討する中で，戦略的分析についての要点を学ぶことができ，さらに，**ゲイム理論**（game theory）の基本概念，特に，ゲイム理論の核心である**均衡**（equilibrium）の概念が導かれる。

1.2.3.1 訴訟費用を基礎にしたモデル

原告がマイナス期待価値である濫訴を提起する理由の1つは，訴訟費用の非対称性にある。具体的に説明するために，デイヴィッド・ローゼンバーグ教授とスティーヴン・シャヴェル教授によって作られた単純なモデル（これを「R－Sモデル」と呼ぼう）を検討しよう[30]。

次のような設例を考えてみよう。ポール・ピータースが，近所にあるダイアナ・デイの食品雑貨店の通路を歩いている途中，自分の靴ひもにつまずいて，頭を打ったとする。ポールは近くに水溜りがあることに気づき，もちろん嘘なのだが，水溜りで滑ったと，ダイアナの過失を主張してダイアナを訴えようと決意する。ポールは頭部の傷害に対する損害として5万ドルを請求する。ポールに勝訴の見込みはなく，ポールもそのことを知っている。さらに，ポールが訴状提出のために弁護士に依頼して1000ドルの費用がかかり，ポールが提訴すると，訴状に対して答弁をするための費用としてダイアナには2500ドルがかかる。これらの事実関係を以下に要約する。

---

30) David Rosenberg & Steven Shavell, *A Model in Which Suits Are Brought for their Nuisance Value*, 5 INT'L REV. L. & ECON. 3 (1985) 参照。

> ポールとダイアナのつまずき転倒事案
>
> p＝0　　w＝$50,000
> ポールの訴え提起費用＝1000ドル
> ダイアナの答弁費用＝2500ドル

　トライアルで勝訴する見込みがないので，ポールは，自らの訴訟提起費用である1000ドル以上でダイアナが和解するであろうと考える場合にのみ訴えを提起するであろう。ポールは次のように考える。

　　自分が訴えを提起するのにかかる1000ドル以上でもし和解をすることができるならば，訴えを起こす価値がある。ダイアナが訴状を無視すれば，ダイアナに対して5万ドルの支払いを命じる欠席判決が下されるので，ダイアナは訴状を無視することはしないだろう。だから，ダイアナは答弁するか，和解をするかどちらかだ。答弁書を提出するのには2500ドルかかるから，ダイアナはこれより低い金額で和解するはずだ。私が依頼した弁護士の交渉技術は信頼できるので，彼女に1000ドル以上で和解をさせる確率はかなり高いと思う。
　　だから，自分は訴えるべきだ。

　和解のやり取りの中で，ダイアナの弁護士はできるだけゼロに近い条件で交渉するであろうし，ポールの弁護士はできるだけ2500ドルに近い金額の和解金を求めて交渉するであろう。実際の和解金額は，当事者の相対的な交渉力によって決まる。双方の弁護士が対等に交渉すれば，ポールは，互いに一番有利な金額の中間である1250ドルの和解金を期待するかもしれない。この金額での和解はポールの訴え提起費用である1000ドルを超えるので，訴訟を起こす価値があることになる。

　R－Sモデルは，ゲイム理論的な推論を応用したものである。R－Sモデルがゲイム理論的なのは，双方当事者の戦略的な対応を分析しているからである。ポールの行動はダイアナがどう行動するとポールが考えるかによって決まり，ダイアナの行動はその逆である。ダイアナが1000ドル以上で和解するとポールが予測するならば，ポールは訴えを提起す

るであろう。そのような予測をしなければ、訴えを提起しないだろう。ダイアナもポールがどのように対応するか事前に予測して戦略を選ぶ。ダイアナは、和解案の内容が2500ドルの答弁費用よりも低い額である限り、ポールが受け入れるであろうと考える和解案を提示する。ダイアナがそのような行動をとるのは、和解できない場合に、ダイアナが答弁せざるをえなくなり、2500ドルを支払わざるをえなくなるからである。

　しかし、この一連の推論は完全ではない。なぜ、ダイアナは答弁書を提出するとポールに告げて威嚇しないのであろうか？　ダイアナが和解せず、答弁するとポールが予測する場合には、ポールは訴えを提起せず、ダイアナは答弁するために2500ドルの支払いを余儀なくされることもないであろう。この戦略に類似しているのは、核の脅威である。相手が攻撃してくるならばこちらは核兵器を使用すると言って威嚇すると、その脅威だけで相手の攻撃を躊躇させ、兵器を使用することが必要でなくなる。同様に、ダイアナも答弁すると述べて威嚇すると、その威嚇でポールは訴え提起を躊躇することになり、ダイアナが、そのままその威嚇に従って行動し、答弁書を提出する必要はなくなる。

　この戦略の問題点は、ダイアナの威嚇に信頼性がないという点にある。ポールにはダイアナがその威嚇に従って行動すると信頼すべき理由がないのである。ダイアナが実際に答弁すべきかどうか判断する段階に至ると、その時点においては、ダイアナにとっては答弁するよりも和解する方が得なので、実際はダイアナが和解を選ぶことをポールは知っている。言い換えれば、ポールはダイアナの威嚇がはったりであると知っているので、ポールはダイアナに対して、訴状に答弁するよう要求するであろう。こういう状態を、**威嚇に信頼性がない**（the threat is not credible）という[31]。ここでのポイントは、単純である。当事者が合理的である場合、威嚇が相手方の行動に影響を与えるためには、その威嚇が信頼できるものでなければならない。

---

31)　後記1.3.2で見るように、ダイアナが、ポールの訴訟に加えてその他の訴訟にも対応すると予測するならば、ダイアナの威嚇は信頼できるものになる可能性がある。

大まかに言えば，ポールが訴えを提起して，ダイアナが1250ドル（中間地点）で和解するという戦略の組み合わせは，ゲーム理論でいう，いわゆる「均衡」，より正確には「ナッシュ均衡（Nash equilibrium）」を作り出す[32]。「ナッシュ均衡」は，ゲーム理論での研究でノーベル賞を受賞したジョン・ナッシュの名にちなんで名付けられている[33]。ナッシュ均衡は双方の当事者が互いに相手方に対して最適な対応をした場合の戦略の組み合わせである。「相互に最適な対応」というのは，一方当事者が均衡に達する戦略をとっている場合には，他方の当事者がほかの異なった戦略をとったとしても，どちらの当事者もこれ以上の高い利益を得られないということを意味する。したがって，ナッシュ均衡は攪乱がない限り変化しないという属性を持っている。当事者は，いったん自分たちが均衡に達する戦略をとっていると分かると，その戦略から離れようとする理由がなくなる。たとえば，ダイアナが1250ドルで和解するとポールが予測すると，ポールは訴えを提起し，ポールが訴えを提起すると，ダイアナは1250ドルで和解する（交渉力は同等であることが前提）。この意味で，2つの均衡戦略はぴったり適合し，互いに支え合っている。すなわち，相互補強の関係にある[34]。

---

32) これは専門的には正確な表現ではない。「ポールが訴えを提起し，ダイアナが1250ドルで和解する」ことは，実際には均衡状態において起こることの記述であり，均衡の戦略を完全に記述するものではない。専門的かつ適切に記述するためには，ゲームの内容をもっと厳密なものにする必要があるが，それは本書の範囲を超える。

33) ジョン・ナッシュは，『ビューティフル・マインド』という伝記本の対象人物であり，ヒットした同名の映画の主人公でもある。

34) この注は，ゲーム理論についてさらに興味を持たれた読者のためのものであり，読み飛ばしてもらって一向に差し支えない。この注を読んで難しいと思われた読者は，和解についての第2章を読んだ後にもう一度読んでもらいたい。ゲーム理論では，ポールとダイアナのようなゲームは，**後向き推論**（バックワード・インダクション，backward induction）と呼ばれるプロセスによって説明される。Douglas G. Baird, Robert H. Gertner & Randall C. Picker, GAME THEORY AND THE LAW 50-57 (1994) 参照（後向き推論について説明している）。ゲーム

第1章　濫訴の謎：勝ち目のない訴訟が起こされるのは，なぜか？　　49

の最初から始めて，最初のプレイヤーが何をするかを問題にするのではなく，後向き推論は，ゲイムの終わりから始めて，ゲイムの最初に至るまでの各段階を逆方向に進む。各段階では，実行可能な戦略のうち，その段階で行動する当事者にとってどの戦略が最適であるかが分析される。後向き推論の背景にある考え方は単純なものである。当事者は何をすべきかを選択するとき，それがいずれの段階のことであっても先のことを考え，後の段階で何が起こる見込みが高いかを予測しようとする。後向き推論は，これと同様のアプローチを用いる。すなわち，後向き推論は，プレイヤーがある特定の段階で何をするのかを決めるために，後の段階で何が起こるのかに目を向けるのである。たとえば，三目並べのゲイム（縦，横2本の平行線で作った9つの区画の中に，2人の競技者が交互に◯と×を記入し，縦，横，斜めのいずれかの方向に3つ連続して先に描き入れた者が勝ちとなる，五目並べに似た子供のゲイム）（tic-tac-toe）においては，取りうる選択肢は有限であり，各プレイヤーは，それぞれ自分の番のときに，描き入れることのできる場所のうちの1つを選んだら後でどうなるだろうかということ（すなわち，相手のプレイヤーがどう行動し，それに自分がどう対応するか，など）を予測しながら，自分の「×」あるいは「◯」を描く場所を決定する。後向き推論は，ゲイムの最後の時点からスタートし，各当事者がそれぞれ自分の番の時にどこに◯×を書くかを考えながら，後向きに進むことで，プレイヤーの選択についての考え方を追試する。後向き推論を用いることによって，分析の対象である特定の段階に（後向き推論を通じて）たどり着くまでに，その分析対象の後に続く段階で何が起きるかを知ることができる。

　われわれのポールとダイアナの例では，ポールはまず最初に，訴えを提起するか，しないかを選択する行動をとる。そして，ポールが訴えを提起すれば，今度は，ダイアナが，何もしないか，答弁書を提出するか，和解の提案をするかという実行可能な3つの選択肢の中から戦略を選ぶ。もしダイアナが何もしないという選択をする場合には，裁判所は，ダイアナに対し，5万ドルの支払いを命じる欠席判決を下す。もしダイアナが答弁書を提出すれば，ポールの番になり，トライアルに進むか，訴えを取り下げるかの選択をする。もしダイアナが和解を提案するならば，ポールは，和解を受け入れるか，どんな内容のものであれこれを拒否するか，和解の逆提案をするか，のいずれかの

行動をとる。ポールが和解案を受け入れる場合には、当事者は、その金額で和解をする。ポールが和解案を拒否する場合には、今度はダイアナが、何もしないか、答弁書を提出するかを決めなければならない。もしポールが逆提案をするならば、双方当事者は交渉過程に入り、正式に交渉ゲイムとしてモデル化することができる。

　後向き推論の考え方に従って、ゲイムの最後からスタートし、後向きに進んでみよう。われわれには、ダイアナが何もしない場合の結論が分かっている。すなわち、ダイアナは5万ドルを失い、ポールは5万ドルを得る。われわれはまた、ダイアナが答弁書を出す場合の結論も分かっている。トライアルで勝訴する可能性が全くないので、ポールは訴えを取り下げて、ゲイムを終わりにするであろう。ゲイム理論では、この段階のポールにとっては、訴え取下げがトライアルより**優っている**（dominate）、あるいは、ポールにとっては、訴え取下げが**支配戦略**（dominant strategy）である、という。ダイアナが完全に合理的で、かつ完全な情報を持っているならば、彼女はこれと同様の分析をすることができ、ポールが訴えを取り下げると予測するから、答弁書を提出すれば自分は2500ドル（答弁書提出にかかる費用）を失い、ポールが1000ドル（訴状提出にかかる費用）を失うと結論を出す。したがって、答弁書を提出するのと、何もしないのと2つのうちのどちらを取るかといえば、答弁書を提出する選択肢がダイアナにとっては支配的であるから、この2つしか選択肢がないならば、ダイアナは答弁書を提出するであろう。しかし、ダイアナには3番目の選択肢がある。彼女は和解の提案をすることができる。しかし、ダイアナが2500ドルを超えた和解の提案をしないのは明らかである。なぜなら、答弁書を提出することによって彼女が失う可能性がある最高額が2500ドルだからである。ダイアナが2500ドルを下回るある程度の和解金を提案したとしても、予想される最悪の事態は、ポールがその提案を拒否し、結局、答弁書を提出することになって2500ドルを失うということである。ゆえに、ダイアナは答弁書を提出した場合と比べて、和解の提案をしたことでさらに損をするということはないし、もしポールが2500ドルよりも少ない金額の提案を受け入れるならば得をすることになる。したがって、和解の提案をする選択肢は、答弁書を提出する選択肢よりも支配的である。ゆえに、ポールが訴えを提起した場合、ダイアナは2500ドルよりも少ない金額で和解の提案をするであろう。

1.2.3.2 情報を基礎にしたモデル

しかし，R−Sモデルでは，重大な濫訴の問題を予測するのは困難である。その理由の1つとして，被告が簡単に「認める」あるいは「否認する」と対応することができるとすると，なぜ答弁費用が訴訟提起費用を一般的に上回るのか，その理由が明らかでないという点が挙げられる[35]。さらに，R−Sモデルによれば，和解が予測される場合でさえ，その和解金額は相対的に低額であり，最大でも答弁書の提出にかかる費用と同じ額である。どのような額のものであれ，嫌がらせの和解は被告に

　　さて，ポールが訴えを提起した場合にダイアナがとる行動が分かったので，ポールが訴えを提起するかどうか決めなければならない第1の段階に遡って行こう。全ての情報を持っており，また，完全に合理的であるならば，ポールは，われわれがしたのと全く同様の分析をすることができる。そうすると，彼は，先のことを考えて，自分が訴えを提起した場合にダイアナが和解の提案をしてくると予測する。ポールは自分が和解を受け入れるか，あるいは，和解の逆提案をするということを知っている。なぜなら，和解を即座に拒否するよりも，これらの選択肢を選択した方がより有利だからである（彼は後の交渉の過程でいつでも和解を拒否することができる）（このモデルは交渉が当事者にとって費用がかからないことを前提にしている）。したがって，ポールは，自分の訴え提起費用1000ドルを超えた和解金を（最初からか交渉の後かに）手にすることができると予測している限り，訴えを提起するであろう。和解交渉の合理的な結果（すなわち，この注では詳しく述べられていないが，交渉ゲイムの結果）が1000ドルを超えると仮定しよう。そうすると，ポールにとっては，訴えを提起する選択肢は，訴えを提起しない選択肢よりも支配的であるので，ポールは訴えを提起するであろう。以上，すべてを併せると，われわれが予測することができるのは，ポールが訴えを提起するであろうということ，ダイアナが2500ドルよりも少ない金額で和解の提案をするであろうということ，そして，当事者は1000ドルと2500ドルとの間の金額で和解するであろうということである。

35）　そして，被告は原告の訴訟に勝ち目がないことを知っているので，その主張を否認することは容易なはずである。

とっては煩わしいものであるが，少額の和解が，あえて法改正をして新たに法的対策を講じなければならないほどの深刻な社会的問題を生み出しているというのは筋が通らない。

　ルシアン・ベブチュク教授は，訴訟費用を基礎にして，モデルをさらに複雑化しているが，このモデルであれば予測機能はかなり高まるかもしれない[36]。ベブチュク教授のモデルはあまりに複雑すぎるので，ここで詳細に考察することはできない。このモデルは当事者がその訴訟ですでに被った費用を無視するという原理に基づいている（1.1.3参照）。その基本的発想は，相当程度の誤判があることを前提とするものであるが，訴訟がかなりの段階まで進行し，当事者が各段階で十分な費用を投入している場合には，原告が，被告を威嚇して，トライアルまでずっと勝ち目のない訴訟を追行すると信じさせることができるという点にある[37]。しかし，そのためには，訴訟がトライアル（あるいは最終段階が何であ

---

36)　Lucian Ayre Bebchuk, *A New Theory Concerning the Credibility and Success of Threats to Sue*, 25 J. LEGAL STUD. 1 (1996) 参照。

37)　この注は，ゲイム理論に興味を持たれた読者のためのものであり，読み飛ばしてもらって差し支えない。興味を持たれた読者で，この注の内容が難しいと感じた方は，和解に関する第2章を読んだ後で再度挑戦してもらいたい。ベブチュクのモデルは後向き推論の方法で説明することができる。注34参照（後向き推論について記述している）。このモデルの論理は，次のような単純な例によって，大まかに説明することができる。原告に30％の勝訴率があり，勝訴すれば10万ドルの判決額が得られると期待できるとしよう。また，原告は，訴訟の最初の時点で，事件をトライアルまで追行するために，訴訟費用として4万ドルを支出すると予想していると仮定しよう。その内訳はトライアル前に2万ドル，トライアル自体で2万ドルである。さらに，両当事者は，全ての情報を知っており，訴訟に関する事実関係もすべて知っていると仮定しよう。この訴訟は，訴え提起の最初の時点では，マイナス期待価値の訴訟である。すなわち，$0.3 \times 100{,}000 - 40{,}000 = -\$10{,}000$である。しかし，何らかの理由で原告が訴えを提起し，トライアル直前まで争って2万ドルを支出したとしよう。そうすると，トライアル直前には，訴訟はプラス期待価値となる。原告のトライアル

第1章 濫訴の謎：勝ち目のない訴訟が起こされるのは，なぜか？ 53

れ）直前にプラス期待価値であるという点を含めて，いくつかの条件が満たされていなければならない。しかし，トライアルでの勝訴率が著し

での勝訴率はずっと30％であり，勝訴した場合の判決額も10万ドルと予測している。しかし，彼はこの時点ですでに訴訟費用として4万ドルのうち2万ドルを投入しており，事件を審理するのにさらに2万ドルだけを要するにすぎない。したがって，トライアル直前から最後の判決まで訴訟を追行するときの期待価値は，0.3×100,000−20,000＝$10,000と，プラスである。

ゲイムの最後から，後向き推論に従って進んでみよう。訴訟は，トライアル直前にはプラス期待価値であるから，原告は，トライアルまで訴訟を追行すると信頼性のある威嚇をすることができるであろう。したがって，被告は和解をするはずである。さて，最後から2番目の段階，すなわち，トライアル直前のすぐ前の段階の開始時点に戻ろう（この段階をサマリー・ジャッジメントの段階と考えてもよいであろう）。最後から2番目の段階で，原告は，トライアルの直前に和解することを予測して，その段階で支出する訴訟費用が予測される和解金額よりも少ない限り，積極的に争うであろう。原告が最後から2番目の段階で積極的に争うと予想して，被告は，（和解するためだけに）トライアル直前の段階まで争うことはせず，この段階の開始時点で自ら進んで和解しようとするはずである。

ここで，最後から2番目の段階よりもさらに直前の段階に進もう（この段階をディスカヴァリの要求が最後に急増する段階と考えてもよいかもしれない）。同様の論理が，このさらに直前の段階の開始時点に当てはまる。もし，この段階で実際に争うのにかかる原告の費用が，次の（最後から2番目の）段階の最初の時点において予測される和解金額よりも少ないならば，原告は訴訟を追行すると信頼性のある威嚇をすることができるから，被告は進んで和解をするはずである。

この推論が各段階で繰り返され，最終的に，訴訟の最初の時点まで遡る。訴訟費用の総額が訴訟の各段階でおしなべて使用され，その各段階で使われる訴訟費用の金額が，どの段階においても，次の段階の初めの時点で予測される和解金額よりも少なければ，当事者は，各段階の初めの時点で進んで和解をするはずであり，このことは，最初の段階すなわち訴訟の最初でも同じである。そうすると，結局，和解金額はかなりの額に上る可能性がある。

く低い濫訴の事件では，これらの条件を満たすことは難しい[38]。その結果，このモデルは正真正銘の濫訴を予測するというよりも，マイナス期待価値の訴訟を予測するのにより適している（それは実際ベブチュク教授の目的でもある）[39]。

しかし，もっと予測機能が高く，直観的に信頼できそうな法と経済学のモデルがある。これらのモデルは，費用の非対称性ではなく，**情報の非対称性**（asymmetric information）に依拠するものである。これらのモデルではすべて，一方当事者のみが訴訟が濫訴であることを知っている。そして，その私的情報があることによって，戦略的行動が助長され，濫訴においてでさえ金額の大きな和解が合意されることになる。

法と経済学の訴訟モデルでは，非対称情報は，一般的に，社会的費用が生じる大きな原因である。高い費用が発生する原因となっている主要な要素の1つは，異なるタイプの当事者が他のタイプのシグナルを窃用して同じシグナルを発して一括りになってしまうという，一括化戦略採用のインセンティヴである。2つの非対称情報モデルを簡単に説明した後，引き続いて一括化戦略（pooling）の考え方をより詳しく検討しよう。

1.2.3.2.1　原告が訴訟は濫訴であることを知っている場合

最も単純な非対称情報モデルは，エイヴァリィ・カッツ教授によって明らかにされたものであるが，原告だけが自分の訴訟が濫訴であることを知っている場合を取り扱っている[40]。カッツ教授のモデルの基礎に

---

38) たとえば，濫訴に，トライアルで勝訴する確率がわずかしかないとするならば，トライアル直前にプラス期待価値となる方法を見つけることは困難である。前注の例を考えてみよう。期待判決額が10万ドルで，トライアル直前に残っている訴訟費用が2万ドルであるから，その訴訟がこの段階でプラス期待価値であるためには，勝訴率が20％を超えていなければならない。このことは，真に勝ち目のない原告が事件をトライアルにかけると信頼性のある威嚇をするには，正真正銘の濫訴における誤判の確率が20％を超えていなければならないということを意味する。

39) このモデルの限界については，Bone, *supra* note 26 at 539 n. 73 参照。

なっている考え方は，単純なものである。つまり，濫訴と根拠のある訴訟との区別が被告につかないならば，濫訴を起こす原告としては，根拠のある訴訟である振りをして被告を欺き，根拠のある訴えを起こした原告に対するのと同様の和解案を被告に提案させることができる。

具体的に説明するため，ポール・ピータースと食品雑貨店の経営者ダイアナ・デイに関する設例の一部を修正しよう。ポールの事故を目撃した証人がいないことから，ダイアナにとっては，ポールが自分の靴ひもにつまずいた事実を知る手立てがないと仮定してみよう。そして，この条件の下で何が起こるか見るために，ポールとダイアナが，自分の戦略の選択肢として，どのようなことを考えるかを想像してみよう[41]。

ポール　ダイアナが和解を簡単に拒否するならば，私はもちろん訴えたくない。結局，訴えるのは費用が高くつくし，ダイアナが和解案を提示しなければ得るものは何もない。しかし，ダイアナは私の提起する訴訟が濫訴かどうか知らないから，望みはある。もちろん，彼女がほとんど大多数の訴訟が言いがかりであると考えているならば，進んで和解はしないかもしれない。しかし，反対に，彼女がほとんどの訴訟が根拠のあるものだと考えているとしたら，根拠のある訴えを起こした原告との間でトライアルまで争う場合の費用負担を避けるため，進んで高額の提案をしてくるかもしれない。

* * * * *

ダイアナ　もしポールの訴えが言いがかりであるなら和解は拒否すべきだが，もしポールの訴えに根拠があれば，相手が魅力を感じる和解案を提示した方がトライアルでの出費を避けることができて得策だ。残念なことに，私にはポールの訴訟が実際にどちらのタイプの訴訟か分からない。しかし，食品雑貨店の経営者として，私には

---

40)　Avery Katz, *The Effect of Frivolous Suits on the Settlement of Litigation*, 10 INT'L REV. L. & ECON. 3 (1990) 参照。

41)　本文の会話は，多少内容を変えているが，濫訴に関する私の論文から引用したものである。Bone, *supra*, note 26 at 543-45 参照。

転倒事件の経験がかなりあり，転倒事件が一般的にどの程度言いがかりであるか推測することはできる[42]。言いがかりの可能性がかなり低ければ，根拠のある請求をしている原告が受け入れる金額を常に提案して和解した方が良い。もちろん，その金額での和解はもともと根拠のない訴訟を起こした原告にとっては棚ぼたであり，濫訴を助長することになる。しかし，それほど濫訴が存在しないならば，和解金が無駄になることも多くはないであろう。結局，わずかな数の勝ち目のない訴訟の原告にお金を支払っても，根拠のある訴訟のほとんどで裁判にかかる費用を出費せずに済むので，ずっと得である。だが，言いがかりの転倒事件の割合が多い場合には，この戦略は私にとっては好ましくない。というのは，勝ち目のない訴訟のすべてで和解をするとみんなが訴えを起こすようになり，最後には，数多く提起された濫訴で和解をするはめになるからである。言いがかりの転倒事件が多いという条件の下では，私は，濫訴の提起を防止するために少なくとも何回か和解を拒否した方が有利である[43]。常に和解を拒否し，すべての言いがかり訴訟を防止することもできるだろうが，そうすると，私は根拠のある請求のすべてにつ

---

42) この確率の見積もりは，訴訟提起された転倒事件が言いがかり訴訟である可能性の見積もりではない。これは，いまだ訴えられていない潜在的な転倒事件が言いがかりである可能性である。この区別は重要である。なぜなら，潜在的な訴訟に焦点を当てることによって，このモデルは，ダイアナの和解戦略がポールの訴え提起のインセンティヴに対してどのような影響を与えるかを予測することができるからである。しかし，これは技術的な問題であり，厳密には，モデルの背後にある考え方を理解するために不可欠なものではない。

43) 読者は，ダイアナが1つの訴訟だけを防御しているのに，そのいくつかについて和解をすることがどうしてできるのか不思議に感じるかもしれない。このことを理解するには，ダイアナが繰り返し訴えられている状況を想像すればよい（あるいは，たくさんの食品雑貨店の経営者が同様の訴訟に対応する状況を想像すればよい）。その場合，ダイアナは，何回か和解をし，それ以外は訴訟を追行する戦略を採用する。

いてトライアルのための費用を支払わなければならないだろう。多分，濫訴を起こす多くの原告を躊躇させるために何回か和解を拒否するのがほど良いところであり，こうすれば，根拠のある訴訟でトライアルのために高額の出費をする羽目になることもそれほど多くないであろう。

* * * * *

　この2人の話が概略説明するように，均衡は2つある。1つ目の均衡は，濫訴が潜在する見込みが小さい場合に成立する。つまり，ダイアナのような被告は常に（根拠のある訴訟の和解金額で）和解し，ポールのような勝ち目のない原告は常に訴えを提起する。その結果，あらゆる濫訴が提起され，すべて相当な金額で和解することになる。

　2つ目の均衡は，濫訴が潜在する可能性が大きい場合に成立する。この条件の下では，濫訴の提起を躊躇させるために，被告がときに和解を拒否することに意味がある。結果として，勝ち目のない訴訟の原告は，全てではないが，その何人かが訴えを提起して，ある者は相当の金額の和解金を受け取り，また，根拠のある訴訟も，全てではないが，そのうちいくらかはトライアルに進むことになる。この2番目の均衡についての説明が最もよく当てはまるのは，ポールとダイアナの特定の訴訟で何が起こるかについての予測ではなく，むしろ，彼らの事件と同じような全ての事件において何が起こるかについての統計的な予測である。このように理解すると，この均衡は，どの程度，言いがかりの転倒事件が訴訟に持ち込まれるかということと，被告がどの程度の割合で和解するかということを一般的に説明していることになる[44]。

1.2.3.2.2　被告が訴訟は濫訴であることを知っている場合

　情報の非対称性は逆になることもあり，今度は，被告だけがその訴訟が濫訴であることを知っているとする。例として，医師は外科手術の最

---

[44]　ゲイム理論の数学的分析道具は，厳密なモデルを構築し，正確な予測計算をするために用いられる。

中に起こったことを正確に知っているが，患者はこれを知らないという医療過誤のケースがある。情報を持たない原告は，自分の起こした請求が認められるチャンスが十分にあると考えれば，勝ち目のない請求でも訴えを起こすであろう。このような訴訟は，原告が訴え提起前に合理的な調査をしていなければ，まさに「濫訴」である。

この状況に対応するモデルは，あまりに複雑すぎるものであり，ここで詳しい議論を展開することはできない[45]。しかし，ここでの均衡の結果は直観的に理解できるものであり，2つの要素が当事者の戦略に影響を与えている。1番目は，請求に根拠のある訴訟の被告は，情報を持たない原告の請求に勝ち目がないと騙して訴えを取り下げさせようとするインセンティヴを持つという点である。被告はそのために，濫訴の訴えに対して被告がするのと同じように和解を拒否し，原告がこの被告の和解拒否の態度から自分の訴訟に勝ち目がないと（誤って）判断することに一か八か賭ける。しかし，この被告の策略は，必ずしも均衡に至らず，失敗すると，請求に根拠のある訴訟はトライアルへと進み，訴訟費用が発生する。

2番目の要素は，原告のインセンティヴに関係する。原告は，訴訟提起前に合理的な調査を常に行うわけではない。なぜなら，原告は，相当な金額で和解できると期待していたり，あるいは，訴訟のその後の段階で，本案について被告から情報を獲得した方が，訴訟前に自分で調査するより安上がりになると期待していたりするからである。原告が訴え提起前に調査をしない場合には，結局は，濫訴を提起して，訴訟に勝ち目があるかどうか確かめるためにディスカヴァリまでずっと訴訟を追行するときもある。こういったインセンティヴは濫訴の件数を増加させ，無駄な訴訟費用が増えることになる。

1.2.3.2.3　一括化戦略の考え方

これまでに見た2つの非対称情報モデルにおいて濫訴が問題を生じさせている原因は，経済学者が**一括化戦略**（Pooling）と呼ぶものに関係し

---

[45] Bone, *supra* note 26, at 550–63.

ている。「一括化戦略」は、両方のモデルで中心的な役割を果たしている仮装の戦略、あるいは、騙しの戦略を言い表すために用いられている用語である。つまり、先ほどのモデルで、濫訴の原告は、情報を持たない被告を騙すために請求に根拠がある振りをし、請求に根拠のある訴訟における被告は、情報を持たない原告を騙すために濫訴を提起された被告であるかのような振りをする。

　一括化戦略の一般的な考え方は容易に理解できるものである。これらのモデルでは、2人の当事者のうちの一方、原告か被告には、2つの異なったタイプ（たとえば、請求に勝ち目がないタイプの原告と、請求に根拠があるタイプの原告）があり、相手方当事者は自分の対戦相手がいずれのタイプであるか判別できない。もし相手方当事者が2つのタイプを見分けることができるならば、一方の「良いタイプ」には、他方の「悪いタイプ」よりも、良い取扱いをするであろう。たとえば、カッツ教授のモデルでは、原告は請求に根拠がある（良いタイプ）か、請求に根拠がない（悪いタイプ）かのどちらかで、被告は、その訴訟に根拠があるかないかを知らないので、そのタイプを判別することはできない。もし、被告が2つのタイプを識別できるならば、被告は、請求に根拠のある原告に高額の和解金を提案し、請求に根拠のない原告との和解は拒否することにして、請求に根拠のない原告（悪いタイプ）よりも、請求に根拠のある原告（良いタイプ）に良い対応をするであろう。悪いタイプはそのことを知っているから、相手方当事者がこれを知らないことに乗じて搾取しようとして、良いタイプであるかのように振る舞うのである。この戦略が一括化戦略と呼ばれるのは、一方のタイプが、相手方当事者には区別がつかないであろうと期待して、もう一方のタイプに紛れ込んで一括化した対応を受けようとするからである[46]。

---

46) もう1つのモデルでは、「悪いタイプ」が根拠のある請求を提起された被告で、「良いタイプ」が濫訴を提起された被告である。この状況での呼び方はやや紛らわしいが、分析は同様である。原告が、自分の相手がどちらの被告であるか判別することができるならば、原告は、根拠のある訴訟では高い和解金を主張し、濫訴では訴えを取下げ

もちろん，相手方当事者は悪いタイプが紛れ込んで一括化した対応を受けようとすることを予測している。さらに，（過去の経験，口コミやその他の情報源に基づいて）他方の集団のうちのどの程度が良いタイプで，どの程度が悪いタイプかについて合理的に考えることもできる。もし相手方当事者が（たとえば，原告の中で濫訴を提起する者はわずかにすぎない，と）悪いタイプがほとんどいないと考えるならば，濫訴を防止することそれ自体にお金がかかることから，悪いタイプを防止しようとするよりも，悪いタイプをすべて良いタイプと一緒に扱う方が有利かもしれない。たとえば，カッツ教授のモデルでは，濫訴の原告の割合が小さい場合には，被告は訴えに根拠のある者に対しても，ない者に対しても，全員に高額の和解金を提案するが，それは，和解を拒否するという濫訴を防止する戦略が，原告の請求に根拠があると判明した場合にかえって高くつくからである。

逆に，もし一方の集団に悪いタイプが多いならば，他方の当事者は悪いタイプが紛れ込んで一括化した対応を受けようとするのをただ手をこまねいて見てはいないであろう。悪いタイプがたくさんいる場合には，棚ぼたを全員に与えるよりも，そのうちの何人かを思いとどまらせることにした方が費用がかからずに済む。したがって，他方当事者は悪いタイプを分離させるべく，悪いタイプに罰を与えようとする。罰は，より良い待遇を差し控えるという形をとる。たとえば，カッツ教授のモデルでは，被告は，ときに和解を拒否するという方法をとる。しかし，1つ厄介なことがある。他方当事者は自分の相手がいずれのタイプであるか判別できないので，彼が与える罰は良いタイプにも課されなければならず，費用がかかる結果になる。カッツ教授のモデルでは，原告の請求に根拠があると分かった場合，被告が和解を拒否することによって事件はトラ

（訴え取下げは被告の観点からは好ましい対応である）。しかし，実際は原告には被告がどちらのタイプか区別がつかないので，根拠のある訴訟を提起された被告は，和解金を支払わなくてもいいように，原告を騙して訴えを取下げさせようとして，濫訴を提起された被告に紛れ込んで一括化した対応を受けようとするインセンティヴを持つ。

イアルに移行せざるをえないが，この場合，被告は余分な訴訟の費用を支払わなければならないことになる。

したがって，一括化戦略が行われる場合，情報を持った当事者と情報を持たない当事者との間で戦略的な対応が相互になされることによって，社会的費用が生じる。悪いタイプは一括化戦略で成功を収めるときがあり，本来，良いタイプだけが受けるはずの良い取扱いを受ける。これが社会的費用を生み出す。加えて，情報を持たない当事者は，一括化戦略の威嚇に対して，悪いタイプだけでなく良いタイプをも罰するという方法で対応するときがあるが，これも社会的費用を発生させている。

一括化戦略の考え方についての理解を明確化するために，訴訟に関係のないもっと単純な例を考えてみよう。ロー・スクールへの志願者に，法律が好きな人と法律が嫌いな人の2つのタイプがあると想定してみよう[47]。法律が嫌いな志願者がそれにもかかわらずロー・スクールに入学を申し込むのは，その両親たちが強く望んでいるとか，志願者自身がお金を儲けることができるという理由である。この例を単純なものにしておくために，全ての志願者は，法律の好き嫌いは除いて，入学申込みの資格は皆平等にあると仮定しよう。ロー・スクールは，志願者がどちらのタイプであるか分からずに入学を許可するか，拒否するかを決めなければならない。もしロー・スクールがどちらのタイプか見分けることができるとするならば，学校としては，法律好きの人だけを受け入れて，法律嫌いの人の入学はすべて拒否するであろう。なぜならば，法律好きの人は学校に貢献し，大抵，華々しい経歴を持つのに対し，法律嫌いの人はしばしば悲惨な生活を送る結果に終わり，学校の名誉を汚すからである。

これは，ロー・スクールと志願者との間の戦略ゲームであり，このゲームの情報は非対称的である。志願者は自らのタイプを知っているが，ロー・スクール側はそれを知らない。法律嫌いの人は，入学申込書に法

---

47) この例は，Eric Rasmusen, GAMES AND INFORMATION: AN INTRODUCTION TO GAME THEORY 149–52 (2d ed. 1994) に記載のある Ph.D. 許可ゲイムを参考にしたものである。

律が好きであると嘘を書いて，法律好きの人と一括化した扱い，つまり合格通知を受けようとするであろう。もちろん，ロー・スクールはそのことを知っているので，法律嫌いの人の一括化の戦略を念頭に置いて受け入れるか拒否するかを判断するであろう。もし，ロー・スクールが誰に対してでも入学を許可すれば，法律嫌いの人はすべて法律好きの人と一括化した扱いを受けることになり，入学を許可されるであろう。しかし，ロー・スクールが資格のある志願者の中に，ほとんど法律嫌いの人がいないと考えるならば，すべての人の入学を許可するのが最良の選択であろう。結局，この戦略で確保されるのは，法律好きの人すべてと，わずかな法律嫌いの人となるからである。

　しかしながら，入学志願に興味を持った法律嫌いの人がたくさんいるとロー・スクールが考えるならば，すべての志願者を受け入れる戦略は，誰もが入学を志願することを助長し，法律嫌いの人がクラスの大多数を占めるという結果をもたらすことになる。では，ロー・スクールは，その代わりに，どんな戦略をとることができるだろうか？　どう見ても，ロー・スクールがすべての人を不合格にするという戦略をとることはできない。しかし，志願者のいくらかを無作為に不合格にすることはできる（書類上の資格は同一で，ロー・スクールが志願者のタイプを判断する有効な手立ては存在しないから，不合格は無作為でなければならない）。不合格は法律好きの人と法律嫌いの人の両方を罰することになるが，その罰が法律好きの人よりも法律嫌いの人に対して，ずっと効き目があるのであれば，法律好きの人よりも法律嫌いの人の方が入学申込みをする気を失くすであろう。この場合には，入学志願者の集団の中で法律好きの人の占める割合が大きくなり，ロー・スクールのクラスの中でも同様に法律好きの人が占める割合が大きくなるであろう。

　たとえば，法律嫌いの人は自分のことについて嘘の話を作り上げなければならず，常時嘘がばれはしないかと心配しているので，法律好きの人よりも，法律嫌いの人の方が入学申請するのにずっと費用がかかると仮定してみよう。こういう条件の下で，余分な入学申請の費用がかかれば，法律嫌いの人は，不合格の可能性も考えて，さらに入学申請をしなくなると思われる。したがって，入学申請を希望する法律嫌いの人がた

くさんいるとロー・スクールが考える場合には，その最良の戦略は，法律嫌いの人たちの一括化戦略を防止するために，資格のある志願者の何人かを無作為に不合格にすることであろう。

この例は厳密なものではないが，濫訴よりももっと親しみやすい設定で，読者がより深い理解を得られるよう取り上げたものである。そのあまり厳密ではない説明においてでさえ明らかなポイントは，次の点である。つまり，一括化戦略は，非対称情報に対する合理的な反応であることが多く，戦略的な相互作用のプロセスで生じ，社会的費用を生み出している。先ほどの例の中で，法律嫌いの人が一括化戦略をとって合格したとき（ほとんどの法律嫌いの人が最後には貧しい弁護士になることを考えてみよ），また，ロー・スクールの罰を与える戦略が，法律好きの人を不合格にし，これらの人が最も生産性の高い分野で才能を生かす機会を否定されたとき，いずれも社会的費用が発生している。

1.2.4　要約

これまで濫訴の謎を解いてきた。結局のところ，合理的な原告は，訴訟をまったくトライアルにまで持ち込もうとしない場合でさえも，濫訴を提起するインセンティヴを強く持っている。ちょっと考えただけではその理由は明らかではなかったが，法と経済学のモデルとゲーム理論の推論の助けを得て，その理由を理解することができた。形式的論理的な分析により戦略的な対応が明らかにされたが，これは，直観的には理解するのが難しいものの，いったん分析されると十分に理解できるもののように思われる。これは共通のパターンで，実証的法と経済学の分析道具は有益なヒューリスティクス（発見方法）としての機能を持っており，複雑な戦略的状況において，網状に入り組んだ相互作用によって不明瞭になっている関係を明らかにすることができる。

第1.3節　分析の精緻化：リスク回避と評判

単純なモデルを通じて問題の構造が明らかになったが，実証的法と経済学の分析道具は，さらに複雑な要素を1つずつ付け加えることによって，その要素の影響を体系的に分析することができる。具体的に示すた

めに，濫訴のモデルに，リスク回避と評判という2つの要素を加えることによって生じる影響を考えてみよう。

1.3.1 リスク回避

　第1.2節での分析は，すべての当事者がリスク中立的であることを前提にしていた。これは分析を単純化するための仮定である。実際には，ほとんどの人々はリスク回避的である[48]。リスク中立的な当事者とリスク回避的な当事者の重要な違いは，リスク回避的な当事者は，訴訟がリスクの高いものになればなるほど，より大きな費用負担を被るということである。大雑把に言えば，訴訟は，係争利益が大きくなればなるほど，そして，勝訴率が完全に無作為（すなわち50％）に近づけば近付くほど，リスクが高くなる。

　濫訴にまったく勝訴の可能性がない場合には，当事者がリスク回避的である場合でも，R－Sモデルの結果に違いは生じない。なぜなら，トライアルの結果は確実で，どちらの当事者にとっても誤判の危険はないからである。さらに，濫訴にわずかな勝訴の可能性があるとしても，損害額が異常に大きいという場合でない限りは，訴訟のリスクは依然小さいものであろう。

　しかし，リスク回避性は，非対称情報モデルにおいてはっきりと違いを生じさせる。訴訟がリスクの高いものになればなるほど，濫訴の問題はより深刻なものになるのである。つまり，被告がリスク回避的である場合，被告は根拠のある請求をトライアルに持ち込むならば，リスク負担の費用を余分に負うことになる。それゆえに，被告は，より積極的に和解し，しかも，リスク中立的な場合よりも高い金額で和解をする。これらのことが，勝ち目のない原告に訴えを提起する理由をさらに与えることになるのである。

---

[48]　しかし，弁護士は依頼人ほどはリスク回避的ではなさそうであり，このことが依頼人のリスク負担の費用を減少させる目的で成功報酬契約を認める理由になっている。この点は，第2章の第2.4節で詳細に論じる。

1.3.2 評判

　評判は，濫訴のモデルを含む，多くの法と経済学のモデルで重要な役割を果たしている。評判が予測にどのように影響を与えるかを見るために，R−Sモデルを考えてみよう。このモデルはダイアナの関心がポールの訴訟にだけあることを前提にしている。しかし，この前提は現実的でない。食品雑貨店の経営者として，ダイアナは，将来，他の同種訴訟に対応する可能性がある。このことは，ダイアナが長期的に濫訴と闘うという評判を打ち立てることで利益を得ることができるということを意味している。この長期的な利益が，最初の数回の濫訴で和解せずに争うことでかかる短期的な費用を上回る限り，ダイアナの最適な戦略はポールの訴えに答弁書を提出することである。こうすることによって，ダイアナは濫訴と闘うという評判を確立する。そして，ポールがこの対応を予測すれば，ダイアナを訴えることはしないであろう。

　実際，評判は信頼性のない威嚇を信頼性のあるものに変える。1.2.3.1で，ダイアナの答弁書を提出するという威嚇に信頼性がなく，ポールに信用されないであろうということを述べた。しかし，ダイアナが繰り返し訴訟当事者となり，将来の訴訟から評判による利益を得ることができるという事実は，ダイアナの威嚇を信頼性のあるものに変化させる。一度ダイアナが濫訴に対して闘うという評判を打ち立てると，和解せずに争うという威嚇を信用させることができ，そして，信頼性のある威嚇に直面すれば，濫訴の原告は訴えることをしないであろう。

　もっとも，評判効果は必ずしも完全に機能するものではない。1つには，評判は，その評判の情報を広く伝える仕組みが存在していることを前提にしている。しかし，評判効果が機能する場合，R−Sモデルでは，公的な規制を必要とすることなく，濫訴を防止することができる[49]。

---

49) 評判が他のモデルに影響を与える方法はもっと複雑である。R−Sモデルで評判効果が機能する理由は，被告がどの訴訟が濫訴であるか知っており，濫訴にだけ焦点を合わせて闘う戦略をとることができるからである。評判を立てる戦略がその他のモデルでそれほど効果的で

第1.4節　第1章のまとめ

　要約すると，われわれは，これまで濫訴の謎についての解決を模索する過程で，多くのさまざまな法と経済学の分析道具について学んできた。われわれは，まず，**期待価値と合理的選択**から検討を始めた。これらの基本的な分析道具を用いて，単純な**法と経済学の訴訟モデル**を作り上げ，訴訟を提起するための条件，すなわち，$pw - c > 0$ を導き出した。次に，濫訴のプラス期待価値とマイナス期待価値による説明を検討し，その中で，**均衡の基本的概念**，**情報の非対称性と一括化戦略**の影響など，単純なゲイム理論的な論証を紹介した。最後に，モデルを精緻化させ，**リスク回避**と**評判効果**について見た。

　これらの概念や分析道具は，ひろく手続に関する問題を分析するのに有益である。次章では，和解モデルを展開すべく，これらの概念や分析道具を用い，なぜプラス期待価値の訴訟が実際にトライアルに進むのかを説明する。

ないのは，当事者の一方が情報を持っていないからである。たとえば，被告がどの訴訟が濫訴であるかを知らない場合に，闘う戦略をとると，根拠のある訴訟についてまでトライアルで争う費用を支出するリスクを負うことになる。被告は，一括化戦略を防止するため，ときに和解を拒否して闘うが，常に闘うのは単純にかなり費用がかかる戦略なのである。

第2章

和解の謎：訴訟がトライアルにまで至るのは、なぜか？

概念と分析道具

●法と経済学の和解モデル
　・和解範囲と和解余剰
●強硬な交渉態度
　・囚人のディレンマ・ゲイム
●当事者間での期待の相違と双方の楽観的見込み
●エイジェンシー・コストと弁護士報酬の取決め

　ほとんど全ての民事訴訟事件は和解によって決着する。最も数値の高い統計の示すところによれば，連邦裁判所に提起された民事訴訟事件の約70％が和解で終了し，わずか6％の事件だけが現にトライアルに至っているにすぎない（その余は，トライアルに至る以前の訴え却下，欠席判決やサマリー・ジャッジメントなどによって終局している）[50]。これは，和解とトライアルで終局する事件のうちの92％が，トライアルに至る以前に和解で終了しているということを意味している[51]。トライアルで終局する率がわずか2.9％程度にすぎないと，さらに低い数値を報

---

50) 出典として，Judith Resnik, *Trial as Error, Jurisdiction as Injury: Transforming the Meaning of Article III*, 113 HARV. L. REV. 924, 926 nn.10-11 (2000) 参照。

51) Russell Korobkin & Chris Guthrie, *Psychology, Economics, and Settlement: A New Look at the Role of the Lawyer*, 76 TEX. L. REV. 77 (1997) 参照（トライアル以前に却下されていない事件のうち90ないし95％が和解で終結している旨述べている）。

告している研究もある[52]。

　加えて，和解による解決を促進することは，現在，法曹の世界における大きな流れでもある。1970年代の終わりから，弁護士，裁判官，法律学者の中では，和解を望ましい訴訟の決着方法，むしろ判決より優先すべき訴訟の決着方法とさえ捉える人々が増加している。事実，今日では，連邦裁判官が積極的に関与して当事者に和解を勧め，これを促すのが一般的である。連邦議会も和解重視の流れに加わり，裁判外紛争解決手続（ADR）と和解を国家政策の目標にしている[53]。ある論者が不法行為訴訟について論じる中で要約しているように，「訴訟あるところに和解あり」なのである[54]。

　和解に対するこういった信奉は，2つの疑問を生じさせる。なぜ，積極的な勧試がなくても，多くの訴訟で和解が成立するのであろうか，そして，これと表裏の問題として，なぜ訴訟はトライアルにまで至ることがあるのであろうか？　これら2つの問題は，一見するとそれほど難しいようには見えないかもしれない。結局のところ，当事者が和解をするのは，和解で訴訟費用が節約できるからであり，また，われわれは，交渉が，誤解や感情的対立あるいは過剰な貪欲さなどが原因で，ときに暗礁に乗り上げることがあることを個人的な体験から知っている。しかし，このような凡庸な見解は，分析を始めるに当たって有益なものではあるが，訴訟上の和解の複雑な特徴を説明することができない。このことは，裁判における和解交渉が，一般人よりもずっと多くの交渉経験と交渉技術を有している弁護士によって行われることを前提とすれば，特に驚く

---

52) Samuel R. Gross & Kent D. Syverud, *Don't Try: Civil Jury Verdicts in a System Geared to Settlement*, 44 UCLA L. REV. 1, 2 n.2 (1996) 参照（全国的な調査の結果について報告している）。

53) 連邦議会は，1998年，裁判外紛争解決と和解の促進を立法目的として明示し，裁判外紛争解決手続法を可決成立させた。Pub. L. No. 105-315, 112 Stat. 2993 (1998) 参照 (28 U.S.C. §§ 651-658 に法典化された)。

54) Michael J. Saks, *Do We Really Know Anything About the Behavior of the Tort Litigation System-And Why Not?*, 140 U. PA. L. REV. 1147, 1212 (1992).

べきことではないはずである。

　そうすると，和解の謎は，次のようなものになる。なぜ事件は和解で終わるのであろうか？　そして，さらに重要なのは，なぜ和解交渉は失敗するときがあるのであろうか？　極めて合理的で，高度な交渉技術を持つ弁護士であっても合意に達することができない理由がさまざまあることがこれから明らかにされる。これらの理由は，実証的法と経済学の分析道具を用いて体系的に検討することができ，この検討によって，和解のプロセスの重要な特徴が明らかになるとともに，和解の成立に影響を与える重要な変数を特定することができる。和解を勧め，これを促す効果的な規制策を検討するには，このように踏み込んだ理解をすることが不可欠な第一歩である[55]。

第2.1節　法と経済学の和解モデル

2.1.1　基本モデル

　日常生活でよく見られる次のような事例を考えてみよう。ポールがある本を所有しており，ダイアナはその本を買いたがっている。この場合，ポールとダイアナは，いつ，売買を成立させることができるであろうか？　答えは，ポールが受け取りたいと思う金額をダイアナが支払ってもよいと考えるときである。そして，この条件を満たすためには，ダイアナはポールの評価以上にその本を高く評価していなければならない。たとえば，ダイアナが本の価値を20ドルと評価する場合，彼女はその本を購入するために20ドルまでは払ってもよいと考えるはずである。もし，ポールが本の価値を10ドルと評価しているならば，本を売却して10ドル以上の代金を受け取りたいと考えるはずである。したがって，売買は10ドルと20ドルの間の価格で成立する。他方で，もしポールが本を30ドル

---

[55]　和解に関する法と経済学の文献は枚挙に暇がない。優れた入門書かつ一部文献目録として役立つものとして，Bruce L. Hay & Kathryn E. Spier, "Settlement of Litigation" *in* 3 THE NEW PALGRAVE DICTIONARY OF ECONOMICS AND THE LAW 442 (Peter Newman, ed. 1998) 参照。

と評価しているならば，ダイアナは20ドルまでしか払おうとしないから，売買は成立しない。

　これと同じ原理が和解にも当てはまる。しかし，和解では，売買の対象になるのは本ではなく，原告の訴える権利である。原告は，被告を訴える法的権利を有しているが，和解は，原告がその権利を被告に売り渡すことに他ならない。本の売却の例を類推すると，和解は，被告（買主）が原告（売主）以上にその権利を高く評価する場合にのみ成立する。

　原告にとっての訴える権利の価値は，その請求がトライアルで審理された場合の期待価値とちょうど同じである。また，被告にとっての訴える権利の価値は，原告をトライアルに進ませないことで，被告が避けることのできる期待損失である。したがって，和解が可能なのは，原告のトライアルの期待価値が，被告のトライアルの期待損失より少ないか，あるいは同じである場合だけである。

　分析をさらに具体的にするために，次のような事例を考えてみよう。パブロ・プレンティスが，自分の担当外科医であるドリス・デラーノが膝の手術の際に注意義務を怠ったと主張して，彼女を医療過誤で訴えると仮定しよう。また，ドリスは和解すべきかどうか考えているとしよう。パブロの勝訴率は60％で，パブロは勝訴した場合の賠償額を10万ドルと予測していると仮定する。さらに，双方当事者は，トライアルまで事件を争うのに2万ドルを支出すると予測している。これらの事実をまとめると次のようになり，c_Pはパブロの訴訟費用，c_Dはドリスの訴訟費用を表している。

パブロとドリスの医療過誤事例

$p = 0.6 \quad w = \$100{,}000$

$c_P = c_D = \$20{,}000$

　パブロとドリスはこの訴訟で和解することができるであろうか？　そして，もし和解が可能であるなら，その場合の和解金はどの範囲のものになるであろうか？　まず，パブロが希望する受取額を決めることから

第2章　和解の謎：訴訟がトライアルにまで至るのは，なぜか？　71

始めよう。パブロは，少なくとも，トライアルに進んだ場合の利益と同じだけの和解金を要求するであろう。トライアルに進んだ場合のパブロの期待価値は，1.1.2で説明した標準的な方法で計算できる。

　　0.6（勝訴率）×100,000（勝訴した場合の賠償額）－20,000（訴訟費用）
　　＝＄40,000

したがって，パブロは4万ドル以上の金額ならば和解に応じるはずである。

　ドリスは，和解金を支払うことで，トライアルに進んだ場合よりも状態が悪化することがない限り，和解をするであろう。ドリスは賠償額だけでなく，訴訟費用も支払わなければならないから，ドリスのトライアルにおける期待損失は以下のように計算される。

　　0.6（敗訴率）×100,000（敗訴した場合の賠償額）＋20,000（訴訟費用）
　　＝＄80,000

したがって，ドリスは，8万ドル以下の金額ならば和解に応じるはずである。

　パブロは4万ドル以上の和解金の受取りを希望し，ドリスは8万ドルまでの和解金の支払いになら応じるから，2人の間で和解が成立するはずである。正確な金額は当事者の相対的な交渉力によって決まることになるであろう。パブロは，できるだけ8万ドルに近い金額をドリスに払わせようとするであろうし，ドリスはできるだけ4万ドルに近い金額でパブロに受け入れさせようとするであろう。最終的な金額は，双方に一番有利な金額の間のどこかで落ち着くことになろう。

　パブロの最低値，すなわち，その金額以下ではパブロが和解しないであろう金額，そして，ドリスの最高値，すなわち，その金額を超えてはドリスが和解しないであろう金額は，当事者の**留保価格**（reservation prices）（「決裂分岐点」とも呼ばれる）と言われている。また，和解が成立する可能性のある範囲，すなわち，双方当事者の留保価格の範囲は，**和解範囲**（settlement range）という。和解範囲の広さは**和解余剰**（settlement surplus）という。パブロとドリスの例では，パブロの留保価格は4万ドルで，ドリスの留保価格は8万ドルである。そして，和解範囲は4万ドルと8万ドルの間，和解余剰は4万ドルとなる。一般的に，和解は，

和解範囲が存在する場合にだけ，あるいは同じことであるが，和解余剰がゼロと等しいか，それより大きい場合にだけ成立する[56]。

和解余剰は，当事者がトライアルに進まずに，和解をした場合に生み出される余分な価値を合計したものと考えると最もよく理解できる。われわれの例では，和解によって当事者は訴訟費用を節約することができ，実際，当事者はこれに相当する価値を生み出している。2.2.2で見るように，余剰の大きさは，当事者がそれぞれどの程度勝訴すると見込んでいるか，もし見込みに違いがあれば，その見込みの違いによっても決まる。しかし，本節では，当事者が同一の見込みを持っていると仮定しているので，余剰は和解によって節約できる訴訟費用分に限定される。各当事者とも訴訟費用2万ドルを節約することができるので，余剰は，$\$20{,}000 + \$20{,}000 = \$40{,}000$となる。

上記のポイントを一般化するとこうなる。訴訟費用は常にプラスであるから，当事者が同一の勝訴見込みを有している場合には，必ずプラスの和解余剰が存在するはずであり，その場合の余剰は和解によって節約できる訴訟費用の合計額である。このことは，パブロとドリスのモデルが一般的に次のような結果になるということを意味している。すなわち，勝訴率や賠償額を含むすべての重要な変数についての見込みが一致する場合には，当事者は，常に和解を成立させることができる。

余剰は，和解範囲上の場所の取り方でさまざまに分割される。たとえば，8万ドルの和解は，パブロが余剰のすべてを取得し，ドリスが余剰をまったく取得していないという分割方法を表している。パブロが余剰のすべてを取得する場合には，留保価格4万ドルに余剰4万ドルが加わり，合計8万ドルになる。逆に，4万ドルの和解は，ドリスが余剰のすべてを取得し，パブロが余剰をまったく取得していないという分割方法

---

56) 余剰がゼロに等しい場合，和解範囲には1つのポイントだけが存在し，当事者は，和解をしたい反面，トライアルに進みたいとも考えている。どちらの選択肢でも生じる期待価値は同じであるから，当事者は，和解とトライアルとどちらを選ぶかについて「無差別（indifferent）」である。

を表している。この場合は，ドリスは留保価格8万ドルを支払い，4万ドルの余剰を全部受け取るのと同等となり，結局，差し引きして4万ドルの和解ということになる。もちろん，通常は，和解が極端な金額のところで決まることはないであろう。そのような結果になるのは，当事者の一方が交渉の間じゅう，黙って相手に従っているような場合だけである。たとえば，両当事者が対等な交渉力を持っているならば，余剰は均等に分割されることが予測され，その場合，各当事者は2万ドルの余剰を取得して6万ドルで和解をする。

これらのポイントを図解すると，次のようになる。

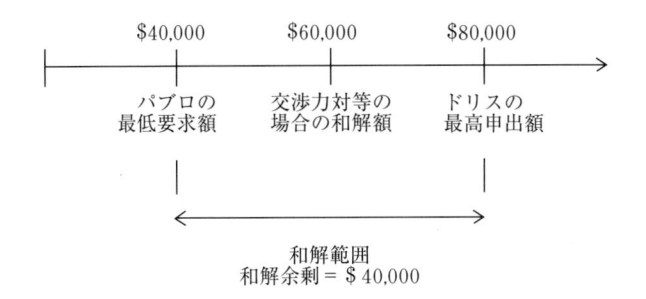

```
        $40,000        $60,000        $80,000
    |─────|──────────────|──────────────|─────→
         パブロの        交渉力対等の      ドリスの
         最低要求額      場合の和解額      最高申出額
         |                              |
         |←──────────────────────────→|
                    和解範囲
                  和解余剰 = $40,000
```

2.1.2 交渉費用

前項でその概要を説明した基本モデルでは，和解交渉をする費用がゼロであると仮定していた。この仮定は明らかに現実的でない。当事者は，和解の条件を考え，書類を起案するために時間とお金を費やしている。こういった費用が存在すると，和解範囲は狭くなり，和解余剰は減少することになる。その理由は簡単である。交渉費用がなければ，和解余剰は，当事者が和解によって節約できる訴訟費用の合計額にちょうど一致する。和解交渉に費用がかかる分だけ，この節約分が費消されることになるから，余剰の金額が減少するのである。

それと同時に，余剰全部を費消するほどに交渉費用がかかるということもほとんどありえない。そのようなことが起きるのは，トライアルまで争うよりも，交渉する方がずっとお金がかかるような場合だけである。

しかし、トライアルには多額の費用がかかるから、こういったことは実際には起こりえない。

具体的に説明するため、和解交渉をするために、パブロとダイアナにそれぞれ5000ドルの費用がかかるとしよう。交渉費用を考慮に入れた上で、少なくともトライアルに進んだ場合と同じ利益をもたらす和解をするためには、パブロは、トライアルの期待利益4万ドルに加えて、和解交渉の費用を埋め合わせるためにさらに5000ドル、併せて4万5000ドルを取得しなければならない。同様に、ドリスがトライアル以上に悪化しない和解をするためには、和解金額は、トライアルの期待損失8万ドルから彼女が交渉のために支払わなければならない5000ドルを引いた7万5000ドルが最高となる。5000ドルの交渉費用を含める場合には、7万5000ドルの和解で、ドリスは8万ドルを支出することになるが、それはドリスの期待損失の金額とちょうど一致する。

したがって、交渉費用が存在することで、もともとは4万ドルから8万ドルの間であった和解範囲は、4万5000ドルから7万5000ドルの間へと狭くなる。そして、余剰は、4万ドルだったのが3万ドルへと、1万ドル減少している。しかし、交渉費用によって和解がまったくできない状態になるためには、全余剰の4万ドルが費消されなければならないが、交渉にそこまで多額の費用がかかることはない。

これらの前提から、さらに次のような問題が生じる。費用のかかる交渉が行われる場合でさえ、常に和解範囲が存在するならば、なぜすべての事件で和解が成立しないのであろうか？ この問題に答えるためには、交渉のプロセスをより詳細に検討する必要がある。

第2.2節 和解の謎を解く

契約の交渉は必ずしも容易でないことを、われわれは日常の経験から知っている。人は貪欲になることもある。そして、ときには人格的に対立することもあるし、当事者が財産の評価をする際に誤りを犯すこともある。それやこれやの理由から、契約の交渉が行われるといっても、その結果必ず当事者が契約を締結するに至るものではない。このことは和解にも当てはまるが、その理由についてはさらに緻密な分析が必要であ

る。そこで，多くの弁護士が交渉の経験と技術を有していることに鑑みれば，完全に合理的で，高度に熟練した交渉者が合意に達しない理由があるか否かを検討することが役に立つ。結局，合意に達しない理由は存在し，それが原因で，和解範囲の存在は和解成立のための必要条件であるが，決して十分条件ではないということが明らかになる。

　経済学者は，一定の分析道具を用いて，和解において交渉の障害となるものを分析している。本節では，最も一般的な障害のうち，強硬な交渉戦略と当事者双方の楽観的見込みという2つの障害を分析するのに用いられている分析道具について説明した上で，和解モデルがこれらの場合をも取り込んで，どのように修正されるかを検討しよう。

2.2.1　強硬な交渉態度

　和解交渉において，当事者は和解余剰からできるだけ多くの分け前を取得しようと努力するが，このため，完全に合理的な当事者であっても，強硬な交渉戦略を採用する結果に至る可能性がある[57]。たとえば，原告は，被告が和解に応じると期待して，最初から不合理に高額な和解金を要求し，交渉の間，ほとんど譲歩しないかもしれない。しかし，被告の

---

57)　和解は，経済学者が双方独占と呼んでいるものの1つの例である。完全競争市場では，同一の生産物がたくさんあり，多数の買い手と売り手がいるため，個人は自らの行動によって価格に影響を及ぼすことができない（このような個人はプライス・テイカーと呼ばれる）。他方，双方独占においては，1人の売り手と1人の買い手しかいないため，その結果，どちらの当事者も自ら選択する戦略によって価格に影響を与える力を持っている。和解が双方独占であるのは，法的請求権に競争市場が存在しないからである。原告の訴権はただ1つしかないものであり，勝訴の分け前を得る約束で，他人の訴訟を正当な理由なく肩代わりして追行する訴訟信託（champerty）や民事訴訟の当事者に無関係な第三者が正当な理由なく金銭の提供などによって訴訟行為を助ける訴訟幇助（maintenance）を禁ずる法令によって，事実上被告のみが唯一の潜在的な買い手となってしまっている。したがって，どちらの当事者も，自らの選択する交渉戦略によって和解金額（すなわち，原告の訴権に対する価格）に影響を与えることができる。

方も和解に応じるどころか，同じく強硬な交渉戦略を採るかもしれない。

　実際，被告側弁護士は，原告の弁護士が強硬な態度で交渉すると予測する場合には，その相手の態度に応じて強硬な態度で交渉するであろうし，逆もまた同じである。そして，それは，もともと当事者がより柔軟な態度で臨もうとしていたときでさえそうなのである。理由は単純である。相手が強硬な交渉をすると予測する当事者は，もし自分が和解を受け入れることを相手に示せば，結局ほとんど何も得られないであろうと考えて不安を覚える。したがって，その当事者は，「お人好し（sucker）」との誤解を招く方法でなく，自分自身強硬な交渉態度を取って，強硬な交渉に対応するのである。

　問題は，互いに強硬な交渉戦略をとると，当事者が妥協することは著しく困難になるということである。1つには，強硬な交渉態度によって支払額と受取額のギャップが大きくなるという点がある。双方当事者とも守りを固め，初めの極端な立場から譲歩することを拒絶するのである。さらに，強硬な交渉態度は，和解を成立させるためにしばしば必要となる，善意や相互の信頼感を損なう傾向がある。

　経済学者はゲーム理論を用いて，これらの直観的理解を数学的にモデル化しているが，このモデルを使うことによって，強硬な交渉態度をとった場合の弊害やその程度を予測することができる。以下に述べるのは，比較的単純な例である。そこで技術的な事項を説明するとともに，法と経済学で広く用いられているゲーム理論の核心――囚人のディレンマ・ゲイム（Prisoners' Dilemma Game）――について紹介をする。

　外科医ドリスが患者パブロに膝の手術を行い，パブロがドリスを医療過誤で訴えたという先ほどの事例を思い出してほしい。パブロには60％の勝訴率があり，期待判決額は10万ドル，彼とドリスの訴訟費用額はどちらも2万ドルである。交渉費用は，単純化のためにゼロと仮定しよう。

　パブロとドリスが和解の話し合いを始めようとしており，柔軟な交渉戦略と強硬な交渉戦略のどちらかを選ばなければならないとしよう。柔軟な交渉戦略は，妥協し，合理的な条件で合意に到達しようという考えを持った戦略である。他方，強硬な交渉戦略は，かなり攻撃的な戦略である。強硬な交渉戦略をとる当事者は，立場を固め，ほとんど交渉の余

地はない。もちろん，当事者に交渉戦略を選択する余地が2つしかないというのは現実的ではないが，それによって分析は単純になり，さらに複雑なモデルの基礎にある重要な本質を看て取ることができる。

　パブロとドリスの双方が柔軟な戦略をとるものと仮定すると，妥協したいという双方の希望により和解は常に成立し，また，交渉力が同等であるため，余剰が2等分される和解が成立する。一方が柔軟な戦略をとり，他方が強硬な戦略をとるとすると，これら当事者は常に合意に達するが，柔軟な戦略をとる当事者が最後には譲歩し，他方当事者が余剰の75％を取得することに合意する。もし，双方当事者が強硬な戦略をとるならば，大抵の場合，交渉は暗礁に乗り上げることになる。特に，交渉したうちの60％の場合に合意ができ，彼らがどうにか合意したときには，交渉力が同等であることから，余剰が2等分される和解が成立すると仮定しよう。次の図表は，これらの仮定を要約している（カッコの中の数字は余剰の分配を表しており，最初の部分は最初に書かれた戦略をとる当事者のものに対応している。）。

```
            パブロとドリスの交渉ゲイム

      p＝0.6    w＝$100,000    c_P＝c_D＝$20,000

      柔軟，柔軟  →  常に和解成立；平等配分 (0.5, 0.5)
      強硬，柔軟  →  常に和解成立 (0.75, 0.25)
      柔軟，強硬  →  常に和解成立 (0.25, 0.75)
      強硬，強硬  →  60％の和解率 (0.5, 0.5)
```

　パブロとドリスは，どの交渉戦略をとり，どのくらいの割合で合意に達するであろうか？　もし両者とも柔軟な戦略をとるならば，余剰は2等分され，6万ドルで和解する。もしパブロが強硬な戦略をとり，ドリスが柔軟な戦略をとるならば，パブロは余剰の75％を取得し，当事者は7万ドルで和解する。もしドリスが強硬な戦略をとり，パブロが柔軟な戦略をとるならば，ドリスが余剰の75％を取得し，当事者は5万ドルで

和解する。最後に、もし両当事者が強硬な戦略をとり、60％の割合で和解をするとしたら、和解が成立する場合、当事者は6万ドルの和解で余剰を均等に分配する。それ以外の和解が成立しない場合には、当事者はトライアルへと進む。和解とトライアルから得られる期待価値を併せると、当事者が強硬な戦略をとった場合の期待利益と期待損失の総和を計算することができる。パブロの期待利益は、

0.6（和解が成立する確率）×＄60,000（和解が成立した場合の金額）
＋0.4（トライアルに進む確率）×＄40,000（トライアルの期待価値）
＝＄52,000

となる。同じ方法を用いると、ドリスの期待損失は、

0.6×＄60,000＋0.4×＄80,000＝＄68,000

となる。

これらの結果は、ゲーム理論家が**利得行列**（payoff matrix）と呼んでいるものに要約することができる。利得行列の各セルは、各当事者が1つずつ選択した戦略の組み合わせを表している。前記の事例では、（強硬, 強硬）、（強硬, 柔軟）、（柔軟, 強硬）、（柔軟, 柔軟）の4つの組み合わせが可能である。パブロの期待得失額（利益）はセルの左上隅に記載され、ドリスの期待得失額（損失ゆえマイナス）はセルの右下隅に記載されている。

		ドリス	
		強　硬	柔　軟
パブロ	強　硬	$52,000 　　　－$68,000	$70,000 　　　－$70,000
	柔　軟	$50,000 　　　－$50,000	$60,000 　　　－$60,000

この利得行列を検討すれば、パブロとドリスがどの戦略を採用するかを簡単に予測することができる。パブロとドリスは、2人とも強硬な戦略を選択するであろう。パブロは、ドリスがどのような戦略をとるにせよ、強硬な戦略をとることでより大きな利得を得ており、同じことはド

リスにも当てはまる。たとえば，ドリスが強硬な戦略をとると，パブロは，柔軟な戦略で5万ドルの利益しか取得しないのに対して，強硬な戦略で5万2000ドルの利益を得る。ドリスが柔軟な戦略をとると，パブロは，柔軟な戦略で6万ドルの利益しか取得しないのに対して，強硬な戦略で7万ドルの利益を得る。ドリスの場合にも，同様に分析することができる。

　当事者双方が強硬な戦略を選択して均衡状態になると（行列の左上のセル），和解交渉は，その仮定からして，その40％が失敗に終わる。この種のゲイムは囚人のディレンマ・ゲイム（Prisoners' Dilemma Game）として知られているものである[58]。パブロとドリスが，両者とも柔軟な戦略をとると（右下のセル），どちらも得失額が改善することに注意してほしい[59]。しかし，彼ら双方が柔軟な戦略をとらないのは，どちらも，相手がいつまでも柔軟な戦略を取り続けると信用することができないからである。強硬な戦略は，単純に，かなり魅力的なのである。

　この点を明らかにするために，ドリスもまた柔軟な戦略をとることを期待して，パブロが柔軟な戦略を用いると宣言する場合を考えてみよう。ドリスがパブロのことを信用すれば，ドリスは，我慢せずに強硬な戦略をとるであろう。なぜなら，パブロが柔軟な戦略を採用するならば，ドリスは，柔軟な戦略だと6万ドルの損失を被るのに対して，強硬な戦略だと5万ドルの損失で済むからである。しかし，パブロも，ドリスがこ

---

[58] この名前はゲイムの内容を説明するのに伝統的に用いられている事例に由来している。その内容は，別々に尋問され，自白するか黙秘するかの選択を迫られている2人の囚人に関するものである。専門的に言えば，囚人のディレンマ・ゲイムには2つの重要な特徴がある。均衡戦略は完全に支配的であるということ（すなわち，各当事者は他方当事者がどんな選択をしようと，均衡戦略を選択する）と，均衡状態と比較して，双方の当事者とも状態が改善する別の組み合わせの戦略があるということである。

[59] 両当事者とも柔軟な戦略を採用するならば，パブロは8000ドル（6万ドルと5万2000ドル）多く取得すると期待し，ドリスは8000ドル（6万ドルの損失と6万8000ドルの損失）少ない損失で済むと期待する。

の誘惑に屈するであろうことが分かるので，もし自分が柔軟な戦略をとると，お人好しと思われると予測する。したがって，パブロは，初めから強硬な戦略を採用するであろう。同じことは，逆の場合も当てはまる。

結局のところ，基本的には両当事者は，その戦略的な相互作用の本質から，また，初めから柔軟な戦略に撤回不能な形でコミットすることができないという事実から，強硬な戦略をとらざるをえなくなる。この例は，重要なポイントを示唆している。すなわち，強硬な戦略は，当事者が完全に合理的に行動し，トライアルに進むよりも和解した方が互いに利益があることを理解している場合でさえ，本来は可能であったはずの和解の成立を阻止してしまうのである[60]。

2.2.2 当事者間での期待の相違と双方の楽観的見込み

当事者双方が柔軟な戦略を採用したときであっても，和解が成立しないことがある。2.1.1で述べた基本モデルにおいて，当事者がトライアルで勝訴する見込みについて同じ見解を共有していることを前提にしていたことを思い起こしてほしい。しかし，この当事者の見解が異なる場合には，必ずしも和解が成立するというわけではないのである。法と経済学の論者は，この状況を説明する用語として，**当事者間での期待の相違**（divergent expectations）という語を用いている。当事者双方がトライアルで勝訴すると予測する，**双方の楽観的見込み**（mutual optimism）と呼ばれる条件の下では，当事者間での期待の相違は，和解の成立に最も深刻な問題を生じさせる。同じ情報を持った完全に合理的な当事者であれば，勝訴率に関して同じ予測に到達するはずであるから，双方の楽観的見込みが存在しうるのは，当事者が異なった情報を持っている場合か，当事者が完全には合理的でない場合だけである。以下の議論では，最初

---

60) 「混合戦略（mixed strategies）」と呼ばれる，より複雑なモデルを用いると，両当事者が強硬な交渉戦略をとった場合には和解が常に失敗するというより極端な前提をとりながら，同様の予測に到達することができる。この前提だと，ゲームはもはや囚人のディレンマではなく，分析はかなり複雑になる。

の可能性，すなわち，完全に合理的な当事者が異なった情報を持っている場合を検討しよう。

一方の当事者が他方当事者の知らない私的情報を持っていることは珍しいことではない。さきほどのパブロとドリスの医療過誤訴訟の事例に戻れば，もし患者パブロが手術のときに麻酔状態にあったならば，外科医ドリスは，パブロには知ることができない，事件と関連性のある情報を持っている見込みが高い。ドリスは自分が何も悪いことをしていないことを知っているが，パブロは別の医者からの意見に基づいて，自分の症状が手術の失敗によるものだと信じているとしよう。この状況の下では，ドリスはトライアルでの自分の勝訴について楽観的になるであろうし，パブロもまた同様であろう。もちろん，ドリスは自分がパブロに何も悪いことはしていないと主張するであろうが，パブロはこれを自己保身の主張と考えて，信用しないだろう。ディスカヴァリの後になれば，パブロは，合理的であるから，自分の勝訴率を下方修正することになるが，ディスカヴァリの前の時点では，楽観的に考えることがむしろ彼にとって合理的な行動なのである。

当事者双方が結果について楽観的である場合には，和解の成立は困難である。その理由は簡単である。原告が勝訴の見込みが極めて高いと信じているならば，高い和解金を要求するであろう。しかし，もし被告もまた勝訴の見込みが極めて高いと信じているならば，低い和解金しか提供しないであろう。この状況の下では，双方の提案が合致することはほとんどありえないであろう[61]。

当事者間での期待の相違が和解余剰にもたらす影響を考えると，上記の点をさらによく理解することができる。すでに見た2.1.1で，われわれは，和解余剰について，和解で節約できた訴訟費用額の合計と定義した。しかし，この定義が当てはまるのは，当事者が同一の見解を共有すると

---

[61] 双方が悲観的見込みを持つという条件の下では反対の結論が得られる。原告がトライアルでの勝訴の見込みについて悲観的であれば，かなり低い金額で和解に応じるはずであるし，被告も悲観的ならば，高い金額を支払うはずである。

きだけである。見解が異なる場合の余剰は，訴訟費用の節約だけではなく，見解の相違によって影響を受けることになる。

この点は，もっと単純な日常生活上の例を考えると理解しやすい。ポールはIBMの株式を所有しているが，その株価が過大に評価されていると考え，一方，ダイアナはIBMの株式が過小に評価されている（したがって，株価が将来上昇する）と考えて，IBMの株式を保有したがっているとしよう。ポールとダイアナはIBMの株式の実質的価値について異なった見解を有しているが，この相違が取引の機会と取引余剰を生じさせている[62]。

同様に，訴訟におけるトライアルの勝敗について，当事者の期待が異なると，法的請求権の価値についての見解にも違いが生じ，この見解の相違が和解から生じる余剰の大きさに影響を与える。さらに，この影響はプラスにもマイナスにもなりうる。すなわち，和解余剰を増加させることもありうるし，和解余剰を減少させることもありうるのである。たとえば，被告も原告も自分が勝訴することについて悲観的であるとしよう。被告は，トライアルで敗訴すると考えるから，法的請求権に相対的に高い価値をつけるであろうし，原告は，自分がトライアルで敗訴すると考えるから，法的請求権に相対的に低い価値をつけるであろう。したがって，状況はIBMの株式の例と類似する。つまり，被告は法的請求権を原告よりも高く評価しているので，両者の期待の相違は取引からさらなる利益を生じさせ，和解余剰を増加させている。逆の場合もまた同じである。もし両当事者が楽観的ならば，互いの評価が異なる結果，余剰は減少することになる。

したがって，和解余剰には，一般的に，訴訟費用と，トライアルの勝敗に関する当事者間での期待の相違から生じる評価の相違という2つの要素が含まれている。当事者が和解をする場合，当事者はトライアルを回避することで節約できた訴訟費用を分け合っている。さらに，当事者は，勝訴の見込みに関する期待，ひいては，法的請求権の評価が異なる

---

62) 和解余剰に対する異なった見解の影響を説明するために私が用いたこの例は，クリス・サンチリコの示唆に負うものである。

ことによって生じる取引余剰（プラスあるいはマイナス）もまた分け合っているのである。

数字で具体的に示すために，パブロとドリスがともに楽観的であると仮定してみよう。そして，パブロは自らの勝訴率を70％と予測し，ドリスは自らの勝訴率を80％（すなわち，パブロの勝訴率を20％）と予測すると仮定しよう。以下でこの事例を要約するが，そこで，p_π は原告の勝訴率の予測，p_Δ は「原告の」勝訴率に関する被告の予測である。

パブロとドリスの双方が楽観的見込みを持っている事例

$p_\pi = 0.7 \quad p_\Delta = 0.2 \quad w = \$100{,}000$

$c_P = c_D = \$20{,}000$

2.1.1で行ったのと同様の方法で，和解範囲と和解余剰の計算をしよう。トライアルに進むことからパブロが得る期待利益は，$0.7 \times 100{,}000 - 20{,}000 = \$50{,}000$ となる。したがって，パブロは5万ドルより少ない額では和解をしないであろう。トライアルに進むことでドリスが被る期待損失は，$0.2 \times 100{,}000 + 20{,}000 = \$40{,}000$ となる。したがって，ドリスは4万ドル以上では決して和解しないであろう。結局，当事者がどのような戦略を採用しようと和解は不可能である。なぜなら，パブロは少なくとも5万ドルの支払いを要求するのに対して，ドリスは4万ドル以上の支払いをしないからである[63]。

---

63) この結論は単純な代数学で一般化することができる。数学の知識がさびついている読者はこの注や他の代数学的な表現のある注を読み飛ばしてもらってもまったく問題がない。原告の留保価格はトライアルから生じる期待利益であり，$p_\pi w - c_P$ となる。被告の留保価格はトライアルから生じる期待損失であり，$p_\Delta w + c_D$ となる。したがって，和解は，$p_\Delta w + c_D \geq p_\pi w - c_P$ の場合にのみ成立する。この不等式を整理すると，和解成立の条件

$$p_\pi - p_\Delta \leq (c_P + c_D) / w$$

が得られる。

この事例で，和解余剰はマイナスである（実際はマイナス1万ドル）。この余剰の中身は，訴訟費用の要素と当事者間での期待の相違という要素とに分けることができる。当事者は和解によって4万ドルの訴訟費用を節約する。このことは，当事者が勝敗について同じ見解を共有すれば，和解余剰が4万ドルになることを意味している。しかし，当事者がともに楽観的であると，和解余剰にマイナスの影響がもたらされる。具体的には，パブロは法的請求権を（訴訟費用を無視して）7万ドル（0.7×100,000）と評価し，ドリスは2万ドル（0.2×100,000）と評価している。その差5万ドルが，訴訟費用の節約による和解余剰4万ドルから差し引きされなければならない。したがって，ネットの余剰は，$40,000 − $50,000 = − $10,000とマイナスとなる。

訴訟が進行し，パブロがディスカヴァリを通じて，手術についてドリスが真実を述べていたことを知ると，パブロの予測は0.7という高い勝

当事者の勝訴率が一致すると，$p_\pi = p_\Delta$ となり，和解成立の条件は $(c_P + c_D)/w \geq 0$ に変わるが，この条件は常に満たされている。したがって，成立可能な和解は常に存在し，その結論は2.1.1で直観的に導かれたものと同じである。さらに，当事者双方がともに楽観的な場合には，p_π が大きく p_Δ が小さい，ゆえに $p_\pi − p_\Delta$ が大変大きく，$(c_P + c_D)/w$ よりも大きくなるから，和解成立の条件は満たされないように思われる。これと対照的に，当事者双方がともに悲観的な場合には条件は常に満たされるはずである。なぜなら，p_π は小さく，p_Δ は大きい，ゆえに $p_\pi − p_\Delta$ の差はゼロより小さいので，$(c_P + c_D)/w$ よりも小さいからである。

われわれは，次のような方法で和解余剰を求める式を計算することができる。余剰はちょうど原告と被告の留保価格の差，すなわち，$p_\Delta w + c_D − (p_\pi w − c_P)$ である。これを整理すると，

和解余剰 $= (c_P + c_D) + (p_\Delta − p_\pi)w$

となる。この式は，余剰の2つの内容をはっきりと示している。$(c_P + c_D)$ の項は訴訟費用の節約によって余剰となった分であり，$(p_\Delta − p_\pi)w$ の項は，期待の相違に起因する評価額の差異によって余剰となった分である。われわれのパブロとドリスの例で，$p_\Delta < p_\pi$ のとき，この第2番目の項はマイナスになり，余剰を減少させることになる。

訴率から0.2（情報を知った場合の予測）に近い値にまで下がる。訴訟の途中のどこかの時点で，当事者の予測は一致して和解範囲と和解余剰が生じるであろう（もっとも，こうなるかどうかは，次項で見るように，当事者が訴訟費用をどれだけ早く支出しているかによる）。しかし，客観的に見れば和解することが当事者双方に最も利益になる場合であっても，その予測が一致する時点に達するまでは，当事者は和解することができないであろう。

　要約すると，当事者双方にとって，和解をすることがトライアルに進むよりも実際には利益になる場合であっても和解交渉が上手くいかない理由には，強硬な交渉態度と，当事者双方が楽観的であることに基づく当事者間での期待の相違という2つがある。法と経済学の論者は，ゲイム理論を用いて強硬な交渉の状況をモデル化し，戦略的な障害を分析するとともに，さらに，和解の基本モデルを修正して当事者間での期待の相違をモデル化し，勝訴率について異なる見解を持っている場合を考察している[64]。

2.2.3　回収不能費用の影響

　前項で見たように，当事者の予測は，訴訟が進行し，それぞれがディスカヴァリや独自調査を通じて事件についての情報を得るに従って，互いに近づくことになる。したがって，双方の楽観的見込みによって早期に和解ができない事件でも，後で当事者の予測が十分に近づいた段階では和解ができる可能性がある。

　しかし，第1章の1.1.3で検討したとおり，トライアルの期待価値は，訴訟が進行し，原告が訴訟費用を多く投入するにしたがって大きくなる。この回収不能費用の効果は，和解にも影響を与える。当事者が費用を多く支出するほど，トライアルに進むためにかかる費用は少なくなり，トライアルがより魅力的に映ることになる。それに応じて，当事者それぞ

　64）　期待は，勝訴率の見込みが異なることのほかさまざまな理由で食い違いが生じうる。たとえば，当事者は，期待判決額や訴訟費用の点で見解が一致しないかもしれない。

れがより有利な和解条件を求めるから，和解範囲はそれだけ狭いものになる。したがって，予測が一致することで和解が成立しやすくなる反面，回収不能費用は和解を成立しにくくする。和解が成立するかどうか，成立するとしていつ成立するかは，この2つの相反する効果が相互にどのように影響しあうかによって決まる。

具体的に示すために，前項のパブロとドリスの例を考えてみよう。訴訟の開始時点では，パブロは自分の勝訴率を70％と予測し，何が起きたかを知っているドリスは，パブロの勝訴率を20％と予測する。当事者はそれぞれ楽観的で，和解することはできない。そこで，双方の期待訴訟費用が，ディスカヴァリ前（各3000ドル），ディスカヴァリ（各8000ドル），トライアル（各9000ドル）の3つの段階に分配されるとしよう。また，パブロは訴訟が進行するにつれて予測を70％から60％，40％に下方修正すると仮定しよう。以下の図は，これらの仮定を表したものである。

パブロとドリスの3段階の手続の事例

ディスカヴァリ前	ディスカヴァリ	トライアル
$3,000	$8,000	$9,000
70％（パブロ）	60％（パブロ）	40％（パブロ）

初めに，ディスカヴァリの終了時点と同様に，訴訟の開始時点でパブロの予測勝訴率が40％であるならば，当事者間で和解が成立するであろう。パブロの最低限の要求は，2万ドル（すなわち，0.4×100,000－20,000），ドリスの最高の支払申出額は4万ドルとなる。したがって，和解範囲は2万ドルから4万ドルの間であり，和解余剰は2万ドルになる。

しかし，パブロの予測が40％に下がるのは訴訟がかなり進行した段階になってからであり，それまでに各当事者は1万1000ドルの訴訟費用を支出しているから，和解が成立するか否かには大きな違いが生じる。訴訟に使う費用として9000ドルしか残っていないので，パブロがディスカヴァリ終了時点で最低限要求する和解金は3万1000ドルである[65]。さ

らに，ドリスもまた残りの訴訟で用いる費用として9000ドルだけを見込んでいるので，ドリスが最大限に支払申出する和解金は2万9000ドルである[66]。結果として，和解範囲は存在しない[67]。

ここで一般化できるポイントは，単純ではあるが，重要なものである。われわれは，当事者間で相違する期待を一致させるためディスカヴァリのような手続を頼りにすることはできるが，そこで注意しなければならないのは，そのような手続をとること自体で当事者は訴訟費用を支出し，このことが和解の成立を困難にする可能性があるということである。大まかに言えば，パブロのトライアルでの予測勝訴率が70％から40％に下がり，ドリスの予測と一致したとしてもパブロとドリスが和解できないのは，パブロの予測率が下がる速さと比較して，当事者がかなり早い段階で訴訟費用を支出しているからである。一般的に言えるのは，1.1.3で検討した点の和解への応用である。すなわち，回収不能費用と情報には相互に相反する効果があり，訴訟の進行について反対のインセンティヴをもたらすのである。この点については，また後で触れることになるであろう。

第2.3節　和解額を予測する

和解の基本モデルによって，成立する可能性のある和解の範囲を予測することができるが，正確な和解金額まで予測することはできない。和解金額は，当事者の相対的な交渉力やその他の要素によって決まるからである。相対的な交渉力は，原告が取得することのできる余剰の大きさと相関関係にある。その余剰が大きければ大きいほど，原告の交渉力は

---

65)　$0.4 \times 100{,}000 - 9{,}000 = \$31{,}000$.

66)　$0.2 \times 100{,}000 + 9{,}000 = \$29{,}000$.

67)　ディスカヴァリ前の段階の最後でも同じことが当てはまる。パブロの予測は60％に下がるが，訴訟に支出する費用としては1万7000ドルだけが残っているので，彼の最低限の要求は4万3000ドル（すなわち，$0.6 \times 100{,}000 - 17{,}000$）で，ドリスの最高の支払額は3万7000ドル（すなわち，$0.2 \times 100{,}000 + 17{,}000$）である。ゆえに，ここでも和解範囲は存在しない。

被告のそれと比べてより大きいことになる。

この関係を使って，われわれは相対的な交渉力をモデル化することができる。原告が取得できると期待する余剰の大きさを a としよう。a が1に近づけば近づくほど，原告の相対的な交渉力は大きいことになり，a が0に近づけば近づくほど，被告の相対的な交渉力が大きいことになる。$a=0.5$ のとき，当事者は対等の交渉力を持ち，余剰を均等に分けることになる。a をこのように定義すると，予測される和解金額は，原告の留保価格に余剰を a 倍したものを加えた額に一致する。パブロとドリスの例（当事者双方がパブロの勝訴率を60％と予測することを前提にする）でいうと，

　　　和解金額＝＄40,000（パブロの留保価格）＋ a ×＄40,000（余剰）

となる。

しかし，この方法はほとんど役に立たない。この方法は，単にある不確実なもの（和解金額の予測）を別の不確実なもの（a の発見）に置き換えているだけであり，このような置き換えをしても問題が解決されるわけではない。

法と経済学の論者は，より洗練された手法を数多く用いて交渉の結果を予測している。ある論者は，交渉過程をゲーム理論的に構成し，モデルの均衡解を求めている[68]。「公理的方法（axiomatic method）」と呼ばれる2番目の方法は，交渉の結果が満たすべきある条件を措定した上で，これらの条件を満たす結果を求めている[69]。これらの方法は数学的に複雑なものであり，本書の範囲を超えている。

実際には，法と経済学の論者は，和解の質ではなく頻度に，より関心

---

[68] たとえば，単純な交互提案のゲームは，交渉の過程を，提案を交互に行う一連のプロセスと構成している。各当事者は，各段階で，他方当事者の申出を受け入れるか，拒否するかを決めることができ，時間とともに資産価値は減少している。資産価値の減少は，当事者に対して合意するようプレッシャーをかけるものである。

[69] この方法の最も著名な例は，「ナッシュ均衡（Nash Equilibrium）」に関係のあるジョン・ナッシュの名にちなんでつけられた「ナッシュ交渉解（Nash Bargaining Solution）」である。

をもっている。交渉結果を予測することは極めて困難で，経済学者が説得力ある方法を用いて取り組むべき余地がある仕事であるから，それも当然である。しかし，同時に，規範的な観点から言えば，和解の質は少なくとも和解の量と同様に重要であるから，このようなギャップがあることは不幸なことである。つまるところ，粗悪な和解を促進することに社会的な利益はほとんどないのである。

第2.4節　分析の精緻化：エイジェンシー・コストと弁護士報酬の取決め

　これまでの分析は，当事者本人が和解の決定権限を有する者であることを前提にしていた。しかし，現実の世界では，弁護士が和解の条件を交渉している。確かに，弁護士は，倫理規範によって，和解の合意をする前に依頼者の了解を得ることを求められている。しかし，弁護士は，和解を受け入れるように依頼者を説得する都合の良い立場におり，独自に判断するための情報や専門的知識が当事者本人にない場合は特にそうである。このことにより，弁護士は和解の成否を判断する実質的権限を持ち，弁護士が依頼者の犠牲の下で自らの利益のために行動するリスクが生じる。

　このリスクは，経済学においてエイジェンシー問題（agency problem）といわれている一般的な問題の一例である。エイジェンシー問題は，代理人自らの利益と本人の利益とが相反するときに生じる。たとえば，固定給で雇われた従業員は仕事場でなく，ゴルフ場で時間を過ごしたいと思うかもしれないし，固定料金で雇われた請負人は，経費を最小化し，利益を最大化するために，安い材料を使い，手を抜くかもしれない。こういった事例やその他多くの場面で，代理人は，義務を怠り，あるいは本人の犠牲で個人的な利益を最大化するように行動するインセンティヴを持っている。

　本人がエイジェンシー問題を低減するために用いることができる戦略もある。たとえば，本人は，代理人を監視し，あるいは，本人と代理人の契約の中にインセンティヴを組み込むことができる。しかし，そのような戦略はいずれも不完全なものであり，実行するために費用がかかるものばかりである。経済学者は，代理人の背信行為によりもたらされる

費用のことを**エイジェンシー・コスト**（agency costs）という用語を使って表現しており，そこには，逸脱行動を抑制するための費用や不可避的に生じる悪い結果がもたらす費用が含まれている。

　エイジェンシー問題は本人・代理人の関係の中で生じるが，この関係は，弁護士と依頼人との間にも存在する。確かに，多くの——おそらくほとんどの——弁護士は依頼人を忠実に代理し，倫理的に行動しようと努め，あるいは，懲戒を申し立てられたり，弁護過誤責任を追求されたりすることがないように少なくとも対応している。それでも，すべての弁護士が常に誠実な代理人であると仮定することは無邪気すぎるであろう。事実，弁護士と依頼人の関係には，エイジェンシー問題を引き起こす特別な性質がある。弁護士の市場というのは不完全なものであり，普通の依頼人が弁護士の評判に関する情報を入手したり，弁護士が義務を怠らないような契約条項の交渉をしたりするのは難しいからである。

　和解は，弁護士が機会主義的な行動をとる場面に特に恵まれた環境にある。和解は通常，非公式に，かつ，依頼人や一般の人々の見えないところで交渉される。さらに，弁護士は懐疑的な依頼人に和解案を受け入れさせる強い権限を持っている。事件の弱いところやトライアルへ進むことでかかる費用のことを強調することで，弁護士は，広い範囲の和解案について，魅力的なものに見せることができるのである。

　和解に対する広範な権限を持っていることから，弁護士は自らの利益を図ることができるのだが，その利益は，和解段階での依頼人の利益に反することが多い。最も一般的な紛争の原因は報酬に関するものである[70]。多くの原告，特に人身被害や財産的損害の賠償を求めて不法行為訴訟を起こしている者は，**成功報酬**（contingency fee）ベースで弁護士を雇っている。依頼人は，勝訴した場合に賠償額の一部（よく見られるのは3分の1）を弁護士に支払うが，敗訴した場合には報酬を払わないこ

---

[70] しかし，これは潜在的に存在する紛争の唯一の原因ではない。たとえば，マスコミで騒がれている事件の弁護士は，訴訟を通じて実質的な宣伝の効果が上がり，評判も良くなるという利益を期待する場合には，和解するよりも判決まで争う方を好むかもしれない。

とを約束している[71]。他方で，法人の被告や保険会社は通常**時間制**（fee-for-service）ベースで弁護士を雇っている。この取決めでは，依頼人は事件の勝敗にかかわらず，稼働時間単位で，弁護士に報酬を支払うことを約束している。

　弁護士と依頼人間のエイジェンシー問題が和解に及ぼす影響は，報酬取決めの内容によって決まる[72]。この影響を細かく分析することは本書の目的を超えるものである。しかし，その影響を直観的に理解することは容易である。どのようなことが起きるかを見るために，エイジェンシー問題が極めて深刻で，弁護士が和解についての決定権をすべて握っていると仮定してみよう。すなわち，この仮定では，弁護士が依頼人にどんな条件ででも和解を受け入れさせることができる権限を持っている。また，弁護士が自分の報酬を最大化するという点で厳密に自己の利益を追求すると仮定しよう。もちろん，これらの仮定は極端ではあるが，こういった仮定を置くことにより，明確かつ簡単に，エイジェンシー問題に焦点を当てることが可能になる。

　最初に，時間制の取決めの下で何が起きるかを考えてみよう。経験則によれば，時間制ベースで働く弁護士は和解を拒否するか遅らせるかして，支払請求をすることのできる時間をできるだけ稼いでいる。結局，弁護士は働けば働くほど，報酬を得ることができるからである。しかし，この予測は，時間単位で報酬を払っても良いと考える別の依頼人を弁護士が容易には見つけることができないということを前提にしている。和解をすることで，弁護士は新しい依頼を引き受けることが可能になるが，その依頼人が同じ割合の報酬を支払うのであれば，訴訟を引き延ばそうとするインセンティヴは弁護士にはまったくないことになる。それでも，新しい依頼人を探すことはリスクのある仕事であり，常に取引費用を伴

71）　厳密には，依頼人は，コピー代や訴状提出費用など諸経費を負担することになっているが，こういうことは実務上滅多にない。

72）　ジェフリー・ミラー教授は，体系的な分析を試みた初期の学者のうちの1人である。Geoffrey P. Miller, *Some Agency Problems in Settlement*, 16 J. LEGAL STUD. 189 (1987) 参照。

うので，エイジェンシー問題が和解を妨げているという見解にはそれなりの説得力がある。また，いくつかの特殊なケースでは反対の結論も生じうる。(たとえば，マスコミで騒がれている事件での肯定的な評価のおかげで)当該弁護士のサービスに対する需要が突然に増え，より高額な報酬請求をすることができるならば，その弁護士は，これまでより高い割合の時間料金で新しい依頼を引き受けることができるのであるから，依頼人の利益に配慮することなしに，どんな和解でも受け入れるであろう。

次に，成功報酬の取決めの下で何が起こるかを考えてみよう。経験則によれば，成功報酬ベースで雇われた弁護士は，その請求で目一杯受け取れる和解金額よりも低い金額で和解をする。その理由は，弁護士は訴訟にかかるすべての費用を支払う一方で，利益の一部しか受け取らないからである。人は，利益の一部しか受け取らない場合には，費用の一部しか払おうとはしないものである。法的請求権に投資をしている弁護士の場合には，当該請求権の価値が弁護士の投資額によって決まるので，投資額が少なければその分，請求権の価値が目減りしてしまうことになる。そして，当該請求権が適切な金額よりも低い金額で最終的に評価されるならば，和解金額もまた適切な金額よりも低い金額になるであろう。この点をより詳しく検討してみよう。

経済学的な観点からは，適切な投資額は，ある人がすべての利益を受け取り，かつ，すべての費用を支払う場合に投資する金額である。このような人は，費用を除いた純利益の合計を最大化する水準の投資をするであろう。より正確に言えば，この人は，1ドルを追加して投資することで1ドルより多い期待判決額を取得できる限り，訴訟で投資し続けるであろう。そして，彼は，1ドルの追加投資で1ドルの価値しか増加しない段階に至って初めて投資することをやめるであろう。この投資を終了した時点の投資額が適切な投資額である[73]。

---

73) 最適な投資金額に足りないところでは，費用をさらに支出することで請求権の価値が増加しうるから，最適投資金額より少ない額の場合は，それがいくらであっても，請求権の価値が低くなるのは明ら

成功報酬ベースで報酬の支払いを受ける弁護士は，自分が投資した結果得られるすべての利益額よりも少ない金額しか受け取ることができないので，適切な金額よりも低い金額しか投資しないであろう。たとえば，もう1人分の宣誓供述を得るのに2000ドルを支出すると，期待判決額が3000ドルだけ増えると仮定しよう。追加の支出で，請求権のトライアルでの評価は1000ドルの純増になるから，この追加的支出は明らかに望ましいものである。しかし，弁護士が判決額の3分の1しか報酬を受け取らないならば，彼は，1000ドル（3000ドルの3分の1）しか受け取れない一方で，2000ドルの費用すべてを払わなければならないから，宣誓供述を得ようとしないであろう。

さらに，被告はこのことを知っているから，追加の宣誓供述がないことを前提にした請求権の評価を基礎にして，期待損失と留保価格を計算する。そして，もちろん，原告側弁護士も，同様に追加の宣誓供述がないことを前提にした請求権の評価を基礎にして期待利益を計算する。和解への影響は明らかであり，和解金額は，エイジェンシー問題がなかった場合の金額よりも低い金額になるであろう[74]。

第2.5節　第2章のまとめ

要約すると，われわれは，和解における行動を予測するために，さまざまな法と経済学の分析道具を検討してきた。期待価値の概念と単純な訴訟モデルを用いて，**和解の基本モデル**を構築した。**和解範囲，和解余剰**の概念を紹介し，これらを用いて，和解が成立する条件を定義づけた。これらの条件から，なぜすべての事件で和解が成立しないのかという謎が生じた。この謎に対しては，**強硬な交渉戦略と双方の楽観的見込み**に

かである。これは，経済学者が「限界分析（marginal analysis）」と呼んでいるものの1つの例である。この考え方は，最適な投資は，限界利益と限界費用が等しくなるところで達成されるというものである。

74)　被告はより低い金額の支払いを提案しようとし，原告側弁護士はより低い金額の提案を受け入れようとするので，和解範囲は下方にシフトし，期待和解金額はさらに低いものとなる。

基づく当事者間での期待の相違という2つの異なる解答を検討した。強硬な交渉について論じる過程で，囚人のディレンマ・ゲイムを紹介し，また，双方の楽観的見込みについて論じる過程で，第1章でも検討した情報効果と回収不能費用効果が和解での行動にどのような影響を及ぼすかを見た。

最後に，弁護士は必ずしも依頼人に対して誠実ではないという事実を考慮に入れて精緻化した和解モデルを検討した。ここでの議論では，エイジェンシー・コストの概念が紹介され，異なる報酬の取決めが和解に与える影響について説明がなされた。

第 3 章

合理的選択理論の限界

概念と分析道具

●限定合理的なヒューリスティクス
　・自己奉仕的バイアス
●認知能力の限界
　・エンダウメント効果
　・フレーミング効果

　人間は必ずしも合理的選択モデルが予測するように行動するものではないということを示唆する経験的証拠は数多く存在する。訴訟の状況は合理的選択理論が前提とするところにかなりよく合致するものではあるが，上に述べたことは訴訟についても当てはまる。訴訟当事者も弁護士も，人間として，同じ認知能力の限界，「非合理的 (irrational)」なヒューリスティクスや当て推量法 (すなわち，問題解決のための概算法) の影響を受けているが，これらはより広く人間の意思決定一般に影響を与えるものだからである。この章では，実証的研究の (すべてではないが) いくつかを簡単に検討し，そこでの結論を考慮に入れて，法と経済学のモデルを修正する試みについて言及する[75]。

---

75) 優れた概観として，Russell Korobkin and Thomas S. Ulen, *Law and Behavioral Science: Removing the Rationality Assumption from Law and Economics*, 88 CAL. L. REV. 1051 (2000) 参照。以下の要約は，(直観的な公正さに依拠した行動には本書で触れていないように) すべてのトピックをカバーしていないが，大部分をこの論文に負っている。

第3.1節　概観

　人間の行動がときに合理的選択の予測から逸脱することがあるということは，まったく驚くに当たらない。もしこれらの逸脱が無作為かつ偏りなく対称的に分布しているものならば，これに関心を持つ理由はほとんどないであろう。逸脱が偏りなく対称的に分布しているならば，プラスとマイナスのずれは相殺しあうので，十分に大きい人口数に対してはその影響を無視することができ，結局，合理的選択理論に基づく予測が平均的な行動を最も適切に説明するものとなる。しかし，実証的研究の知見によれば，合理的選択からの逸脱は，無作為でも偏りなく対称的でもない。

　合理的選択からの逸脱に関して大きく一括りされる分類として，「限定合理性（bounded rationality）」という用語で普通呼ばれているものがあるが，これは複雑な決定を単純化するために，意識的あるいは無意識的に用いられている意思決定のヒューリスティクスや「当て推量法（rules of thumb）」のことである。これらのヒューリスティクスが人間の能力的限界に対処するための合理的戦略，すなわち，環境に適応する上での強みを人間に与えるものとして長い時間をかけて進化してきた戦略であると考えている学者もいる。もしこの考え方が正しければ，これらヒューリスティクスと，合理的選択理論に基づく予測との調整が必要となるが，ヒューリスティクスは合理性それ自体の価値に対して異議を差し挟むものではない。

　しかし，もう1つ，私が「認知能力の限界（cognitive limits）」と呼んでいる，もう1つのタイプの逸脱があるが，こちらの方は合理性の価値に対して難しい問題を突きつけている。認知能力の限界には，エンダウメント効果（授かり効果）（endowment effect）やフレーミング効果（枠組み効果）（framing effect）があるが，どちらも複雑さに適応するための単純な反応ではない。

第3.2節　限定合理性

3.2.1 総説

　実証的研究によれば，さまざまな限定合理的なヒューリスティクスやバイアスが指摘されているが，それらはすべて人間行動の見慣れたパターンとして容易に認識することができるものである。これらヒューリスティクスやバイアスは，いずれも，信頼性は低いが容易に用いることのできる意思決定方法を採用し，信頼できる情報を何らかの形で軽視したり，無視したりする。以下にその主要な例を示そう。

　「代表制ヒューリスティクス」――人々は，より信頼できる統計的な情報を無視して，ステレオタイプの典型的な性質に過度に依存する[76]。

　「利用可能性ヒューリスティクス」――人々は，耳目を集め，記憶に残る特定の出来事が統計的に見れば珍しい場合であっても，これらの出来事から推測することによって予測をする傾向がある[77]。

　「自信過剰バイアス」――人々は，良いことが自分に起こる確率を高く見積もり，悪いことが自分に起こる確率を低く見積もる傾向があり，それは，これらの見積もりが信頼性の高い統計的な情報に反するときでさえそうである。

　「自己奉仕的バイアス」――人々は，自らの先入観を裏付けるように情報を解釈する傾向がある。

　「後知恵バイアス」――人々は，既に結果を知っている場合には，その事象についての事前の生起確率を査定する際に，結果に合うように確率値を操作する傾向がある。

---

[76]　たとえば，被告人に重罪の前科があると知らされた刑事事件の陪審員には，被告人が殺人を犯したと判断する傾向が過度に生じるかもしれない。その理由は，代表制ヒューリスティクスによれば，統計的な相関関係としては薄弱であるにもかかわらず，陪審員は，重罪犯人は殺人を犯すものであるというステレオタイプの考え方を信頼する傾向があるということである。同文献1087頁参照（この例について論じている）。

[77]　たとえば，有毒な化学薬品の影響で病気になるとの報道が大量になされ，2，3そのような内容の著名事件が起こった場合には，人々は，その確率を過剰に見積もる傾向がある。

「アンカリング（係留効果）と調整バイアス」——人々は，数字的情報や言語的情報を用いて確率値を査定し，それを出発点として確率値を再評価するが，その際には最初の値に固執する傾向がある。

3.2.2 訴訟におけるヒューリスティクスとバイアス

実証的研究によれば，これらのヒューリスティクスのうち少なくともいくつかは予測が可能な形で訴訟行動に影響を与えている。そこで研究されているのは，自己奉仕的バイアス，後知恵バイアス，アンカリングと調整バイアスである。具体的に説明するために，自己奉仕的バイアスについて考えてみよう。訴訟当事者は，自分たちが勝訴率に関して事前に予想した考えを裏付けるか，強固にするような形で情報を解釈することがあるようである[78]。たとえば，もし当事者が楽観的な見込みで訴訟を開始するならば（このことは，自信過剰バイアスを前提にすれば十分にありうることである），追加的に得られるいかなる情報も当初の楽観的予測を強めるだけに終わることになるかもしれない。

この結論は，和解についても重大な含意を持っている。第2章での分析で，和解の成立を阻むものとして，強硬な交渉戦略と情報に対するアクセス差の2つの原因が特定されたが，自己奉仕的バイアスは，3番目の可能性を示唆している。つまり，当事者が同一の情報を持っているときであっても，彼らはなおその情報が自分の訴訟における立場を支持するものと解釈するかもしれないのである。もし各当事者が自己奉仕的な解釈を採用するならば，双方がともに楽観的見込みを持つことが予想され，このことが和解の成立を困難にすることになる。

また，自己奉仕的バイアスは，ディスカヴァリと和解との関係についても重大な含意を持っている。法と経済学のモデルは，ディスカヴァリが当事者の境界を越えて情報を均等化することで当事者間に存在する予

---

78) たとえば，George Lowenstein et al., *Self-Serving Assessments of Fairness and Pretrial Bargaining*, 22 J. LEGAL STUD. 135 (1993); Linda Babcock et al., *Biased Judgments of Fairness in Bargaining*, 85 AM. ECON. REV. 1337 (1995) 参照。

測確率のギャップを埋め，それによって，和解の成立を促進すると予測している。しかし，自己奉仕的バイアスによれば，反対の効果が生じる可能性がある。つまり，もし追加的な情報を自己に都合の良い見方で解釈する傾向を当事者が強く持っているとするならば，（その解釈がこじつけの場合でさえ）ディスカヴァリは単純に各当事者の異なった見解を補強するだけか，さもなければ，予測確率のギャップを埋める影響が弱いというのがせいぜいかもしれない。

　しかし，これらの結論は，和解モデルの価値を何ら減ずるものではない。むしろその逆である。自己奉仕的バイアスが訴訟でどのように機能するかについてより詳しく知ることで，われわれはその影響を考慮に入れて和解モデルに修正を施すことができる。その結果，予測はより正確で厳密になるであろう。このことはすべての限定合理的なヒューリスティクスについても同様である[79]。もし影響が十分に根拠のあるものであることが実証的に明らかになれば，それらを考慮に入れて，モデルは変更され，予測が修正される可能性がある。

---

79) たとえば，アンカリングと調整バイアスもまた和解に影響を与える。第2章で，われわれは，和解が成立しない理由になりうるものの1つとして強硬な交渉態度について論じたが，アンカリングと調整バイアスは，強硬な交渉態度と相互に作用し合い，和解の成立見込みを高める可能性がある。すなわち，当初の申し出は相手方当事者の期待を固定化する傾向があるので，強硬な交渉態度で最初に低額な和解金の申し出があると，最終的にそれより高い和解金の申し出があった場合に，固定化の効果がない場合よりも，相対的に気前のよい提案のように感じられる。もしそうならば，和解案の受入れ見込みは高まることになる。和解におけるアンカリングと調整バイアスの影響に関する議論としては，Russell Korobkin & Chris Guthrie, *Opening Offers and Out of Court Settlement: A Little Moderation Might Not Go a Long Way*, 10 OHIO ST. J. ON DIS. RES. 1 (1994); Russell Korobkin & Chris Guthrie, *Psychological Barriers to Litigation Settlement: An Experimental Approach*, 93 MICH. L. REV. 107 (1994) 参照。判断バイアスと後知恵バイアスの一般的議論について，Chris Guthrie et al., *Inside the Judicial Mind*, 86 CORNELL L. REV. 777 (2001) 参照。

第3.3節　認知能力の限界

　認知能力の限界の例としてよく知られているのは，いわゆる「エンダウメント効果」と「フレーミング効果」の2つである。エンダウメント効果は，人がある物を所有している場合，その物に相対的に高い金銭的価値を置く傾向のことをいう。その結果，人が同等の物を取得したことによる利益よりも損失の方により高い価値を置くことになることから，この効果は「損失回避（loss aversion）」とも呼ばれている[80]。一方，フレーミング効果は，選択肢がどのような枠組みで提示されるかによって，意思決定がこれに影響を受けることをいう。フレーミング効果を示す主要な例として，被験者が，選択肢が利得の枠組みで提示されるとリスク回避的行動を示し，損失の枠組みで提示されるとリスク愛好的行動を示す傾向が挙げられる[81]。

---

80)　エンダウメント効果は，人が何か自己の所有する物を売るときに，別の人が所有している同じ物を買う際に申し出る価格よりも高い価格を要求するということを意味しているから，「申し出・要求問題（offer/asking problem）」とも言われている。

81)　たとえば，実験結果が示すところによると，1000ドルをもらった人は，50％の確率でさらに1000ドルをもらうよりも，追加の500ドルを確実に支払ってもらうことを選択するのがほとんどであるが，同じ人が2000ドルをもらっているとすると，確実に500ドルを失うことよりも，50％の確率で1000ドルを失うことを選択する可能性が高い。合理的選択理論の観点からは，これら2つの選択肢の利益状況は同一である。すなわち，両者とも，確実な1500ドルと，2000ドルを取得する確率が50％，1000ドルを取得する確率が50％のギャンブルとの間の選択という点で同じである。合理的選択理論が予測するのは，問題がどのように枠付けされるかにかかわらず，人は同じ選択をするであろうということである。しかし，実験結果の示すところはそれと異なり，人は，ある基準に基づいて問題が利益重視に構成されるときには1500ドルの確実な選択肢を選ぶが，問題が損失重視に構成されるときにはギャンブルを選ぶ傾向がある。Korobkin & Ulen, *supra* note 75, at 1105 参照（実験の被験者の84％が確実な利益を選択し，70％が損失についてギ

第3章　合理的選択理論の限界　101

合理的選択理論では，エンダウメント効果やフレーミング効果の説明をするのは困難である。ある特定の物に対する人の選好は，少なくとも感情的な愛着やその他の付加的な効用が存在する可能性がないならば，それを所有しているかどうかによって異なるはずはない[82]。また，選択肢がすべての枠組みで厳密に同一である場合には，どのような枠組みで選択肢を提示するかが個人の合理的選択に影響を与えることはあってはならない。

エンダウメント効果とフレーミング効果は和解にも影響を与える。もし原告が和解を自己の所有するもの（法的請求権）の売却と捉え，被告が和解を相手方の所有するものの購入と捉えるならば，エンダウメント効果が生じる可能性がある。そのような場合には，両当事者が同一の情報を持っているときであっても，原告は被告よりも高い価値を当該請求権に置くであろう。この評価のギャップにより，原告の最低要求額は高くなり，和解範囲は狭くなるおそれがある。こうして，原告の最低要求額が被告の最高申出額を上回り，和解範囲が消滅することになる場合には，和解の成立が不可能になるであろう[83]。

しかし，当事者が和解に関してこのように考えるとは思われない。む

　　ャンブルする方を選択した旨述べる）。
82)　所有者であることはときに感情的な愛着を生み出し，それが所有者にとっての物の価値を増加させる可能性があるが，エンダウメント効果は感情的愛着の可能性がない場合であっても生じるものである。所有者であるということは，それだけで価値の差異を生み出すのに十分なようである。実際，エンダウメント効果は，より一般的な「現状維持バイアス（status quo bias）」の1つの例であるように思われる。人は，ただ現状維持であるという理由だけで，これに，より高い価値を置く傾向があり，人が所有するものを現状に含めるときにエンダウメント効果が生じる。**Korobkin & Ulen**, *supra* note 75, at 1111 参照。
83)　こういうことが起こらない限り，和解余剰の減少は強硬な交渉態度をとろうとするインセンティヴを失わせるから，エンダウメント効果により，和解はより成立しやすくなるであろう。前出2.2.1の強硬な交渉態度の議論参照。

しろ当事者は，和解とトライアルを，現状を基準とした利益や損失の機会と捉えるであろう。この考え方によれば，原告は，和解とトライアルとの間の選択を，さまざまに生じる可能性のある利益の間での選択と認識し，一方，被告は，さまざまに生じる可能性のある損失の間での選択と認識することになる。もしこの説明が正確ならば，フレーミング効果が生じるかもしれない。フレーミング効果は，人は利益を選択する場合にはリスク回避的で，損失を選択する場合にはリスク愛好的な傾向があるという形で表れる。和解の文脈でこの結論が意味するのは，利益を選択する原告はリスクのより少ない「和解」という選択肢を好むのに対し，損失を選択する被告はリスクのより大きい「トライアル」という選択肢を好むであろうということである。論者の中には，当事者の情報へのアクセスが同一の場合であっても和解に達するのが困難な場合があることの理由をこの相違によって説明できると主張する者もいる[84]。

訴訟当事者と弁護士の行動に対する認知能力の限界の影響を検討する研究は，なお初期の段階にある。さらなる研究によって，エンダウメント効果やフレーミング効果が訴訟にほとんど影響を持たないということが明らかにされるならば，これらの効果をモデルに含めて考えることには意味がないかもしれない。特にモデルがそもそも数多くの状況的要素を抽出して作られていることを前提にすればなおさらである。さらには，重要でない問題点を修正するために手間をかけて議論する価値がないかもしれない。この点について自信を持って説得力のある結論を出すには，現実の訴訟の場面における実際の弁護士と当事者に関する実証的研究がさらに必要である。

---

84) たとえば，Jeffrey J. Rachlinski, *Gains, Losses, and the Psychology of Litigation*, 70 S. CAL. L. REV. 113 (1996) 参照（和解を促進するために，法システムは被告のインセンティヴに焦点を当てるべきであると提言する）。クリス・ガスリー教授もまた，濫訴を説明するために，フレーミング効果，より正確に言えば，人の意思決定に関して，利得発生時と損失発生時にリスクの態度が異なるとする「プロスペクト理論 (prospect theory)」を用いている。Chris Guthrie, *Framing Frivolous Litigation: A Psychological Theory*, 67 U. CHI. L. REV. 163 (2000).

しかし，フレーミング効果とエンダウメント効果が訴訟において重要であることが実際に分かったとしても，合理的選択理論を用いないという対応は適切ではない。限定合理的なヒューリスティクスと同様に，われわれは，変数を付加・変更したり，予測を修正したりすることによって，エンダウメント効果とフレーミング効果をモデルに組み込むことができる。実際，現時点では，われわれは，人が合理的選択から逸脱するさまざまな理由を統一的に説明することのできる行動理論を持ち合わせていない。今までのところ，限定合理的なヒューリスティクスも認知能力の限界も，大部分は，場当たり的な観察を寄せ集めしたものにすぎない。すべての異なる現象を説明し，あらゆるケースで予測をすることの可能な一貫した理論が現れるまで，最も適切な（唯一という者もいるが）方法は，出発点として合理的選択理論を用いた上で，起こりうる逸脱を考慮に入れてモデルと結論を修正することである[85]。

---

[85] この方法に何ら理論的問題がないと言うことではない。ある特定のパターンの逸脱が合理的選択理論の原理と相反する場合には，これら2つの考え方を組み合わせることは論理的に矛盾するかもしれない。結局，論理的に一貫しない前提からはどのような結論でも導くことは可能ではある。このことは抽象的に正しいかもしれないが，実践的にはこの2つの考え方を有効に組み合わせて有用な結論を得ることができることは経験上明らかである。

第2部

規範的法と経済学の分析道具

第1部では，実証的法と経済学の分析道具について説明をした。第2部では，規範的法と経済学の分析道具を取り上げる。ここでの分析道具とは，予測から規範的判断を導くために経済学者が用いている評価基準と分析手法のことである。

　法と経済学は，通常，費用便益分析の観点から規範的目標を定めている。ある法的ルールを採用することで生じる個々人の利益と損失は，利益を取得したり，損失を回避したりするために個人が支払おうとする金額に換算して計算される。個々人の利益の合計はその法的ルールの社会的便益であり，個々人の損失の合計は社会的費用である。目標は，社会的費用を差し引いたネットの社会的便益を最大化することである。便益に通常伴うコストは，法的ルールの選択の仕方によって避けることができるものであるから，この目標は，合計した社会的費用の最小化と表現することもできる。

　たとえば，ロー・スクール1学年の不法行為の授業では，過失に関するかの有名な「ハンドの定式」を費用最小化という観点で説明するのが普通である。ハンドの定式はラーニッド・ハンド判事の名にちなんで名づけられており，同判事が United States v. Carroll Towing Co. で定式化したものである[1]。この定式は，経済学の用語を使って述べられているのであるが，被告は，注意を払うことの負担（B）が注意を怠ったことから生じる期待損失（傷害を負う確率Pに，傷害から生じる損害Lを乗じたもの）より小さい，すなわち，B＜P×Lの場合に，合理的注意を払う義務があるという。この基本的な考え方は，事故にはコストが伴うが，事故を防止するためにとられる予防措置も同様にコストがかかるということである[2]。法と経済学の目的は，事故のコストと予防措置のコスト

---

[1]　159 F. 2d 169 (2d Cir. 1947).

[2]　この関係は，費用便益の観点からも表現することができる。予防措置を講じることにはコストがかかるが，予防措置をとることによって事故のコストは減少し，社会的便益が生じる。目標は，社会的便益から予防措置のコストを差し引いたネットの便益を最大化するように，予防措置への投資額のレベルを決めることである。この目標は，事故

の合計を最小化する過失のルールを選択することである。このことは，当事者が1ドルの追加的投資によって事故のコストを1ドルだけしか減少することができないレベルまで予防措置に投資すべきであり，「合理的注意」はこの最適なレベルの投資額と定義されるということを意味している。

これと同様のアプローチは訴訟手続にも当てはまる。訴訟手続は，事故のリスクではなく，誤判のリスクを減少させるという点を除いて，予防措置になぞらえることができるものである。誤判には，事故と同様にコストがかかり，誤判を防止するために講じられる訴訟手続にもコストがかかる。法と経済学の目標は，誤判のコストと訴訟手続のコストの合計を最小化するように手続ルールを選択することである[3]。

重要なのは，誤判を減少させることそれ自体が目標ではないということである。判断が正確になされることによって実体法の趣旨がよりよく実現されることになるから，正確性には社会的価値があるといえるが，このことは，経済学の表現を借りれば，社会的に望ましい行動をとるインセンティヴが生まれるということである。実体法は，実体的規範に違反する行動に制裁（すなわち，損害賠償や刑罰など）を課することによってインセンティヴに影響を与えている（実体法を遵守する行動に対して報奨を与えることもある）。しかし，制裁が望ましい影響を持つためには，違法な行動をとった場合には制裁を受け，適法な行動をとった場合には制裁を受けないことを個人が予測できなければならず，この予測の基になるのが，手続を通じて2つの状況をふるい分ける結果の正確性なのである。極端な例として，ある手続によれば，実際に法律に違反したか否かを問わず，すべての場合に責任があると判断されると仮定して

のコストと予防措置のコストの合計を最小化することと等価であるが，その理由は，社会的便益が予防措置を講じることによって回避することのできた事故のコストと等価だからである。

[3] 誤判コストと手続コストの観点から，判決の正確性について有益な議論を展開するものとして，Louis Kaplow, *The Value of Accuracy in Adjudication: An Economic Analysis*, 23 J. LEGAL STUD. 307 (1994) 参照。

みよう。この仮定の下では，実体法を遵守したところで制裁を受ける可能性には何の影響もないから，実体法を遵守しようというインセンティヴはまったく生じないであろう。

こういった理由からすると，通常の誤判コストや手続コストの分析に加え，訴訟手続が実体法を遵守するインセンティヴに対して及ぼす，より直接的な影響を明示的に考察することも場合により重要である[4]。この作業は複雑なものになる可能性があり，第5章で弁護士報酬に関するアメリカ・ルールとイギリス・ルールを分析する過程でその複雑な作業について若干検討することになるだろう。

社会的選択（費用最小化がその一例である）の問題についての経済学的研究は，一般的に「厚生経済学（welfare economics）」と呼ばれている分野に属する。訴訟手続に費用最小化の考え方を適用する検討を始める前に，このより広い理論的枠組みについて若干付言しておくのが有益であろう（もっとも，先に進むのに不可欠な議論ではないから，この部分を読み飛ばして，直接第4章に進んでもらっても構わない）。しかし，読者の方には，2つの点を注意しておいてもらいたい。第1に，以下の説明は，本来ならば大変複雑な内容を持ち，文献もおびただしい数に上る分野をかなり単純化して説明している。第2に，ここでの議論は，特に厚生経済学の分析的構造に焦点を当てており，それがいかに規範的に正当化されるかという大きな問題は取り上げていない。

厚生経済学と社会厚生関数の考え方

経済学的アプローチは，それがどのような形をとるものであれ，社会厚生を最大化することを追求する。経済学者にとっては，社会厚生は社

---

4) これは，クリス・サンチリコ教授の研究，特に証拠法に関する同教授の研究で際立っているテーマである。たとえば，Chris William Sanchirico, *Character Evidence and the Object of Trial*, 101 COLUM. L. REV. 1227 (2001) 参照。しかし，この考え方は，手続法分野における他の法と経済学の研究にとっても重要である。*See id*. at 1235 n. 17（文献がまとめられている）。

会内の個人の厚生の合計である。その結果，経済学的アプローチでは，(1)個人の厚生を定義すること，(2)異なる個々人の厚生を社会厚生の基準で集計すること，という2つの条件を充たすことが必要になる。

第1点目の条件を満足することは簡単ではない。ジェレミー・ベンサムのような古典的な功利主義者は，ある人がどれだけの喜びや幸せを経験したかという観点から個人の厚生を定義したが，それは少なくとも理論上は心理学的に計量可能であり，個人間での比較も可能であろう。しかし，今日，大部分の経済学者はこれと異なったアプローチをとっており，選好充足（preference satisfaction）の観点から，個人の厚生を定義している。その考え方は単純である。すなわち，人は主観的な選好を有しており，彼らの厚生や「幸福（well being）」は自分たちの選好が充足されたときに高められる，というものである[5]。

経済学者は，選好を数字で表現するために「効用（utility）」という概念を用いている。第1部で，われわれは効用概念の使用を避けた。本書のこれからの部分でもそうするつもりであるが，ここでの紹介的な議論の中では避けることができない。読者の方々には，効用を，異なる結果あるいは異なる物事の状態に対する個人の相対的な選好を表す数字と考

5）経済学者は，選好充足を幸福と，また，選好を個人の選択と同一視する傾向がある。たとえば，ジョンがチョコアイスよりもイチゴアイスを好むならば，ジョンはチョコアイスよりもイチゴアイスを選ぶであろうし，結果としてジョンの幸福の度合いは大きくなるであろう。しかし，これらの異なった概念を同一視することには問題があり，その問題は次のような問いによってはっきりする。すなわち，薬物中毒者の薬物に対する嗜好を満足させることによって，彼の「幸福」を損なうことは可能だろうか？　自分の選択が自分の本当の好みを反映しないようにあえて間違うことは可能だろうか？　人が他人を助けるという道徳的な義務のために自分の望む（その人がそう考えれば，それが「幸福」である）人生を犠牲にしていると言うことは意味があるのだろうか？　これらのいずれかの問いに対する答えが肯定の答えであれば，ある人の選好がその人自身の選択と異なり，また，その選択がその人の幸福を増進するものではないことがありうることになる。

えてもらいたい。たとえば，ジョンは唯一彼が結果Bよりも結果Aを好む場合にのみ，結果Bよりも結果Aに対して高い効用を持っている[6]。

第2番目の，個々人の厚生を集計する方法という条件もつかみどころがない。純粋に数学的な問題としては，集計方法は無限である。たとえば，単純に個々人の効用を足し合わせると考えてもよいし，あるいは，足し合わせる前に効用の大きさを比較することも考えられる。しかし，結局のところ，社会政策の問題を決めるのにすべての方法が相応しいというわけではない。経済学者は，有効かつ合理的という最低限の条件を満足させる方法の呼称として**社会厚生関数**（social welfare function）という用語を使っている[7]。

最も単純で直接的な社会厚生関数は，「功利主義的社会厚生関数」であり，単純に個々人の効用を足し合わせるものである。たとえば，2人だけの社会を想像して，Aという政策でジョンには10,000の効用の利得があり，メアリーには8000の効用の損失がある。功利主義的社会厚生関数では，これらの効用を足し合わせて，その結果，もしAという政策が実行されれば社会厚生は2000の利得ということになる[8]。

---

6) このように理解するとしても，規範的問題について経済学からのアプローチを可能にするために，規範的に望ましい目標として選好充足という概念を考えておくことが必要である。これは極めて複雑な問題であり，本書の目的を優に超える。

7) たとえば，社会厚生関数は，政策についての2つの選択肢をどのように組み合わせてもその選択肢の中から政策を選択することができるという意味で包括的でなければならない。さらに，社会厚生関数は推移的でなければならない。すなわち，もし組み合わせの比較で，BよりもAを選び，かつ，CよりもBを選ぶならば，Cに対してAを選ばなければならない。他の条件もある。厳密かつ詳細な説明については，David M. Kreps, A COURSE IN MICROECONOMIC THEORY 156-164 (1990) 参照。

8) 普遍的に正しい社会厚生関数が存在しないことは明らかであろう。どの関数を選択するかは，ある程度，分析を行おうとする者が実現したいと考える価値によって決まる。たとえば，社会的不平等に関心のある経済学者は，社会で最も貧しい層の個人の効用により重きを置く

法と経済学の費用便益分析のアプローチは，大部分，功利主義的社会厚生関数と共通している。ある特定の個人の費用と便益は，その個人が支払いたいと考える金額で測られる。たとえば，現在は樹林公園であるところに新しく学校を建設するという提案を考えてみよう。学齢期の子供を持つジョンは，公園よりも学校の方を好む。子供がおらず，ハイキングの趣味を持つメアリーは学校よりも公園の方を好む。ジョンは学校が建設されることを援助するためにお金を支払おうとするはずであるし，メアリーは学校が建設されないことを援助するためにお金を支払おうとするはずである。それぞれが支払おうとする金額が，この提案が採用された場合にそれぞれが感じる効用の利得や損失を表している。

　通常のケースでは，われわれは，それぞれの人がいくら支払おうとするかを実際に測ることはない。その代わりに，われわれは市場価格を頼りにしている。たとえば，ある特定のルールを執行するための運営コストに10万ドルがかかるとしよう。このことが意味しているのは，そのルールを運営するのに必要な予算が市場価格で10万ドルかかるということである。しかし，このコストは，少なくとも大まかには，個々人の効用の損失の合計額を表している。10万ドルの支払いはどこかからなされなければならず，税金や個人的な費用負担などによって社会の個々の構成員が負担している。これらの支払いはお金を負担する者にとっては金銭的損失であり，その金銭的損失は各個人の効用の損失を表している。

　市場価格に基づいた費用と便益，そして，効用の損失と利得の対応関係は，ここでの簡単な説明が示唆しているのよりもずっと複雑で，問題の多いものである[9]。われわれの目的にとって重要な点は，費用便益（あるいは費用最小化）のアプローチには短所もあるが，法と経済学の分野で研究をしている人々がこのアプローチを用いようと考えるだけの実用

　　であろうし，環境保護に大きな関心を持っている者は，他の物の効用にも増して環境の質に対する効用に重きを置くであろう。
9) 費用便益分析を理論的に概観するのに有益なものとして，Mathew D.Adler & Eric A. Posner, *Rethinking Cost-Benefit Analysis*, 109 YALE L. J.165 (1999) 参照。

的な長所もあるということである10)。

経済的効率性の考え方

社会的費用を最小化するルールや政策を「効率的」と表現するのがかなり一般的である。しかし,効率性は明確な概念ではない。一般的に用いられている考え方として,2つの異なったものがある。法と経済学の費用最小化と最も緊密に結びついている考え方は**カルドア-ヒックス効率性**（Kaldor-Hicks efficiency）と呼ばれており,もう1つの考え方は**パレート効率性**（Pareto efficiency）と呼ばれている11)。

初めに,パレート効率性の概念について考えてみよう。パレート効率性の基本的な考え方は,他の人の状態を悪化させることなしに,少なくとも1人の人の状態が（効用の観点から）良化する,いくつかの社会的な選択肢があるということである。たとえば,ジョンとメアリーの2人が社会の唯一の構成員であり,ある提案が実行されればジョンの効用は100だけ増加する一方で,メアリーの効用は従前と同じにとどまるとしよう。この提案は,メアリーを悪化させることなしに,ジョンを良化させているので,現状と比較して**パレート優越的**（Pareto-superior）であるという。もしあらゆるパレート優越的な変化が行われたならば,すなわち,パレート優越的な改善の余地がまったくないならば,その状態は**パレート効率的**（Pareto-efficient）である12)。

---

10) 市場価格での支払意思によって決める1つの理由は,選好が市場での選択に基づいてなされる場合には人が主観的な選好を偽って述べることが難しいという点にある。他方で,市場での選択は個人の予算に制約されているので,市場を通じての選好顕示は富の不平等な分配によって歪められている可能性がある。

11) カルドア-ヒックス効率性の議論については,Allan M. Feldman, "Kaldor-Hicks compensation" *in* 2 THE NEW PALGRAVE DICTIONARY OF ECONOMICS AND THE LAW 417 (Peter Newman, ed. 1998) 参照。また,パレート効率性の議論については,Allan M. Feldman, "Pareto optimality" *in* 3 *ibid.* 5 参照。

12) より正確には,ある選択は,それが現状と比較してパレート優越的

パレート効率性は，少なくとも2つの理由で特に魅力のある社会厚生関数である。第1は，直観的に強く訴えるものがあるという点である。一見して，他の誰をも害さずに何人かの人を良化するという政策の選択肢に，正当な反論を展開するのは難しい。実際に正当な反論もないわけではないが，かなり限定的なものである[13]。第2に，パレート基準は，個々人の効用の利得や損失を比較する必要がない。ただ個人が自分の計算によって良化するか悪化するか判断すれば足りる。効用概念は異なる個人間の選好を順序づけして比較するようには考えられておらず，むしろ，単独の個人が異なる結果に示す相対的な選好を測るために考えられているので，この点はパレート効率性の長所である。言い換えれば，効用概念は個人間 (*inter*-personal) の比較ではなく，個人内 (*intra*-personal) の比較をするために考えられているものなのである[14]。

しかし，パレート効率性は社会厚生関数として重大な欠点を持っている。パレート効率性は，ほとんど政策的問題を判断することができない

であり，かつ，他の選択肢がいずれもそれと比較してパレート優越的でない場合には，選択可能な選択肢の中でパレート最適（よってパレート効率的）である。

13) たとえば，もし便益がわずかな富を持つ個人に集中しているならば，分配の不平等という理由で反論されるかもしれない。もう1つ別の反論は，「自由主義のパラドックス (Paradox of the Paretian Liberal)」と呼ばれるものである。Amartya Sen, *The Impossibility of a Paretian Liberal*, 78 J. POL. ECON. 152 (1970) 参照。

14) たとえば，ジョンがチョコアイスから5の効用を，イチゴアイスから10の効用を得るとすると，ジョンはチョコアイスよりもイチゴアイスが好きだということができる。しかし，メアリーがチョコアイスから10の効用を得るとしても，メアリーはジョンよりもチョコアイスが好きであるということにはならない。その結論を導き出すには，ジョンとメアリーの効用が共通の尺度で測られていなければならないが，共通の尺度が存在するためにはそのための概念を定義する必要がある。法と経済学は，共通の尺度として金銭を用い，競争市場価格による支払意思という観点から選好を測定する。これは実用的なアプローチであるが，分析としては欠陥がある。

のである。複雑な社会制度を持った大規模かつ多様なわれわれの社会では、ある提案が最低でも1人の人を悪化させないという例は滅多にないであろう。だとすれば、われわれには、ある人の損失と他の人の利益とを比較する何らかの方法が必要になる。

2番目の効率性基準であるカルドア-ヒックス効率性はこの問題に対処している。カルドア-ヒックス基準は、これを支える理論はかなり複雑であるものの、直観的には比較的単純なものである。あるルールや政策は、そのルールや政策の下で良化する人が悪化する人に補償をする可能性があり、その結果、誰も悪化せずに少なくとも1人が良化するならば、**カルドア-ヒックス効率的**（Kaldor-Hicks efficient）である。言い換えれば、あるルールや政策は、補償移転が費用のかからない方法で行われうるとして、現状と比較してパレート優越的になる1組の補償移転があるならばカルドア-ヒックス効率的である。カルドア-ヒックス基準では実際に補償移転が行われることは必要でない。補償移転の可能性が存在することだけが必要である。

カルドア-ヒックス基準を実行するための1つの方法は、すべての効用損失と効用利得を足し合わせること、あるいは、効用が支払意思で測定される場合にはすべての費用と便益を合計すること、である。合計がプラスであれば、利得が損失より大きいことになるので、理論的に利得を得ている者は損失を被った者に対して補償することができるはずである。しかし、補償が必ずしも行われる必要がないという事実によって、カルドア-ヒックス基準はパレート基準よりもずっと議論の紛糾を招いている。さらに、このカルドア-ヒックスの方法は無謀にも個人間の効用比較の問題に足を踏み入れている。この問題について論じている研究は膨大にあり、その問題が実際にどれだけ深刻であるかについては意見の一致を見ていない。

総じて、ほとんどの法と経済学の学者は、費用便益（あるいは費用最小化）分析を何らかの形で用いている。この費用便益分析のアプローチと、あらゆる社会厚生関数はともに、（選好充足として理解される）個人の厚生を合計した上で社会的選択を行う考え方を前提としている。確かに、費用便益分析は、ある種の功利主義的な社会厚生関数に基づいてい

る。そして，社会厚生関数において，効用は市場価格での支払意思という観点とカルドア-ヒックス効率性の基準に基づいて測定されている。カルドア-ヒックス基準が必要とされるのは，現実の世界ではパレート効率性の厳格な条件を充足することはあまりに難しすぎてできないからである[15]。

---

15) 法と経済学の研究者が効率性だけに注意を向け，分配の公正すなわち厚生全体がどのように社会の個人に分配されるかという公正さに関わる点に関心を払わないという間違った考えが一般的に見受けられる。この見解は正しくない。確かに，法ルールを分析する法と経済学の支配的なアプローチは効率性に重点を置いているが，すべての経済学者が，公正さが社会政策と無関係であると考えているわけではないし，大部分の学者がそう考えているというわけでもない。法と経済学の研究者の公正さに対する態度とアプローチに関する有益な議論として，Chris William Sanchirico, *Deconstructing the New Efficiency Rationale*, 86 CORNELL L. REV. 1003 (2001) 参照。

第4章

プリーディングの最適なルールはどれか？

概念と分析道具

●期待過誤コスト
　・偽陽性過誤と偽陰性過誤
　・過誤の確率と過誤コスト
　・コスト比と分岐点
　・派生的影響
●期待手続コスト
●過誤コストと手続コストの結合

　近年，濫訴に対する1つの解決策として，訴状に一定の記載内容を要求する訴答手続としてのプリーディングに大きな注目が集まっている。たとえば，1980年代と1990年代の初めまでの間に，多数の連邦裁判所は公民権，反トラスト法，証券詐欺などの事件で，原告に詳細な事実関係を主張することを要求した[16]。さらに，1995年に，連邦議会は詳細なプリーディングを証券詐欺クラス・アクションの法律上の要件とした[17]。そして，詳細な事実関係のプリーディングはその他の訴訟類型でも立法化が検討されている[18]。

---

16) Richard L. Marcus, *The Revival of Fact Pleading Under the Federal Rules of Civil Procedure*, 86 COLUM. L. REV. 433 (1986) 参照。
17) 私人による証券訴訟改革法［Private Securities Litigation Reform Act, Pub. L. No. 104-67, 109 Stat. 737 (1995)］参照。
18) たとえば，クラス・アクション改革法［the Class Action Fairness Act of 2001, H.R. 2341, 107th Cong. (2001)］は，成立はしなかったが，ク

濫訴をふるい分けるために詳細なプリーディングの要件を用いることの1つの利点は，プリーディングが門番としての機能を果たすということである。もし詳細なプリーディングが効果的にふるい分けをするならば，濫訴を抑止し，訴訟の入口のところで濫訴を排除することができる。他方で，詳細なプリーディングは高いコストを生じさせる余地もある。

この章では，訴訟手続における過誤コストと手続コストの分析をいかに行うかの具体的な例として，最適なプリーディング・ルールの選択の問題を扱う。ここでの分析の目標は，過誤コストと手続コストの合計を最小化することであり，これらのコストは，第1章で展開された濫訴の実証的理論の助けを借りて算出される。

第4.1節　プリーディング・ルール一般について

争点を訴訟の俎上に載せて提示する責任を負う当事者は，その争点についての主張責任を負うと言われる。たとえば，過失の不法行為を主張する原告は，注意義務，義務に違反する行為，義務違反行為と損害との間の因果関係及び損害について主張する責任を負い，一方，被告は寄与過失を主張する責任を負う。そして，原告は，適切な主張をしない場合には主張自体失当により訴えが却下されるリスクを負う。

すべての主張責任には分配と分量とがある。分配は，原告と被告のどちらの当事者が責任を負うかを定め，分量はその責任がどの程度の負担であるか，すなわち，当事者がどの程度主張しなければならないかを定めている。ここでは，そのルールが課す負担の程度が異なる2つのプリーディング・ルール，すなわち，**ノーティス・プリーディング**と**厳格なプリーディング**を検討しよう。

ノーティス・プリーディングは，主張の方法としてはほとんど何も要件としていない。たとえば，連邦裁判所では，大まかに何に関する紛争であるかを被告が正しく知りうる程度の主張をすることだけが原告に求められている[19]。厳格なプリーディングではこれよりずっと重い責任

ラス・アクションについて詳細な主張を要求していた。

19) Conley v. Gibson, 355 U.S. 41, 47-48 (1957) 参照。

が課されている。正確な分量は現に法律に規定されている個々の厳格なプリーディングの内容によってさまざまではあるが，厳格なプリーディングの要件を満たすためには，原告はかなりの量の詳細な事実関係を主張しなければならない[20]。

ノーティス・プリーディングの本質的目的は1つである。すなわち，被告に訴訟の通知をすることである。一方，厳格なプリーディングには，2つの目的がある。すなわち，被告に通知をすること，さらに，濫訴をふるい分けることである[21]。これは，請求を基礎づける事実がまったく存在しないならば，原告は具体的に事実を主張することができないであろうという考え方に基づいている。

第4.2節　過誤コストの基礎的分析

4.2.1　偽陽性，偽陰性，期待過誤コスト

ノーティス・プリーディングと厳格なプリーディングの相違は，この2つのルールが持つ，ふるい分け効果の相対的な大きさによって決まる。理想の世界では，プリーディング・ルールはすべての濫訴をふるい落とし，すべての根拠のある訴訟に間口を開けるであろう。しかし，われわれの住んでいる社会は理想の世界ではない。ノーティス・プリーディン

[20) たとえば，連邦裁判所における証券詐欺クラス・アクションで採用されている厳格なプリーディングは，訴状において，「誤解を招いたと主張する各表現と，なぜその表現が誤解を招くのかその理由を特定する」ことと，被告の心理的状態（故意や認識ある過失）によって責任の有無が決まる場合には，「被告が要件となる心理的状態で行動したと強く推認させる事実を特定して述べる」ことも求めている。15 U.S.C. § 78u-4(b)(2).

21) 伝統的なコモン・ローのプリーディング制度は，訴訟の争点を絞り込むことを主な目的としていたが，現代のプリーディングは概ねこの目的を放棄してしまっている。もっとも，訴訟費用を減少させ，戦略的な濫用を防止するために，この目的を復活させることを支持する者も若干いる。

グは原告が濫訴を提起することを容易にし，厳格なプリーディングは原告が根拠のある訴訟を提起することを困難にする。どちらのルールも理想的な訴訟のフィルターとしては機能しない。

　この理想から逸脱しているということは，プリーディング・システムに過誤があるということである。ここでの過誤には，プリーディングの段階で濫訴が紛れ込む場合や，負担の重い主張責任が原因で根拠のある訴訟が却下され，あるいは，そもそも訴えの提起がなされない場合が含まれる。あらゆる過誤はいずれにせよコストがかかるが，過誤コスト分析の目標は，その期待コストを最小化することである。

　プリーディング・ルールの選択が容易なこともある。たとえば，厳格なプリーディングのルールが，いかなる方法でも根拠のある訴訟に影響を与えることなく，ノーティス・プリーディングと比較して濫訴の数を減らすと考えてみよう。この場合，（手続コストは無視して）唯一，過誤コストに焦点を合わせると，選択すべきルールは明らかに厳格なプリーディングである。

　しかし，実際は政策の選択がこれほど簡単なことは滅多にない。通常，あるルールは，あるタイプの過誤を減少させると同時に別のタイプの過誤を増加させる。このようなかなり複雑な判断を分析するために，経済学者は，過誤のタイプを2つに区別している。**偽陽性**（フォールス・ポジティブ，false positive）（タイプ1）**過誤**と**偽陰性**（フォールス・ネガティブ，false negative）（タイプ2）**過誤**である。医学用語としてこれらの用語に馴染みがある人が多いであろうが，医学の分野では，実際には健康な患者に病気の兆候があると診断される場合を偽陽性といい，実際には病気の患者が健康であると診断される場合を偽陰性という。これと同様の区別がプリーディング・ルールにも当てはまる。

　プリーディングの文脈では，偽陰性は，プリーディングの段階で却下されない濫訴である。偽陽性は，プリーディングの段階で却下された，あるいは，却下を恐れてそもそも訴え提起がなされない，根拠のある訴訟である。このような名称は，医学の分野におけるネーミングと類似するものである[22]。ある裁判官が濫訴を見分けるためにある判断手法を用いると想像してみよう。その判断結果が陰性を示すが，その訴訟が実

際は濫訴である場合には，この過誤は偽陰性であり，判断結果が陽性を示すが，その訴訟が実際には根拠のある訴訟である場合にはこの過誤は偽陽性である。これらの定義を要約すると以下のようになる。

> 偽陰性－訴訟が提起され，プリーディング段階で却下されない濫訴
> 偽陽性－訴訟が提起されたがプリーディング段階で却下された，あるいは，却下のリスクが理由で訴訟提起されていない，根拠のある訴訟

　厳格なプリーディングは，偽陰性を減少させるが，偽陽性を増加させる。ノーティス・プリーディングは偽陽性を減少させるが，偽陰性を増加させる。この2つのプリーディング・ルールのどちらを選択するかは2種類の過誤の相対的なコストとこれら過誤の相対的な頻度によって決まる。
　この点をよりはっきり理解するために，プリーディングに関係のない身近な例を考えてみよう。刑事事件における説得責任としての証拠の優越ルールと合理的な疑いを超える証明ルールの例である。どちらのルールをとるかは誤判率だけを基にしたとしてもなお簡単な選択ではない。証拠の優越基準に比較して，合理的疑いを超える証明基準は誤った有罪の数を減少させるが，誤った無罪の数も増加させる。2つのルールのどちらを選ぶかは，これらの影響のどちらが大きいかによって決められるが，その際により重要なのは，誤った無罪判断と比較した場合の誤った有罪判断の社会的費用がどのように評価されるかという点がルールの選択に影響を与えるということである。刑事事件で合理的な疑いを超える証明基準が選ばれているのは，誤った有罪判断，すなわち自由を剥奪する可能性のコストが，誤った無罪のコストよりもずっと大きいという判断があるからである。有名な法諺のとおり，1人の無辜を罰するよりも，

---

22) どのように名称を割り当てても所詮は恣意的なものである。一貫性に配慮する限り，名称を変えてもきちんと同じように機能する。

10人の罪人を逃す方が良いのである。

　プリーディングの例に戻ると、それぞれのタイプの過誤はそれ自体社会的費用を生み出している。偽陰性（濫訴を却下しない場合）は実体法の抑止的効果を弱め、訴訟コストを無駄にし、非効率かつ不公平な和解を導き、社会的に有用な活動を萎縮させる。偽陽性（根拠のある訴訟をふるい落とす場合）は実体法の抑止的効果を弱め、社会的に価値のあるインセンティヴを歪め、また、これが相当頻繁に起こるならば、新しい判例が創造される機会を失わせることで法の長期的な発展をも阻害することになるかもしれない。

　この2つのタイプの過誤で生み出されるコストが異なる場合、双方のコストと確率を比較する作業が不可欠となる。そのための方法が、期待価値を用いる方法であり、ここでの文脈で言えば、**期待過誤コスト（expected error cost）**というべきものである。期待過誤コストは、過誤が現実に発生した場合の社会的費用に過誤の確率を乗じたものに等しい。

　たとえば、ノーティス・プリーディングのルールが濫訴の80％と根拠のある訴訟のすべてについて、プリーディング段階を通過させると仮定しよう。過誤の確率は、濫訴の数と根拠のある訴訟の数によって決まる。もし提訴数の20％が濫訴であるならば、この20％のうちの80％がプリーディング段階を通過するから、偽陰性の確率は16％となる（0.8×0.2＝0.16）。他方で、根拠のある訴訟は1件も却下されないので、偽陽性の確率は0％である。したがって、偽陰性で平均5000ドルのコストが生じ、偽陽性で平均1000ドルのコストが発生するならば、期待過誤コストは、

　　偽陰性の期待コスト：0.16（確率）×5000（コスト）＝ $800
　　偽陽性の期待コスト：0.0（確率）×1000（コスト）＝ $　0
　　合計の期待過誤コスト　　　　　　　　　　　　　　　$800

となる。

　一般的な計算方法を以下に要約しておこう。

122　第2部　規範的法と経済学の分析道具

期待過誤コストの分析

1. それぞれのルール，基準，政策について，
   a．偽陽性過誤の確率と偽陰性過誤の確率を見積もる。
   b．偽陽性のコストと偽陰性のコストを見積もる。
   c．各タイプの過誤の期待コストを算出するためにコストに確率を乗じる。
2. 合計の期待過誤コストを得るために期待コストを足し合わせ，異なる選択肢の合計の期待過誤コストを比較する。

4.2.2　具体例

　ノーティス・プリーディングによれば濫訴の20％だけが却下され，根拠のある訴訟については全く却下されないと仮定し，また，厳格なプリーディングだと濫訴の75％が却下され，根拠のある訴訟の40％が却下されると仮定してみよう。さらに，全ての訴訟のうちの20％が濫訴であるとしよう。そして，プリーディングのルールは却下率だけに影響を与え，訴え提起のインセンティヴには影響を与えない（この前提は4.2.4で緩められる）と考えてみよう。これらの仮定を要約すると，以下のようになる。

プリーディングの例1
（訴え提起のインセンティヴに対する影響がない場合）
訴訟が濫訴である確率－20％

ノーティス・プリーディング	厳格なプリーディング
濫訴が却下されない確率－80％	濫訴が却下されない確率－25％
根拠のある訴訟が却下される確率－0％	根拠のある訴訟が却下される確率－40％

4.2.2.1　過誤の確率を計算する

　2つのルールを比較するためには，期待過誤コストを計算しなければ

ならないが、この作業をする前に、まず過誤の確率を決めなければならない。最初にノーティス・プリーディングについて、次に厳格なプリーディングについて考えよう。

偽陰性が出現する条件としては、訴訟が濫訴であることと、却下されないことという2つの事象が同時に起こらなければならない。われわれには、これらがそれぞれに起こる確率が個別に分かっている。訴訟が濫訴である確率が20％で、ノーティス・プリーディングのルールの下で濫訴が却下されない確率が80％である[23]。これら2つの事象が同時に起こる確率はどのように計算するのであろうか？ 確率理論による答えは、個別の確率を掛け合わせることである。80％の確率は訴訟が濫訴であることを前提とするものであり、訴訟の20％が濫訴であるというのであるから、このことは直観的に理解できるものである。したがって、ノーティス・プリーディングの下での偽陰性の確率は0.16である[24]。

0.2（訴訟が濫訴である確率）×0.8（濫訴が却下されない確率）＝0.16

偽陽性の確率もまったく同様の方法で計算することができる。偽陽性は、訴訟に根拠があることと、それが却下されることという2つの事象が同時に発生することを条件にしている。訴訟が根拠のあるものである

---

23) 後者の確率は、訴訟が濫訴であることを前提にそれが却下されない確率である。確率理論では、これは「条件付確率」と呼ばれている。確率が、訴訟が濫訴であるという条件にかかっているので、条件付確率という。偽陰性の確率は、この条件がない、すなわち、この条件が満たされた場合の条件付確率に一致する。
24) この結果を確率でなく、数字を使って確認することができる。100件の訴訟があるとしよう。濫訴の確率が20％なので、20件の訴訟が濫訴で、80件が根拠のある訴訟となるはずである。ノーティス・プリーディングでは、20件の濫訴のうちの80％がプリーディングの段階を通過するから、合計16件が偽陰性の過誤という結果になる。100件の訴訟があるので、偽陰性過誤の確率は16÷100＝0.16で、本文で導かれた結果と同じになる。

確率は80%で，ノーティス・プリーディングの下で根拠のある訴訟が却下される確率は0％である。したがって，両方の事象が一緒に起こる確率はゼロである。

0.8（訴訟に根拠がある確率）×0.0（根拠のある訴訟が却下される確率）＝0.0

一般化すると，過誤の確率を計算するのに，以下のような2つの公式が得られる（「確率[　]」は，カッコの中身が何であれ，[　]「の確率」を意味する）。

> 確率[偽陰性]＝確率[訴訟が濫訴である]×確率[濫訴が却下されない]
> 確率[偽陽性]＝確率[訴訟に根拠がある]×確率[根拠のある訴訟が却下される]

厳格なプリーディングの下での過誤の確率を計算するためにも，これら2つの公式を用いることができる。偽陰性の確率は，$0.2 \times 0.25 = 0.05$[25]で，偽陽性の確率は$0.8 \times 0.4 = 0.32$[26]である。以下の過誤確率の表は，2つのルールの結果を要約するものである。

表Ⅰ　プリーディングの例1の過誤確率表

	ノーティス・プリーディング	厳格なプリーディング
偽陰性の確率（濫訴が却下されない）	0.8×0.2＝0.16	0.2×0.25＝0.05
偽陽性の確率（根拠のある訴訟が却下される）	0.8×0.0＝0.0	0.8×0.4＝0.32
過誤確率の合計	0.16	0.37

---

25) 0.2（訴訟が濫訴である確率）×0.25（濫訴が却下されない確率）＝0.05

26) 0.8（訴訟に根拠がある確率）×0.4（根拠のある訴訟が却下される確率）＝0.32

表Ⅰからだけではあるが，過誤のコストが同一である場合には，ノーティス・プリーディングの方が優れていることが分かる。すなわち，厳格なプリーディングでは合計37％の過誤確率が生じるのに対して，ノーティス・プリーディングでは合計16％の過誤確率しか生じない。しかし，過誤の内容によってコストが同一でない場合には，期待過誤コストの計算にコストを組み込まなければならない。次項で論じよう。

4.2.2.2 過誤のコストを組み込む

偽陰性には偽陽性の4倍のコストがかかるとしよう。具体的に，偽陰性に平均して400ドルのコストがかかり，偽陽性に100ドルのコストがかかると仮定する。以下の表は，期待過誤コストの計算を要約したものである（表Ⅰの過誤確率を前提にしている）。

表Ⅱ　例1の期待過誤コスト

	ノーティス・プリーディング	厳格なプリーディング
偽陰性の期待過誤コスト（濫訴が却下されない）	0.16×400＝64	0.05×400＝20
偽陽性の期待過誤コスト（根拠のある訴訟が却下される）	0.00×100＝0	0.32×100＝32
期待過誤コストの合計	＄64	＄52

表Ⅱは，過誤コストを考慮に入れると，厳格なプリーディングが望ましい選択であることを示している。ノーティス・プリーディングでは64ドルのコストが生じるのに対し，厳格なプリーディングでは52ドルのコストしか生じない。大まかに言えば，厳格なプリーディングは，よりコストのかかる過誤，つまり偽陰性をより抑制している点で優れている。

もちろんこの結果は2つの過誤コストの相対的な大きさによって決まる。たとえば，偽陰性には偽陽性の2倍のコストしかかからず，偽陽性のコストが100ドルであるのに対して，偽陰性のコストが200ドルであると考えよう。この新たな前提の下での期待過誤コストの表は次のようになる。

表Ⅲ　新しい期待過誤コスト表

	ノーティス・プリーディング	厳格なプリーディング
偽陰性の期待過誤コスト（濫訴が却下されない）	0.16×200＝32	0.05×200＝10
偽陽性の期待過誤コスト（根拠のある訴訟が却下される）	0.00×100＝0	0.32×100＝32
期待過誤コストの合計	$32	$42

　ここでは，ノーティス・プリーディングがより望ましい選択肢となっている。このことは単純だが重要なことを示している。すなわち，2つのタイプの過誤のどちらの方がコストがかかるかというだけでなく，何倍コストがかかるかということが重要なのである。われわれの例で言えば，偽陰性のコストが偽陽性のコストの4倍かかる場合には厳格なプリーディングが望ましい選択であるが，偽陰性のコストが偽陽性のコストの2倍しかかからない場合にはノーティス・プリーディングが望ましい選択となる。

4.2.3　変数を見積もる：コスト比と分岐点

　過誤確率や過誤コストを見積もる作業は困難なものになる可能性がある。たとえば，確率を見積もるためには，それぞれのルールの下で裁判所がどの程度うまく機能するか，当事者がそれに対してどのように対応するかを知ることが不可欠である。また，コストを見積もるためには，濫訴が及ぼす悪い影響のコストと根拠のある訴訟をふるい落とすことによるコストを算定しなければならない。

　それでも，ラフな見積もりは可能である。たとえば，経験豊富な弁護士であれば，裁判官がどの程度正確に却下の申立てを処理するか，当事者とその弁護士がどのように行動するかについての感覚を持っているであろう。さらに，以下の4.4節で見るように，訴訟の実証的モデルを用いて，異なるルールに対して，当事者の戦略的な対応がどのように異なるかを予測することができる。コストに関しては，濫訴がどのような種類の事件であるか，濫訴により和解するまでの期間がどの程度遅れることになるかが分かれば，濫訴の訴え提起で無駄に費やした平均的な訴訟コストを概算することができるはずである。

いずれにしても，問題にどのようなアプローチをとるにせよ，これらの変数を見積もることを避けて通ることはできない。政策の分析を行おうとする者であれば，誰でも，過誤の頻度とコストを比較しなければならない。根拠のある訴訟を正当に訴訟手続に受け入れるルールの便益が，同時に濫訴をも許容してしまうコストに見合うものであるかどうか知る方法は他に存在しないからである。

　幸い，過誤コストの分析には，見積もりの過程を単純化する特別な性質がある。重要なのは，絶対的な数値ではなく，相対的なコスト比なのである。たとえば，前記表Ⅱにおける偽陰性と偽陽性のコストは400対100あるいは4対1であり，すでに検討したように，厳格なプリーディングの方が優れたルールであった。実際，特定の確率の下で，同じ4対1の**コスト比**（cost-ratio）を持つ過誤コストの組み合わせであればどんなものでも同様に，厳格なプリーディングが優れたルールであるという結果になる。偽陰性に4000ドルのコストがかかり，偽陽性に1000ドルのコストがかかろうが，偽陰性に60億ドルのコストがかかり，偽陽性に15億ドルのコストがかかろうが問題ではない。

　さらには，実際のコスト比を知る必要さえない。重要なのは，過誤確率のみによって決まる**分岐点**（cut-off point）とコスト比との関係である。分岐点を上回るコスト比はどんなものでも一方のルールに有利であり，分岐点を下回るコスト比は他方のルールに有利である。この分岐点は過誤確率から計算されるものである[27]。たとえば，表Ⅱと表Ⅲでの過誤確率は，2.91が分岐点となる。この意味は，コスト比が（表Ⅱでのコスト

---

27) いくつかの単純な数値を用いてこれらの関係を証明することができる。コスト比が偽陰性に対する偽陽性の割合として表される場合，分岐点は2つのルールの下での偽陰性の確率の差で除された偽陽性の確率の差であることが分かる（常に正の値となる）。数学的に，ルールAとルールBの下での偽陰性の確率と偽陽性の確率をそれぞれ，P_{fn}^A, P_{fp}^A, P_{fn}^B, P_{fp}^Bとすると，分岐点（偽陰性に対する偽陽性のコスト比に対応する）は，

$$\text{分岐点} = (P_{fp}^A - P_{fp}^B) / (P_{fn}^B - P_{fn}^A)$$

となる。

比が4：1であるように）2.91：1よりも大きい場合には厳格なプリーディングのルールが優れており，（表Ⅲでのコスト比が2：1であるように）2.91：1よりも小さい場合にはノーティス・プリーディングのルールが優れているということである。実際のコスト比がいくつであるかは重要ではない。唯一重要なのは，コスト比が分岐点よりも大きいか小さいかだけである。たとえば，偽陽性のコストに対する偽陰性のコストの大きさが3倍，100倍，1000万倍，100億倍であろうと，厳格なプリーディングはやはり望ましい選択肢なのである。

4.2.4　訴訟提起のインセンティヴに対する派生的影響

前項では，過誤コストの分析についての中心的要素である，偽陰性過誤と偽陽性過誤，期待過誤コスト（過誤確率に過誤コストをかけること），コスト比，分岐点について述べた。しかし，そこでの議論は分析を単純化するためのある仮定に基づいていた。すなわち，ルールの選択は却下率のみに影響を与え，訴え提起のインセンティヴには全く影響を与えないことを前提にしていた。この仮定は現実的ではない。厳格なプリーディングは濫訴の訴え提起をほぼ確実に抑止するが，根拠のある訴訟の訴え提起についてもまた抑止してしまうであろう。

以下の議論では，訴え提起に対する派生的影響を過誤コストの分析にどのように組み込むかを説明する。4.2.4.1では，プリーディング・ルールが濫訴にだけ影響を与える最も簡単な事例を扱い，4.2.4.2では濫訴と根拠のある訴訟の双方の訴え提起に影響を与える，より難しい事例を扱う。

4.2.4.1　濫訴の訴え提起に対する影響

厳格なプリーディングが濫訴の訴え提起を抑止する場合，厳格なプリーディング・ルールは，訴えが提起された後に濫訴を却下する方法と，訴えが提起される前に訴え提起を阻止する方法という2つの異なる態様で偽陰性を減少させる。両方の影響とも，濫訴がプリーディングの段階をほとんど通過しないという同じ結果を導くものではあるが，2つの影響がこの結論に寄与する方法は異なるので，これら2つの場合を別々に

取り扱うことが重要である。

分析に訴え提起への影響を加えても，原理的に新しいことは何もない。偽陰性が，訴訟が濫訴であることと，訴訟が却下されないことという2つの事象を条件としたことを思い出してほしい。この条件から導かれる偽陰性確率を求める公式は，4.2.2.1での分析が前提にしていたように，潜在的に存在するすべての訴訟について訴えが提起される限りはうまく機能する。なぜならば，その場合，潜在的な訴訟と訴えが提起された訴訟とを区別する必要がないからである。しかし，この公式は，潜在的な訴訟で訴えが提起されないものがある場合には修正を余儀なくされる。この場合，訴訟が濫訴であることという，偽陰性の第1の条件を修正する必要がある。

潜在的な濫訴のうち訴えが提起されないものがある場合に，ある訴訟が濫訴であるというためには，2つの事象が同時に満たされなければならない。(1)潜在的な訴訟が濫訴であること，かつ，(2)潜在的な濫訴が訴え提起されることである。この2つ事象が同時に起こる確率は，これらが個別に起こる確率の積である[28]。したがって，次の公式が導かれる。

確率［訴え提起された訴訟が濫訴である］＝確率［潜在的な訴訟が濫訴である］×確率［濫訴が訴え提起される］

この式を基本の公式に当てはめると，訴え提起された訴訟に根拠がない場合に適用される以下の発展した公式を導くことができる[29]。

---

28) 理由は，前記注23で述べたのと同じである。潜在的な濫訴が実際に訴え提起される確率は条件付確率である。すなわち，その訴訟が濫訴であるという条件の下で訴えが提起される確率である。したがって，訴え提起された訴訟が濫訴である確率は，潜在的な訴訟が濫訴である確率に，潜在的な訴訟が濫訴であるという前提でその潜在的な訴訟が訴え提起される確率を乗じたものと等しい。

29) この公式は，すべての潜在的な濫訴が訴え提起される場合に成り立つ特別な場合として，前記4.2.2.1での公式を含むものである。

> 確率［偽陰性］＝
> 確率［潜在的な訴訟が濫訴である］×
> 確率［濫訴が訴え提起される］×
> 確率［訴え提起された濫訴が却下されない］

　具体的に説明するために，プリーディングの例1（前記4.2.2）で厳格なプリーディングが濫訴の訴え提起の60%を抑止すると修正しよう。またすべての潜在的な訴訟のうち20%が濫訴であると仮定しよう。その他の仮定はすべて同一のままにしておこう。この場合，厳格なプリーディングでの偽陰性の確率は0.02である[30]。

　0.2（潜在的な訴訟が濫訴である確率）×0.4（濫訴が訴え提起される確率）×0.25（訴え提起される濫訴が却下されない確率）＝0.02

4.2.4.2　濫訴の訴え提起と根拠のある訴訟の訴え提起に対する影響

　根拠のある訴訟の訴え提起に対する影響は，濫訴の訴え提起に対する影響と同様に分析することができる。偽陽性は，根拠のある訴訟が却下される場合と，潜在的な根拠のある訴訟が訴え提起されない場合の2つの態様で起こる可能性がある。（訴え提起がされること自体も確実でない場合に）根拠のある訴訟が却下されるためには，3つの事象が同時に起こらなければならない。潜在的な訴訟が根拠のある訴訟であること，

---

30)　公式を理解するのが難しいと思われる読者の方は確率ではなく，数字を用いて考えるとよいかもしれない。合計で100件の潜在的な訴訟があるとしよう。われわれの仮定によれば，これら訴訟のうちの20%が濫訴である。したがって，20件が濫訴で，80件が根拠のある訴訟である。厳格なプリーディングの下では，濫訴のうちの40%について訴えが提起される。このことが意味するのは，訴えの提起される濫訴が8件あるということである。最後に，これら訴え提起された濫訴のうちの25%がプリーディングの段階を通過するので，却下されない濫訴の件数は合計2件である。これら2件の訴訟は潜在的な100件の訴訟の内数であり，偽陰性の確率は2%ないし0.02である。

その訴訟の訴えが提起されること，そして，その訴えが却下されることである。したがって，根拠のある訴訟が却下される確率は，

　　確率［根拠のある訴訟が却下される］＝確率［潜在的な訴訟に根拠がある］×確率［根拠のある訴訟が訴え提起される］×確率［訴え提起された根拠のある訴訟が却下される］

　根拠のある訴訟の訴え提起がされないためには，2つの事象が同時に起こらなければならない。潜在的な訴訟が根拠のある訴訟であること，かつ，それが訴え提起されないことである。したがって，この事象が起こる確率は，

　　確率［根拠のある訴訟の訴えが提起されない］＝確率［潜在的な訴訟に根拠がある］×確率［根拠のある訴訟が訴え提起されない］

　トータルの偽陽性の確率は，上記2つの確率の合計と一致する。これを要約すると以下のようになる。

　　確率［偽陽性］＝
　　確率［潜在的な訴訟に根拠がある］×
　　確率［根拠のある訴訟が訴え提起される］×
　　確率［訴え提起された根拠のある訴訟が却下される］
　　　　　　　　＋
　　確率［潜在的な訴訟に根拠がある］×
　　確率［根拠のある訴訟が訴え提起されない］

　この節の残りの部分はプリーディングの例1を修正した例でこれらの分析道具を具体的に説明する。

プリーディングの例2	
（厳格なプリーディングが濫訴提起と根拠のある訴訟の訴え提起に影響を与える場合）	
潜在的な訴訟が濫訴である確率－20％	
ノーティス・プリーディング	厳格なプリーディング
濫訴が提起される確率－100％	濫訴が提起される確率－40％
根拠のある訴訟が提起される確率－100％	根拠のある訴訟が提起される確率－80％
濫訴が却下されない確率－80％	濫訴が却下されない確率－25％
根拠のある訴訟が却下される確率－ 0 ％	根拠のある訴訟が却下される確率－40％

　ノーティス・プリーディングは訴え提起のインセンティヴに何の影響も与えないので，その過誤確率は前に述べた表Ⅰの過誤確率と同様である。しかし，厳格なプリーディングは濫訴と根拠のある訴訟の両方の訴え提起を抑止するので，訴え提起への影響を分析に含めなければならない。まず，偽陰性を考えよう。偽陰性の確率は，前に見たように，0.02である。

　0.2（潜在的訴訟が濫訴である確率）×0.4（濫訴が訴え提起される確率）×0.25（訴え提起された濫訴が却下されない確率）＝0.02

　厳格なプリーディングでの偽陽性の確率は2つの内容に分けられる。1番目の内容は根拠のある訴訟の訴えが提起され，かつ，却下される場合で，その確率は0.256である[31]。2番目の内容は訴訟が根拠のあるもので，かつ，訴えが提起されない場合で，確率は0.16である[32]。したが

---

31)　0.8（潜在的な訴訟に根拠がある確率）×0.8（根拠のある訴訟が訴え提起される確率）×0.4（訴え提起された根拠のある訴訟が却下される確率）＝0.256
32)　0.8（潜在的な訴訟に根拠がある確率）×0.2（根拠のある訴訟が訴え提起されない確率）＝0.16

って，厳格なプリーディングの下での偽陽性の確率は0.256＋0.16＝0.416となる。

訴え提起への影響がない場合，厳格なプリーディングでの偽陰性と偽陽性はそれぞれ0.05と0.32であったことを思い出してほしい。訴え提起への影響を考慮すると，前者の数値は0.02に減少し，後者の数値は0.416に増加する。この結果は直観的にも理にかなうものである。つまり，厳格なプリーディングは濫訴を抑止し，このことが偽陰性の頻度を減少させるが，それと同時に，根拠のある訴訟を抑止し，このことが偽陽性の頻度を増加させる。分岐点もまた2.91から2.97へとわずかに変化する。しかし，これらの変化はいずれもひどく大きいというほどではない。また，この結論は異常というわけではない。訴え提起へのもっともらしい影響は，多くの場面で，過誤確率と分岐点にわずかな違いを生じさせるというものである。

第4.3節　手続コスト

過誤コストは話の半分にすぎない。経済学者は手続コストにも関心を向けている。あるルールは，過誤コストを減少させることで大きな便益を得ることができる場合であっても，もしそのルールを実行することによって手続コストが増加する場合には，なお望ましいものではないかもしれない。手続コストには，当該ルールを遵守し，これを実行することでかかる運営コストや訴訟コストが含まれる。プリーディング・ルールの場合には，遵守コストにはプリーディングを準備したり，主張を裏付ける事実関係を調査したりするためのコストが含まれ，実行コストには訴えを提起し，訴訟を追行し，却下の申立てを処理するコストが含まれる。

手続への影響の分析結果は，過誤への影響の場合と同じく，コストの絶対値ではなく，その期待値によって決まる。プリーディング・ルールの選択に関する**期待手続コスト**（expected process cost）は，訴えが提起される確率に訴え提起の平均コストを乗じた値と，訴え却下の申立てがなされる確率に訴え却下の申立ての平均コストを乗じた値を加えたものに等しい。このように内容を分解することで，厳格なプリーディング・

ルールの重要な特徴が浮かび上がる。厳格なプリーディングは平均コストを増加させる一方で，訴訟の確率を減少させるが，さらには，却下申立ての確率も減少させるかもしれない。結果として，厳格なプリーディング・ルールは必ずしも期待手続コストを増加させない。

厳格なプリーディングが訴えを提起することと却下申立てを争うことの平均コストを増加させるという結論には問題がない。事実関係をより詳細に主張する必要性があるから，事実関係を調査し，訴状の準備をすることにはよりコストがかかるはずである。さらに，当事者が議論する事項がより多く，裁判官が考慮する事項も多いから，却下申立てを争い，これを処理するためにはもっとコストがかかるはずである。

一方，確率に及ぼす影響は，それほど確実ではない。厳格なプリーディングが濫訴と根拠のある訴訟の訴え提起を抑止する限り，訴訟の確率は減少する。この点については，厳格なプリーディングが根拠のある訴訟に与える副作用としての抑止効果が過誤コストを増加させる一方で手続コストを減少させていることになる。皮肉なことに，過誤コストの点からは有害なことが手続コストの点からは便益となっているのである。

しかし，厳格なプリーディングが却下申立ての確率を減少させるのか，増加させるのかは明らかではない。厳格なプリーディングのルールでは被告の却下申立てが認容される見込みが高いから，その申立てはより魅力的なものになる。しかし，厳格なプリーディングのルールの下では，却下に値する対象の数自体が減少することから，申立てに魅力がなくなるという面もある。濫訴の数が少なくなり，プリーディングに細心の注意が払われるようになると，却下決定を得る機会も少なくなるであろう[33]。最終的にプラスマイナスした結果は明らかではない。申立ての

---

33) 結局，合理的な原告が自信をもって訴え提起の費用を負担するには，自分の提出した訴状が却下されないと信じるに足る十分な理由がなければならないし，その理由があるからこそ却下を求めても無駄であると納得する被告も中にはいるはずである。さらに，根拠のある訴訟の原告は，却下申立てに対応して訴状を修正することができる場合もあり，このような選択肢があると，却下を勝ち取ることができると

確率は，ノーティス・プリーディングの場合より厳格なプリーディングの場合の方が少ないかもしれないし，多いかもしれない。

　手続コストを評価する際に考慮しなければならない要素がもう1つある。あるルールが訴訟手続のその他の段階で手続コストに与える影響である。厳格なプリーディングが濫訴をふるい落とす機能を十分に果たすならば，その後の段階で濫訴をふるい落とすことを目的にする，サマリー・ジャッジメントや指示評決（トライアルで提出された証拠から結論が明らかであるとして，陪審による審議に付すことなく裁判官が結論を指図する）のような手続は，おそらくそれほどは用いられないであろう。これら訴訟コストの減少は，手続コストの分析に含まれるべき便益である。

　要約すると，厳格なプリーディングは訴え提起と却下申立ての平均コストを増加させるが，訴え提起の確率を減少させるとともに却下申立ての確率をも減少させる可能性がある。さらに，訴訟の後の段階での手続コストも減少させる。この結果は期待手続コストの純減になるかもしれないが，純増になるかもしれない。結論を出すには，さらに実証的研究の成果を得ることが不可欠である。

　重要な点は，ルールには多種多様な影響があるので，手続コストの分析は複雑であるということである。特に，期待手続コストは当該ルールをある事件に当てはめることで生じる平均コストだけによって決まるのではなく，当該ルールの適用を受けることになる事件数や当該ルールが訴訟の他の段階に及ぼす影響によっても決まる。1件の事件当たりでより高額なコストをもたらすルールでも，そのルールの適用が必要となる事件の頻度が減少するならば，全体で，期待手続コストは少なくなるであろう。

第4.4節　分析の統合

　過誤コスト分析と手続コスト分析という主要な要素がすべて揃ったので，この最後の段階では，最適なルールの選択という規範的な問題にこ

　　いう被告の見込みは減少する。

の枠組みを当てはめる作業を行う。この節での議論は，現実の訴訟の場面における最適なプリーディング・ルールの選択という問題に焦点を当てている。しかし，この一般的なアプローチは訴訟手続に関して政策の選択をする多くの場面でも妥当するものである。そのような事例のすべてで，過誤コストと手続コストに対する影響を予測するために実証的モデルが用いられ，そこでの結果が，異なる政策の選択肢同士の間で比較される。

　第1章での実証的分析によって，濫訴に関して，以下の表で要約されるような，いくつかの分類がなされたことを思い出してほしい。この節での残りの部分では，これと同じ構成に従って議論を進めよう。

	被告は訴訟が濫訴であることを知っている	被告は訴訟が濫訴であることを知らない
原告は訴訟が濫訴であることを知っている	1 重大な問題なし	2 重大な問題の可能性 ー濫訴の提起 ー悪い和解 ー無駄な訴訟費用
原告は訴訟が濫訴であることを知らない	3 重大な問題の可能性 ー濫訴の提起 ー悪い和解 ー無駄な訴訟費用	4 ［論じられていない］34）

4.4.1　分類1（原告も被告もともに訴訟が濫訴であると知っている場合）

34）第1章で，私は，訴訟に根拠があるかどうかにつき双方当事者とも知らないという4番目の場合を説明しなかったが，ここでもその説明はしない。この4番目の場合は特に複雑であり，学ぶ価値のある重要な内容が何もないにもかかわらず読者の方々に重い負担を課すだけに終わる可能性があるからである。要するに，分析すれば，双方が濫訴であることを知らないことがまた濫訴の提起を招き，均衡において高いコストが生じるという結果になるであろう。

第1章の1.2.3.1で論じたが，ローゼンバーグ－シャヴェル・モデルでは，濫訴の原告は，訴え提起のコストを上回る和解金を期待する場合にのみ訴えを提起し，被告は，和解金が答弁のコストを下回る場合にのみ和解することを思い起こしてもらいたい。答弁に訴え提起よりコストがかかることは滅多にないので，このモデルの予測では，ほとんどの濫訴の原告は訴えを提起する価値がないと判断するであろう。

このモデルで，厳格なプリーディングが濫訴を抑止する方法は，唯一，原告の訴え提起のコストを増加させることによってである。訴え提起のコストが増加すれば，和解からの利益が訴え提起のコストを埋め合わせることはますますなくなるであろう。さらに，ノーティス・プリーディングの場合でさえ濫訴を提起するインセンティヴはほとんどないので，厳格なプリーディングを採用することによる限界的な便益は極めて少なくなりそうである。逆に厳格なプリーディングを採用すると，根拠のある訴訟が抑止され，手続コストが増加するというマイナス面があるので，分類1で費用と便益を比較した結果は，ほとんど確実にノーティス・プリーディングに有利になる。

4.4.2　分類2（原告は訴訟が濫訴であると知っているが，被告は知らない場合）

分類2では，濫訴の原告は，根拠のある訴訟であるかのように振る舞い，時折，相当な額の和解金を獲得する。第1章の1.2.3.2.1で見たように，このモデルによれば，重大な濫訴の問題が潜在的に生じる可能性のあることが予測されている。

このモデルでは，厳格なプリーディングが濫訴を抑止する見込みはない。原告は濫訴であることを知っており，とにかく訴えを提起するのであるから，原告（とその弁護士）は間違いなく虚偽を述べる。だとすると，嘘をつく原告は，厳格なプリーディング・ルールで何の困難も感じない。彼は，単に必要な主張をでっち上げるだけであろう。虚偽の主張をすることには多少の努力が必要だが，訴え提起を諦めさせるには十分ではないであろう。不誠実な原告の中には詳細な事実関係について嘘を述べるのをためらう者もいるかもしれないが，厳格なプリーディングが

さらなる負担を課したことで，多くの者が訴え提起をためらうことになると考えることもできない。特に多額の和解金が見込めることを前提にすればなおさらである。その上で，あったとしても少ないこの便益と，厳格なプリーディングが根拠のある訴訟に与える副作用とを比較検討しなければならない。したがって，分類2での望ましい選択はおそらくノーティス・プリーディングであろう。

　1つ例外的な場合がある。厳格なプリーディング・ルールでは，被告は事実関係の主張が真実であるか否かを確認することによって，虚偽を述べている原告を特定することができる可能性がある。その結果，訴訟が濫訴であることを被告が知ると，その事件は分類1に移動し，濫訴の問題は重大なものではなくなる。しかし，この戦略をとるには調査が必要であり，その調査にはかなりのコストがかかる可能性がある。このことは，1.2.3.2.1で論じたつまずき転倒の例のように，原告だけが決定的な情報を利用できるような事件の場合に特に当てはまる。実際にも，濫訴の原告は，真実かどうか確かめることが難しい主張を選ぶであろう。

4.4.3　分類3（被告は訴訟が濫訴であると知っているが，原告は知らない場面）

　分類3の事件では，原告は，訴え提起前に調査をすることによって自分の事件に根拠があるかどうかを知ることができるが，すべての原告が調査を行う選択肢を選ぶわけではない。第1章の1.2.3.2.2で簡単に論じた形式的モデルによれば，重大な濫訴の問題が潜在的に生じる可能性が予測されている。均衡状態では，原告は濫訴を提起し，そのいくつかについては，ディスカバリにより情報を得て訴え取下げに至るまでずっと訴訟を追行する。さらに，根拠のある訴訟の原告の中には，自分の訴訟が濫訴であると誤信して早々に訴えを取下げる者もいる。そして，根拠のある訴訟の中には，濫訴が存在しなかったならば和解が成立したはずであるのに，トライアルに進むものもある。

　分類3でのプリーディング・ルールの影響を分析することは少々複雑である。分類2と違って，分類3ではすべての事件について，（定義について異論があるという意味で）「濫訴」のレッテルが貼られるべきではな

い。たとえば，根拠を欠く訴訟でも，訴え提起前の調査をするのに法外な費用がかかるような場合には，濫訴と考えるべきではない。根拠のない訴訟は，原告が訴え提起前に調査す・べ・き・だった，すなわち，訴え提起前の調査をすることが「合理的」な選択肢であった場合にのみ，「濫訴」なのである。

　ある調査が「合理的」かどうかは費用と便益，あるいは，より正確に言えば，その調査をした場合の期待コストが，調査しない場合の期待コストを下回るかどうかによって決まる。もし調査にかかる費用が高額で，調査が義務づけられるならば原告が訴え提起をしないというならば，訴え提起前の調査を要件とすることで社会的に便益のある大量の訴訟が訴えられなくなり，便益をはるかに超えるコストが生じるだろう。他方で，調査に適度に費用がかかるにすぎないならば，社会的便益は社会的費用を上回るであろうし，訴え提起前の調査が合理的な選択肢となるはずである[35]。

　厳格なプリーディング・ルールは，ノーティス・プリーディングよりも訴え提起前の調査を促すという便益をもたらす。分類2で検討したように，原告は単に主張を偽るかもしれないが，嘘をつくことを思いとどまらせる要素が2つある。1つ目は，分類3では，原告とその弁護士は進んで嘘をつくというわけではないという点である。最小限だが真実の主張を求めるノーティス・プリーディングの下で彼らがろくに調査をすることなく訴え提起をしたとしても，だからといって，より詳細な主張を求める厳格なプリーディングの場合にも彼らが嘘をつくということにはならない。小規模な事務所の基本的に誠実な弁護士が，たくさんの事件を抱え，時間に追われて，ノーティス・プリーディングの緩やかな基

---

35) 数学的なモデルを用いると，いくらかはより正確な定義を生み出すことができる。Robert G. Bone, *Modeling Frivolous Suits*, 145 U. PA. L. REV. 519, 564-66 (1997) 参照。大まかに言うと，請求に理由があるかどうかを確かめる他の手段としてはディスカヴァリまで訴訟を続けるほかないということを原告が知っている場合に行う訴え提起前の調査は合理的である。

準が満たされていれば調査をしないと決めているが，厳格なプリーディングでより詳細な主張が求められている場合には虚偽を主張しないようにしているという状況は容易に想像できる。2つ目は，被告が真実を知っている場合には知らない場合よりも嘘を述べることはずっと難しいという点である。原告が主張している嘘と被告が事件について知っていることとが整合しない場合には，原告は事件のことを知らないことが明らかになり，戦略的に有利な地位を失うリスクを負っている。

　このように，厳格なプリーディングを採用すると，当事者は訴え提起前の調査をもっと行うようになる。そして，濫訴の原告が調査を行うと，自分の請求に理由のないことが分かる。その結果，両当事者とも事情を知り，事件は分類1に移動することになるが，そこでは濫訴の問題は重大なものではない。だとすると，厳格なプリーディングのルールは分類3の偽陰性の期待コストを減少させることになる。

　しかし，このルールが偽陽性と期待手続コストに及ぼす影響についてはどうであろうか？　調査にかかる費用が高額で原告が訴え提起前には必要な情報を知ることができないような事件を含めて，厳格なプリーディングのルールが全面的に適用されるならば，たくさんの根拠のある訴訟の訴え提起が抑制されるであろう。このために，厳格なルールの適用は調査費用が合理的な事件にだけ限定されるかもしれない。しかし，そういう事件を特定することは，その作業自体に費用がかかるはずである。さらに，厳格なプリーディングが却下申立てをより多く誘発するならば，その余分な申立てが手続コストを増加させるであろう。結果としては，厳格なプリーディングが偽陽性か期待手続コストか，あるいはその両方を増加させるのはほぼ間違いがない。

　これ以上の情報なしに2つのルールのどちらかを選択することは不可能であるが，この短い分析から明らかなのは，分類3が唯一厳格なプリーディング・ルールを採用するかどうかを真剣に検討しなければならない場合であるということである。比較的限られた情報からこのような重要な結論を導くことが可能なのは，法と経済学が有用であることの証しである。さらに，この分析から次のような提案をすることもできる。つまり，厳格なプリーディングは，原告が請求の根拠の有無に関する情報

を持っておらず，調査のコストが穏当なものになると見込まれる訴訟にだけ選択的に適用されるべきである[36]。また，裁判所は，特に訴え提起前の調査をすることが困難な問題については，主張を過剰に要求することについて慎重であるべきである。重い責任を負わせると，根拠のある訴訟が抑制され，高い偽陽性の過誤コストが生じるおそれが大きくなるからである[37]。

---

36) たとえば，私人による証券訴訟改革法は，対象を限定したアプローチをとっている。同法は，証券詐欺クラス・アクションに厳格なプリーディングのルールを採用しているが，この訴訟は，早急に，かつ，事前の調査がなされずに訴え提起がなされるおそれの高い訴訟類型である。しかし，第9巡回区のように，連邦控訴裁判所の中には，この法律が極めて詳細な主張を要求していると解釈する裁判所もある。Elliott J. Weiss, *Pleading Securities Fraud*, 64 LAW & CONTEMP. PROB. 5, 17-27 (Spring/Summer 2001) 参照。この場合，偽陽性の過誤コストが生じるおそれがあるから，これが明らかに良い考え方というわけではない。

37) 過誤コストと手続コストの枠組みは，その他の規制手段を評価するためにも用いることができる。たとえば，連邦民訴規則のルール11によって濫訴に課される制裁のような罰則のシステムを考えてみよう。罰則は濫訴のみを対象にするので，厳格なプリーディングよりも偽陽性の発生が少なくなる可能性がある。他方で，どの訴訟が濫訴であるかを特定するには，審問や裁判所による判断が必要となり，これらすべてが期待手続コストを増加させる。さらに，裁判所が誤った判断を下し，時には根拠のある訴訟を濫訴に分類することもあるので，罰則が根拠のある訴訟を抑制することもあるだろう。罰則が重くなると，特に原告がリスク回避的である場合には，根拠の強い訴訟にも萎縮効果が及ぶであろう。罰則にはもう1つ別の問題もある。ほとんどの訴訟は，実際には罰則が科されることなく和解で終わるので，罰則が科される脅威で和解金が減少するという形で抑止効果が現れるように，実際の抑止効果は罰則の威嚇力によって決まる。その結果，分類2の事件で罰則が高く設定されると，根拠のある訴訟も萎縮する見込みが高い。Avery Katz, *The Effect of Frivolous Suits on the Settlement of Litigation*, 10 INT'L REV. L. & ECON. 3, 20 (1990) 参照。対照的に，分類3の事

第4.5節　第4章のまとめ

要約すると，われわれは，具体例としてプリーディングを材料にして，訴訟手続のルールについて規範的分析をする方法を検討した。われわれは，偽陰性過誤と偽陽性過誤を区別すること，過誤の確率と各タイプの過誤のコストを個別に考慮することの重要性を含め，**期待過誤コスト**を分析するために不可欠な事項について考えた。われわれはまた，**コスト比**と**分岐点**を用いることで，いかに分析が単純化できるかを見た。そして，われわれは，訴え提起のインセンティヴに対する派生的影響を含めて考える方法を検討した。

われわれはまた，**期待手続コスト分析**の主な内容を検討したが，そこでは，あるルールがコストだけでなく確率に対して与える影響を考慮することの重要性も含まれていた。さらに，訴訟手続のルールの複合的影響により手続コスト分析がどのように複雑になりうるかを検討した。最後に，厳格なプリーディングとノーティス・プリーディングのどちらを選択するかの問題に対し過誤コストと手続コストの枠組みがどのように適用されるかを検討した。

件では，適度な罰則でさえ相当な抑止の便益をもたらすことができるから，罰則システムの対象として適切なのは分類3ということになる。
　分類3の事件において，厳格なプリーディングと比較して罰則が相対的に有利な理由として，罰則は原告の弁護士が嘘の主張を述べる場合であっても機能するという点が挙げられる。さらに，適度な罰則であれば，少なくとも裁判所が罰則の審理段階で比較的正確な適用をすれば，根拠のある訴訟や手続コストに対して過大な影響を与えることもないかもしれない。この点については，さらに検討が必要ではあるが，適度な罰則は厳格なプリーディングよりも優れているということを意味している。ここでのポイントはどれか1つの方法を具体的に選択することではない。大事なのは分析の仕方と分析の可能性を示すことである。全般的な点について，Bone, *supra* note 35, at 589 – 93 参照（罰則システムに関する賛否両論について論じている）。

第5章

両面的弁護士報酬敗訴者負担制度を合衆国も導入するべきか？

概念と分析道具

● 複数のインセンティヴを分析する
 ・訴え提起のインセンティヴ
 ・和解のインセンティヴ
 ・訴訟追行に費用をかけるインセンティヴ
 ・法遵守のインセンティヴ
● 相互の影響を分析する

　今日，司法制度の病弊に対する処方箋として，「イギリス・ルール」への関心が高まっている。イギリスで採用されているがゆえにその名称がつけられているイギリス・ルールは，敗訴当事者が勝訴当事者の弁護士費用（およびそれ以外の費用）を支払う必要があることから，別名，「敗訴者負担ルール」とも呼ばれている。一方，現在，アメリカ合衆国で現に採用されている「アメリカ・ルール」によれば，各当事者は，勝敗にかかわらず，自らの負担した訴訟費用を支払う必要がある[38]。

　イギリス・ルールを支持する者は，このルールが存在することで根拠の弱い訴えの提起が少なくなり，和解が促進されると主張している。す

---

[38] どちらのルールも純粋な形では適用されておらず，イギリスでもアメリカでも例外が認められている。たとえば，アメリカでは，アメリカ・ルールの主な例外は法律で定められている。連邦議会は，公民権訴訟，著作権訴訟，反トラスト法訴訟のような，いくつかの類型の事件において，敗訴当事者から費用を請求する権限を「勝訴当事者」に与えている。

なわち，イギリス・ルールの下では，トライアルで敗訴すると相手方の費用を支払わなければならないリスクを負うことから，敗訴するおそれがある事件についての訴え提起がしにくくなり，また，トライアルで敗訴して多額の損失を被るよりも和解をすることの方が魅力的になるのだと論じられている。

以下の検討では，イギリス・ルールに関するさまざまな議論を詳しく検討する。私がこの政策的問題に焦点を当てるのは，この分析を行うに当たって，われわれがこれまで展開してきた法と経済学の分析道具すべての助けを借りることになるからである。さらに，この分析を行うことで，さまざまなインセンティヴを考慮することの重要性と，これらインセンティヴが相互にどのように影響しあうかを手際よく示すことができる。最後に，イギリス・ルールを適用した場合，その結果は，単純な議論が示唆する結果よりもずっと複雑で，不確かなものであることが分かるであろう。

第5.1節　訴え提起のインセンティヴ

5.1.1　単純な議論

イギリス・ルールでは，原告が勝訴した場合には，その利得額に原告自身の費用が上乗せされることによって期待判決価値が増加するが，逆に原告が敗訴した場合には，その損失額に被告の費用が上乗せされることで期待判決価値が減少する。これら2つの効果のどちらが優っているかは，事件の強弱によって決まる。根拠の強い事件では，原告は敗訴するよりも勝訴する可能性が高いので，最初の効果の方が優り，イギリス・ルールの下で期待価値は増加し，訴え提起の魅力は大きいものになる。一方，根拠の弱い事件では，原告は勝訴するよりも敗訴する可能性が高いから，2番目の効果の方が優り，イギリス・ルールの下で期待価値は減少し，訴え提起の魅力は小さくなる[39]。

---

[39] p^* よりも根拠の強い事件（$p > p^*$）では期待価値が増加し，p^* よりも根拠の弱い事件（$p < p^*$）では期待価値が減少するような値 p^*

具体的に説明するために，原告がトライアルでの勝訴率がわずか25%の，根拠の弱い事件を持っており，トライアルで勝訴した場合には10万ドルの賠償を見込んでいるとしよう。また，事件をトライアルまで争うのに，双方当事者が2万ドルを支払うと見込んでいるとしよう（これらの費用すべてが弁護士費用であると仮定する）。アメリカ・ルールの下では，原告の期待判決価値は，$0.25 \times 100{,}000 - 20{,}000 = \$5{,}000$である。したがって，合理的な原告であれば訴えを提起するであろう。

イギリス・ルールの下では，期待判決価値は次のように計算される。原告が勝訴すれば（25%の確率），10万ドルに加えて，被告によって支払われる原告自身の訴訟費用を取得し，純益は10万ドルになる。もし原告が敗訴すれば（75%の確率），自分の訴訟費用に加えて相手方の訴訟費用を支払い，合計損失は4万ドルとなる。したがって，期待判決価値は，$0.25 \times 100{,}000 - 0.75 \times 40{,}000 = -\$5{,}000$である。結果はマイナスなので，合理的な原告であれば訴えを提起しないであろう。

さらに極端な場合であるが，イギリス・ルールは，根拠が十分にある訴訟の訴え提起を促す可能性がある。これら訴訟は，アメリカ・ルールの下では係争利益が著しく少なかったり，訴訟費用が異常に高かったりすることが原因で割に合わなかった訴訟である。訴訟費用が高額な訴訟の例としては，広範な科学的調査や費用のかかる多くの専門家証人を必要とする複雑な製造物責任事件，有毒な化学薬品やその他の有毒物質が原因となった人身傷害事件などがある。たとえば，原告の製造物責任事件が勝訴率70%で，期待賠償額が50万ドルであるとしよう。複雑な科学

がある。p^*を求める式を導くためには，イギリス・ルールが，$pw - (1-p)(c_P + c_D) > pw - c_P$の場合に期待価値を増加させるということに注意してほしい。これをpについて解くと，$p^* = c_D / (c_P + c_D)$となる。たとえば，もし$c_P = c_D$なら，$p^* = 1/2$である。これらの点を詳細に議論するものとして，Steven Shavell, *Suit, Settlement, and Trial: A Theoretical Analysis Under Alternative Methods for the Allocation of Legal Costs*, 11 J. LEGAL STUD. 55 (1982) 参照（報酬負担ルールが訴え提起と和解に与える影響について論じ，さらに，リスク回避や他の諸問題に言及している）。

的問題が存在するためにトライアルまで事件を争って，原・被告ともそれぞれ40万ドルを支出すると見込むとしよう。この場合，原告の訴えはアメリカ・ルールの下ではマイナス期待価値（すなわち，$0.7 \times 500,000 - 400,000 = -\$50,000$）である。しかし，イギリス・ルールの下では，プラス期待価値（すなわち，$0.7 \times 500,000 - 0.3 \times 800,000 = \$110,000$）である[40]。

このように，アメリカ・ルールからイギリス・ルールへの変更は提訴事件の構成を変化させるが，必ずしも事件数は変化させない。イギリス・ルールは，アメリカ・ルールの下では提訴されていたであろう，勝訴率は低いが係争利益の大きい訴訟事件の提訴を思いとどまらせるが，同時にアメリカ・ルールの下では提訴されなかったであろう，係争利益は小さいが勝訴率の高い訴訟や訴訟費用の高い訴訟の提訴を促すからである。

5.1.2 厳密な検討：根拠のある訴訟提起に対する影響

イギリス・ルールは根拠の弱い事件の提訴を思いとどまらせ，根拠の強い事件の提訴を促すが，訴え提起のインセンティヴに対する影響が明白というわけではない。イギリス・ルールが提訴を思いとどまらせる根拠の弱い事件の中には，社会的観点からは訴え提起の根拠がある訴訟というのもあるかもしれない。たとえば，新たな法理の適用を試みるという理由で根拠が弱い，公民権に関する事件は，それにもかかわらず公民権法の発展にとっては重要であり，トライアルで審理されるにふさわしい事件ともいえるであろう。

---

40) 著しく係争利益の少ない例として，自動車の衝突が原因で生じた車の物損被害の回復を求めて原告が訴える場合を考えてみよう。損害額と期待判決額は5000ドルで，原告が90％の確率で勝訴すると仮定しよう。また，原告と被告がトライアルまで事件を争うのにそれぞれ5000ドルの支出を見込むと仮定しよう。原告の訴訟はアメリカ・ルールの下では，$0.9 \times 5000 - 5000 = -\$500$で，マイナス期待価値である。しかし，イギリス・ルールの下では，期待価値は$0.9 \times 5000 - 0.1 \times (5000 + 5000) = \$3,500$で，プラス期待価値である。

さらに，イギリス・ルールは，リスク回避的な原告に対し，リスク回避の程度によってはより重大な結果をもたらす可能性もある。もし原告がアメリカ・ルールの下で敗訴すれば，彼は自分の訴訟費用を支払うだけですむ。しかし，彼がイギリス・ルールの下で敗訴すれば，自分の訴訟費用に加えて被告の訴訟費用をも支払わなければならない。このように，より多額の支払いを負担するリスクが原因で，リスク回避的な原告にとって訴訟の魅力は小さくなる。そして，普通の資産しか持たず，訴訟費用を多く支払わなければならなくなると重い負担を感じるような原告にとっては特に訴訟がしにくくなる[41]。

さらに，被告は，自分の訴訟費用をつり上げることでリスク回避的な原告から利益を得ようとする戦略的なインセンティヴを持っている。被告がトライアルで敗訴した場合にはそのつり上げた訴訟費用を自ら支払わなければならないから，そのことがこの戦略のブレーキとして働いてはいる。しかし，それでも，原告の勝訴率が50%より低い限り，被告は最後には得をする[42]。

原告は，全面成功報酬の取決めを用いることで，リスク回避の影響を小さくすることができる。全面成功報酬は訴訟リスクの一部を弁護士に負担させるものであり，弁護士は事件を分散することによってこれに的確に対処することができるからである。しかし，この方法には限界がある。その1つは，イギリス・ルールの下では，弁護士は自分の報酬分を負担するだけでなく，被告の弁護士報酬分をも支払わなければならない

---

41) より正確に言えば，イギリス・ルールは，損失をさらに増加させる方向と，利益をさらに増加させる方向の2つの態様で訴訟のギャンブル性のリスクを増加させている。これら2つの効果によって，2つの結果の間の「相違」はさらに大きくなり，これがギャンブル性を，そしてリスクの変化を大きなものにする。

42) 正確には，イギリス・ルールの下での原告の期待価値は $pw-(1-p)(c_P+c_D)$ で，被告の期待損失は $p(w+c_P+c_D)=pw+p(c_P+c_D)$ である。したがって，被告が c_D を増加させると，原告の期待価値は係数 $(1-p)$ だけ減少し，被告の期待損失は係数 p だけ増加する。したがって，$p<0.5$ の場合，原告の受ける損害は被告のそれより大きくなる。

ので，全面成功報酬制を実行することは容易ではないという点である。さらに，公民権訴訟が良い例であるが，事件の中には，過度に専門化が進み，事件の種類を多様化して投資を分散するのに適さない領域もあるという点である。

5.1.3 厳密な検討：濫訴の訴え提起に対する影響

単純な議論が当てはまり，根拠の弱い事件の訴え提起が抑制されるのは次のような場合である。すなわち，アメリカ・ルールの下ではコストに見合う程度に事件の根拠が強いが，イギリス・ルールの下ではコストに見合わない程度に事件の根拠が弱いという場合である。このような2つの境界の間にあるような事例でのみ，イギリス・ルールへの変更は訴え提起のインセンティヴに違いを生じさせる。すなわち，単純な議論では，第1章の1.2.1で定義したような本当の濫訴（すなわち，主張されている法理論の下では被告が現実に責任を負わないことがほとんど確実である訴訟）についてほとんど何も触れていない。単純な議論では，アメリカ・ルールの下でプラス期待価値である濫訴を抑止するメリットがあることを予測したが，1.2.2で見たように，濫訴でプラス期待価値が生じるのはトライアルでの過誤が異常に高い場合でなければならず，そもそもこういう訴訟は極めて珍しいはずである。アメリカ・ルールの下ではほとんどの濫訴はマイナス期待価値であり，単純な議論で述べていることはマイナス期待価値の訴訟には当てはまらない。

したがって，イギリス・ルールが濫訴に与える影響を調べるためには，第1章で述べた濫訴のマイナス期待価値モデルを検討することが必要である。このモデルは，当事者の一方または双方が，訴訟が濫訴であると知っているかどうかによって事件のタイプを区別している。以下の議論は，そこでの分類に基づいて整理されている（要約した表につき第4章の4.4節を参照されたい）。

5.1.3.1 分類1：原・被告双方とも訴訟が濫訴であることを知っている場合

イギリス・ルールは分類1の事件で濫訴の訴え提起を抑止する。被告

が敗訴原告によって自分の弁護士報酬やそれ以外の費用が支払われることを知っているならば，被告はトライアルまでずっと濫訴を争う姿勢を示して信頼性のある威嚇をすることができるからである。したがって，濫訴の原告は，和解金を得ることができないと知り，訴え提起をしないであろう。しかし，濫訴はいずれにせよ分類1では重大な問題ではないので，ここでのメリットはさほど重要ではない。そして，イギリス・ルールの下では根拠のある訴訟の訴え提起も萎縮してしまうことになるので，濫訴に対するメリットが大きくないならば，分類1では，イギリス・ルールを採用することに消極という結論になる。

5.1.3.2　分類2：原告は訴訟が濫訴であることを知っているが，被告は知らない場合

　分類2の事件のモデルにおいて，2つの異なる均衡点が存在することが第1章で予測された。第1の均衡点では，潜在的な濫訴の割合は，被告が濫訴でも根拠のある訴訟でも同じようにすべての事件について和解をする価値があると判断するほどに小さい。第2の均衡点では，潜在的な濫訴の割合は，被告が時々和解を拒否することで濫訴を抑止する価値があると判断するほどに大きい。

　イギリス・ルールに変更する影響は，根拠のある訴訟の平均的な強さによって異なる。イギリス・ルールへの変更により訴訟の期待判決価値が増加するほどに訴訟の根拠が強いと仮定しよう。そうすると，根拠のある訴訟の原告が最低限要求する和解金の額は高くなり，被告は和解をするためにより多くのお金を支払わなければならない。和解金が増加することの影響は2つの均衡で異なる。第1の均衡では，すべての訴訟は，請求に根拠があることを前提として和解されるので，濫訴の原告はより大きな棚ぼたを得る。

　第2の均衡での影響はより複雑である。和解金がより高くなるので，被告が和解する数は少なくなり，濫訴の原告が提訴する件数も少なくなる。しかし，和解率が少なくなると，根拠のある訴訟はトライアルへと進むことを余儀なくされ，そのことが訴訟にかかる当事者の私的コストと裁判運営等にかかる公的コストを増加させる。数学的モデルにおいて，

私的コストだけでなく公的コストも計算に入れると，2番目の影響は1番目の影響をしのぐ可能性があり，その結果，総コストが増加する可能性がある[43]。

この短い議論からも明らかなのは，少なくとも根拠のある訴訟が内容において根拠が強い場合には，イギリス・ルールへの変更が濫訴の社会的費用を増加させる可能性があるということである。すなわち，第1の均衡においては，被告は濫訴の原告により多くの和解金を支払うので，不当な損失を被ることになる。そして，第2の均衡においては，濫訴が存在するがゆえにさらに多くの訴訟コストが無駄になる。

5.1.3.3 分類3: 被告は訴訟が濫訴であることを知っているが，原告は知らない場合

分類3は，被告は訴訟が濫訴であることを知っているが，原告は調査をしなければ濫訴であることが分からないという場合である。第1章で検討したように，事情を知らない原告が訴えを取り下げる可能性があることから，根拠のある訴訟を提起された被告は，それらの訴訟が濫訴であるかのように振る舞うインセンティヴを持っており，悪いタイプに紛れ込んで一括化した対応を受けようとする一括化戦略が多くの問題を引き起こしている。イギリス・ルールへの変更は，この一括化した対応を受けようとするインセンティヴを減少させ，有益な影響をもたらす可能性がある。この分析は極めて複雑であるが，直観的には比較的理解しやすいものである。

イギリス・ルールへの変更が期待判決価値を増加させるほどに，根拠のある訴訟の根拠が平均的に強いと想定してみよう。根拠のある訴訟から獲得する利益が大きくなるから，原告は，自分の訴訟に根拠があるかどうか知ることでますます利益を得ることになり，ひいてはより頻繁に調査を実施するようになる。原告がより頻繁に調査を行うようになれば，原告が事情を知らないということはなくなるので，根拠のある訴訟を提

---

43) Katz, 前記注37, at 17-19 参照 (私的コストに与える影響について分析している)。

起された被告が，これら訴訟が濫訴であるかのように振る舞うことから得られる利益は少なくなる。そして，その結果，被告が一括化した対応を受けようとすることが少なくなり，和解することが多くなる。調査が行われる事件が多くなり，かつ，和解の数が増加することによって，濫訴が提起されることは少なくなり，トライアルの数も減少する。したがって，訴訟コストも少なくなる。

しかし，これらの便益にも限界はある。イギリス・ルールに変更しても，濫訴がすべてなくなるわけではないし，全部の事件で訴え提起前の調査が相応に行われるようになるわけでもない。これは重要な点である。イギリス・ルールは，根拠のある訴訟を萎縮させ，また，次項で述べるように，期待手続コストを増加させることで，余分なコストもまた発生させることになるからである。

5.1.4 期待手続コストに対する影響

アメリカ・ルールの下では，依頼人が弁護士に報酬の支払いを拒否したような場合を除いて，裁判所が弁護士報酬の支払いに関与する必要はない。これと対照的に，イギリス・ルールを理論どおりに実行するには誰かが――ほとんど裁判官であるが――勝訴当事者の求める訴訟費用が真に支出されたものかどうか，合理的なものかどうかを審査する必要がある。そのような審査がなければ，勝訴当事者は，支払額を増加させるために請求を水増しするかもしれない。

訴訟費用確定手続には，合理性に関する審理と判断が必要である。特にアメリカ・ルールにおいて弁護士報酬敗訴者負担が例外的に採用されている場合の経験が信頼できるものであれば，これら余分に行われる手続にはかなりのコストがかかると言えるであろう。しかし，期待手続コストに対する実際の影響は，報酬決定申立ての処理手続のコストだけではなく，報酬決定を求めて申立てがなされる事件数（より正確に言えば，報酬決定の申立てがなされる確率）によっても決まる。もしイギリス・ルールが一般的に適用されるならば，和解しない全ての事件で手続コストが余計に生じるであろう。他方で，和解の数が多くなれば，処理の必要な報酬決定の申立ての数は少なくなるであろう。したがって，期待手

続コストに与える影響の程度は，和解のインセンティヴによって決まるといえる。

第5.2節　和解のインセンティヴ

5.2.1　単純な議論

イギリス・ルールがアメリカ・ルールよりも和解を促すという単純な議論は，イギリス・ルールが期待損失に弁護士報酬を加えることによってトライアルの魅力を小さくしているということを前提にしている。この議論の問題点は，敗訴すると考えている当事者のことだけを念頭に置いている点にある。実際には，勝訴すると考えている当事者にとって，イギリス・ルールはトライアルの魅力を大きいものにしており，トライアルが魅力的である場合には，当事者が和解することは少なくなりそうである。

したがって，イギリス・ルールの下での和解のインセンティヴは，トライアルでの損失だけでなく，トライアルでの利益と当事者の勝敗予想によって決まるといえる。事実，イギリス・ルールに変更すると，和解を促すよりも，和解の成立を損なう可能性がある。この点を確かめるため，第2章で検討した和解が成立しない2つの原因，期待の相違と強硬な交渉態度に焦点を当ててみよう。

5.2.2　厳密な検討：期待の相違

期待の相違モデルによれば，アメリカ・ルールの下で和解が成立しない主な原因は，当事者双方がともに楽観的見込みを持つことにある。原告は，自分の事件の根拠が極めて強いと考える場合には，多額の和解金を要求するであろうが，被告が，自分の事件が極めて強いと考える場合には，少額の和解金の支払いしか提案しないであろう。したがって，和解範囲は存在しないことになる。

この場合に，イギリス・ルールに変更しても当事者が和解をする助けにならないことは容易に理解できる。イギリス・ルールはトライアルでの支払額に弁護士報酬とその他の費用の支払いを加え，勝訴すると考え

ている当事者にとってトライアルの魅力を大きなものにするから，当事者の立場はさらに乖離する。具体例で示すために，第2章でのパブロとドリスがともに楽観的見込みを持っている例を思い出してほしい[44]。

パブロとドリスの双方が楽観的見込みを持っている事例

$p_\pi = 0.7$　　$p_\Delta = 0.2$　　$w = 100,000$
$c_P = c_D = \$20,000$

アメリカ・ルールを前提にすれば，パブロは最低5万ドルの支払いでなければ受け入れず，ドリスは最高でも4万ドルの支払いしか提案しないであろうから，ここでは和解が成立しないことをすでに見た。イギリス・ルールは事態をさらに悪化させるだけである。パブロの最低限の要求は5万8000ドルに増加し，ドリスの提案する最高額は2万8000ドルに落ち込む[45]。実際に，アメリカ・ルールの下で和解範囲が存在しない場合には，イギリス・ルールによって和解範囲を創り出すことはありえないことを簡単な数式を用いて証明することができる[46]。

この分析は，リスク中立性を前提にしている。もし，一方当事者あるいは双方当事者がリスク回避的であるならば，いくつかのケースで，イ

---

44) 前出2.2.2参照。
45) パブロのトライアルでの期待価値は，$0.7 \times 100,000 - 0.3 \times 40,000 = \$58,000$ である。ドリスのトライアルでの期待損失は，$0.2 \times (100,000 + 20,000 + 20,000) = \$28,000$ である（ドリスが勝訴すればパブロがドリスの訴訟費用を支払うことになるから，ドリスが支払うものは何もないことに留意してほしい）。
46) この命題は，以下の2つの条件が同時に満たされることはありえないことを示すことによって簡単に証明することができる。すなわち，$p_\pi w - c_P > p_\Delta w + c_D$ という条件と，$p_\pi w - (1 - p_\pi)(c_P + c_D) < p_\Delta(w + c_P + c_D)$ という条件である。第1の条件は，アメリカ・ルールの下で和解が成立しないための条件であり，第2の条件は，イギリス・ルールの下で和解が成立するための条件である。

ギリス・ルールへの変更が結論に違いをもたらす可能性がある。イギリス・ルースの下では，トライアルに進むことによるリスク負担のコストが増加するので，リスク回避的な当事者にとっては，トライアルの魅力が小さくなり，和解が魅力的なものに映る。言い換えれば，余分な危険負担コストの分だけ原告の最低要求額が減少し，被告の最高支払額が増加するということである。このことにより当事者の立場は接近し，和解の見込みが高まる。

結局，イギリス・ルースの下で，双方が楽観的見込みを持っていることと，リスク回避的であることは，反対の効果を持っている。すなわち，当事者双方がともに楽観的である場合にはトライアルでの得失額が増加することになるから，当事者の立場は乖離するが，リスク回避的である場合にはリスク負担コストの分だけトライアルでの負担が増えるから，当事者の立場は接近する。当事者がかなりリスク回避的で，過度に楽観的でない場合には，後者の効果が前者の効果を上回り，アメリカ・ルールの下では成立することのなかった和解が成立する可能性がある。

5.2.3　厳密な検討：強硬な交渉態度

第2章で検討したように，訴訟当事者は，攻撃的に交渉することでより多くの和解余剰を確保できると考える場合に強硬な交渉戦略を用いる。しかし，双方の当事者とも攻撃的な交渉をすると，合意に達する可能性は低くなる。

イギリス・ルールは和解余剰の大きさに影響を与えることで，この結果に違いをもたらす。和解余剰が大きくなるほど当事者はより攻撃的に交渉をするはずであり，強硬な交渉から獲得する利益も多くなる。もしそうであるならば，和解余剰が増加する手続をとると，強硬な交渉をする可能性や強硬さの程度は増し，和解が成立する見込みは小さくなるはずである。そして，逆の場合はその反対になる。

もし当事者がリスク中立的で，勝訴の見込みについて同じ予測をしているならば，イギリス・ルールへ変更しても和解余剰にまったく影響はない[47]。アメリカ・ルールの下でもイギリス・ルールの下でも和解余剰の大きさは同じで，トライアルに進むことなく和解をすることによって

節約することのできた訴訟費用の合計額と一致する。このことは，和解余剰が変化するには，当事者のどちらかあるいは双方当事者が共にリスク回避的であるか，両当事者が異なる予測をしていなければならないということを意味する。

　まず，リスク回避について考えてみよう。もしどちらかの当事者がリスク回避的であるならば，イギリス・ルールは和解余剰を増加させ，それによって，強硬な交渉戦略をとるインセンティヴも増加することになる。イギリス・ルールの下では，敗訴のときの負担がより大きいので，トライアルのリスクもより大きくなることを思い出してほしい。トライアルがリスクの大きいものになれば，リスク回避的な当事者は和解することで余分な危険負担のコストを免れようとする。そして，その分だけ和解余剰が増加することになる[48]。

　次に，当事者がリスク中立的であるが，原告の勝訴率について互いに異なる評価をしているために予測が一致しない場合を考えてみよう。原告の予測が被告の予測を上回る場合には，イギリス・ルールへ変更することで和解余剰は減少する。直観的には，イギリス・ルールへの変更によって双方当事者はトライアルをより楽観的に捉えることになるので，和解範囲は狭くなる。しかし，問題は，イギリス・ルールによって和解余剰が相当量減少し，和解が成立しなくなるという点である。結局，和解がなんとか成立するようにするためには，当事者双方の予測がかなり接近していなければならない。つまり，イギリス・ルールへの変更が，

---

　47)　これは，イギリス・ルールが訴訟費用にまったく影響を与えないことを前提にしている。しかし，次節で説明するように，イギリス・ルールに変更すると，訴訟費用は増加する見込みが大きい。もし，訴訟費用が増加するならば，双方当事者がリスク中立的で，かつ，勝訴の見込みについて同じ予測をしていたとしても，和解余剰は大きくなり，和解が成立する見込みは小さくなる。

　48)　この点はもう1つ別の方法で説明できる。イギリス・ルールだと，トライアルのコストはより大きいものになり，リスク回避的な原告の最低要求額が減少するとともに，リスク回避的な被告の最高申出額は増加する。よって，これらの相違である和解余剰は大きくなる。

一方で和解の可能性を維持しながら交渉戦略によい影響を与えるのは，わずかな場合しかないのである[49]。それ以外のすべての場合には，イギリス・ルールへの変更により和解は不可能になるか，あるいは，和解余剰が増加し，それにより，強硬な交渉戦略をとる誘惑が大きくなる[50]。

この分析は，和解余剰が大きくなると和解が難しくなるということを前提にしている。しかし，和解余剰が大きくなると，当事者が合意できる範囲自体が広がることによって和解が成立する見込みも高まると考える論者もいる。実際には，真実はおそらくその中間辺りにあるであろう。和解余剰が大きくなると強硬な交渉をする魅力が大きくなり，か・つ・，当

---

[49] イギリス・ルールが完全に和解を不成立にすることなく，しかも，和解余剰を減少させる一般的な条件を簡単な数式
$$0 < p_\pi - p_\Delta \leq (c_P + c_D)/(w + c_P + c_D)$$
を用いて示すことができる。したがって，当事者の予測の差は，極めて小さな値をとるであろう $(c_P + c_D)/(w + c_P + c_D)$ より大きくなることができない。さらに，この条件が満たされるときには，イギリス・ルールは，$(p_\pi - p_\Delta)(c_P + c_D)$ に等しい量だけ和解余剰を減少させる。

[50] 特に，イギリス・ルールへの変更は，当事者双方がともに悲観的見込みを持つケースで和解余剰を増加させる。双方が悲観的見込みを持つ事態は双方が楽観的見込みを持つ場合の対極にある。双方が悲観的見込みを持つ場合には，当事者双方とも自らが勝訴することについて悲観的である。この場合には，原告が比較的低額の和解金の支払いでも受け入れ，被告も比較的高額の和解金の支払いを申し出るから（したがって，和解範囲が存在する見込みが極めて高い），アメリカ・ルールの下では最も和解が成立する見込みが高い。イギリス・ルールへの変更により，被告はもっと高額の和解金の支払いを申し出，原告はもっと低額の和解金でも受け入れるから，和解余剰は増加する。それは，各当事者とも悲観的であることから，訴訟に敗訴し，自分の弁護士報酬に加えて相手の弁護士報酬まで支払わなければならない確率が高いと考えるからである。和解余剰が大きくなることで強硬な交渉が促され，その結果，和解の見込みが低くなるならば，アメリカ・ルールの下で最も和解の成立見込みが高いこれらの事例について，イギリス・ルールへの変更は厳密にはマイナスの影響をもたらすであろう。

事者が容易に合意に達する対象もまた大きくなる。どちらの効果が優っているかは事案の性質による。そうだとしても，余剰の大幅な増加は交渉戦略に対して大きなマイナスの効果を持っていると考えておくのがおそらくは無難であろう。

第5.3節　訴訟追行に費用をかけるインセンティヴ

　イギリス・ルールは，予想されるトライアルでの得失額に弁護士報酬を加えることによって双方当事者にとっての係争利益の金額を増加させる。合理的な当事者は係争利益が大きくなるとより多額の費用を訴訟にかける傾向がある。なぜなら，訴訟追行にさらに費用をかけることによって勝訴の見込みが高まるが，係争利益が大きくなる場合には，勝訴の見込みが高まることによってより多額の利益がもたらされるからである。そうだとすると，イギリス・ルールへの変更は当事者の訴訟追行に費用をかけるインセンティヴを強め，訴訟費用を増加させることになるはずである。

　この追加の訴訟費用の支出で事件の審理が尽くされることになり，より適正な判断結果に至るならば，そのような支出は社会的には望ましいものであろう。しかし，訴訟費用の追加支出の効果が当事者間で互いに相殺し合い，社会と訴訟当事者にとって無駄に終わる可能性もある。たとえば，係争利益が大きくなったために，原告が専門家証人を1名依頼し，被告もまた同様の行動に出るとすると，陪審員は敵対的証言によって混乱し，双方の専門家証言をともに無視する結果となるかもしれない。各当事者はたとえ追加の証言を得るのに意味がないと考えても，相手方の専門家証言が攻撃されないままとなることをおそれて，専門家証人を依頼するであろう。すなわち，各当事者は，どちらも費用をかけることによってメリットはないにもかかわらず,「お人好し」と言われるのを避ける目的で専門家を雇うのである。

　この戦略的な問題は，囚人のディレンマとしてモデル化できる。第2章の2.2.1で検討したように，囚人のディレンマ・ゲイムでは，双方当事者が協力した場合よりも悪化する結果となる望ましくない均衡が生じる。ここでの事例では，専門家を雇わないという判断を相手が貫くものと信

頼できる場合にのみ，専門家を雇わないことで双方当事者とも有利になる。問題は各当事者にはその判断から逸脱する強い誘惑があるということで，この誘惑によって当事者が協力する望みは断ち切られ，無駄な支出をする均衡へと移動する。

具体例で説明するために，第2章の2.2.1のパブロとドリスの例を修正しよう。患者のパブロ・プレンティスは，医療過誤で担当外科医ドリス・デラーノを訴える。パブロは勝訴した場合の賠償額を10万ドルと予測する。パブロとドリスはそれぞれ高額の費用がかかる医療専門家に証人を依頼するかどうかを検討しなければならないと仮定しよう。専門家に依頼しない場合に予測される訴訟費用は2万ドルで，専門家に依頼した場合に予測される訴訟費用は4万5000ドルである。どちらの当事者も専門家に依頼しない場合には，勝訴率は50%であるとしよう。もし双方の当事者が専門家に依頼した場合には，この証言が互いに効果を相殺して勝訴率は50%のままとなる。しかし，一方の当事者が専門家に依頼し，相手方の当事者が専門家に頼まない場合には，専門家に依頼した当事者がかなり有利になり，勝訴率が70%に上昇する。これらの前提を要約すると，以下のようになる。

パブロとドリスが訴訟費用を追加支出する事例

$w = \$100,000 \qquad c^H$（専門家に依頼する）$= \$45,000$

$\qquad\qquad\qquad\qquad c^L$（専門家に依頼しない）$= \$20,000$

$p_\pi = \begin{cases} 0.5 & \text{パブロもドリスも専門家を雇わない} \\ 0.7 & \text{パブロは専門家を雇うが，ドリスは雇わない} \\ 0.3 & \text{パブロは専門家を雇わないが，ドリスは雇う} \\ 0.5 & \text{パブロもドリスも専門家を雇う} \end{cases}$

アメリカ・ルールとイギリス・ルールの下での利得行列[51]は以下のよ

---

51) 前記2.2.1で，利得行列は，組み合わせの可能な戦略から生じる各当事者の期待価値を示す方法であると述べたことを思い出してほしい。

うになる（イギリス・ルールの下で，敗訴者は専門家に依頼したことによる報酬と費用をすべて支払うことを前提にしている）。パブロの期待価値は各セルの左上隅に，ドリスの期待価値は右下隅に記載されている（マイナスの数値は損失を表している）。

アメリカ・ルール

		ドリス	
		専門家あり	専門家なし
パブロ	専門家あり	$5,000 − $95,000	$25,000 − $90,000
	専門家なし	$10,000 − $75,000	$30,000 − $70,000

イギリス・ルール

		ドリス	
		専門家あり	専門家なし
パブロ	専門家あり	$5,000 − $95,000	$50,500 − $115,500
	専門家なし	− $15,500 − $49,500	$30,000 − $70,000

各行列を検討すると，当事者がどのように行動するかが簡単に理解できる。アメリカ・ルールの下では，各当事者とも，相手方がどちらの行動をとるにせよ，自らは専門家に依頼しないことで有利になる。たとえば，ドリスが専門家に依頼した場合，パブロは，専門家に依頼すると5000ドルしか取得できないのに対して，専門家に依頼しないと1万ドルを取得できる。そして，ドリスが専門家に依頼しない場合には，パブロ

ここでは，専門家に依頼するか，専門家に依頼しないか，2つの戦略があり，したがって，それぞれの利得行列は，各当事者が2つの戦略をとることで生じる可能性がある4つの組み合わせに対応する各当事者の期待判決額を表している。

は，専門家に依頼すると2万5000ドルしか取得できないのに対し，専門家に依頼しないと3万ドル取得できる。同じことはドリスにも当てはまる。したがって，どちらの当事者も専門家に依頼することはない。

しかし，イギリス・ルールに変更すると反対の結果が生じる。各当事者とも，相手方がどちらの行動をとるにせよ，自ら専門家に依頼することで有利になるのである。たとえば，ドリスが専門家に依頼する場合には，パブロは，専門家に依頼しないと1万5500ドルを失うのに対し，自らも専門家に依頼すると5000ドルを取得できる。そして，ドリスが専門家に依頼しない場合には，パブロは，専門家に依頼しないと3万ドルしか取得できないのに対し，専門家に依頼すると5万500ドルを取得できる。同じことはドリスの場合についても言える。したがって，専門家の依頼には高額の費用がかかり，その効果は相殺されるものであるにもかかわらず，双方の当事者とも専門家に依頼することになる。

各ルールの下で結果が異なる理由は単純である。アメリカ・ルールのように，勝敗にかかわらず専門家を依頼する当事者がその全費用を負担しなければならない場合には，専門家証人は，そのコストに見合う程度にまでは勝訴の見込みを高めることができない。しかし，イギリス・ルールのように，専門家を依頼する当事者が勝訴した場合に相手方当事者にその費用を負担させることができるならば，専門家証人は，そのコストに見合う程度に勝訴の見込みを高めることができる。このことが原因で，双方が協力した場合の結論から離れようとする誘惑が生じ，当事者は望ましくない均衡へと進むのである。

この単純な例で分かるのは，イギリス・ルールに変更すると，私的にも公的にも何らメリットがない場合であっても，当事者は訴訟追行へのさらなる支出を促される可能性があるという点である。これは，訴訟追行費用のさらなる支出によって結果がより正確になるというもう1つの可能性とともに考慮に入れられなければならない点である。

第5.4節　インセンティヴ相互の影響と法遵守のインセンティヴ

これまで，イギリス・ルールへの変更が，訴訟における異なる3つのタイプのインセンティヴに影響を及ぼす可能性について説明してきた。

要約すると，イギリス・ルールは，実際に提起された根拠のある事件のうち比較的根拠の強い事件の割合を増加させる可能性がある。この点は，潜在的にデメリットもあるが，メリットもある結論である。イギリス・ルールの濫訴に対する影響は複合的である。原告が濫訴であると知りながら訴え，被告が濫訴であることを知らない場合には事態はさらに悪化するが，被告が濫訴であることを知っており，原告が訴え提起前の調査によって濫訴であると知ることができる場合には事態は改善される。和解に関しては，イギリス・ルールは係争利益を増加させ，トライアルの魅力をより大きなものとすることで和解の見込みを減少させる傾向がある。そして，係争利益が大きくなることで，当事者が訴訟追行にかける費用も増加し，和解しない事件における訴訟費用も増加する可能性があるが，このことは，さらに費用をかけることで結果が正確になるという十分なメリットが生じないならば，望ましい結論ではない。
　しかし，この分析は完全ではない。1つには，この分析は異なるインセンティヴ相互の影響を無視している。たとえば，イギリス・ルールは訴訟追行にかける費用を増加させ，その結果，訴訟費用を増加させるが，当事者は和解することでより多額の費用を節約することができるから，より大きな和解余剰が生じる。あるケースでは，アメリカ・ルールによれば和解範囲が生じない場合でもこの効果により和解範囲が生じ，和解が可能になることもある。その他の場合には和解余剰の増加が単に強硬な交渉戦略を招き，和解の見込みを減少させる。
　さらに，これまでの分析では，イギリス・ルールが実体法を遵守するインセンティヴに与える影響を考慮していない。法遵守のインセンティヴはそれ自体重要な価値を持つが，他のインセンティヴに影響を与える点でも重要である。法遵守のインセンティヴは訴え提起のインセンティヴや和解のインセンティヴと深く関係している。イギリス・ルールに関して包括的な分析をするには，インセンティヴ相互の影響を考慮に入れた1つのモデルの中で，これらのインセンティヴを取り扱わなければならない。そのようなモデルは，ここで論ずるには複雑すぎるが，どのようなことが起こるかを直観的に述べることはできる[52]。
　まず初めに以下の点を認識する必要がある。原告が自分の訴えた事件

の被告が実体法を遵守しているかどうか確実に知らない場合には，対象となる人々のうちどの程度が法を遵守しているかという基本的割合が原告の勝訴の見込みに影響を与える。たとえば，ほとんどの傷害が法を遵守しないことの結果であるとするならば，傷害を受けた原告は自分に傷害を負わせた当該被告が法に違反し，したがって責任があると無理なく確信することができるであろう。その結果，原告は勝訴の見込みが高いと考えるであろう。より一般的にいえば，基本となる母集団において法を遵守していない割合が高ければ高いほど，当該被告が法を遵守していない確率は高く，原告がトライアルで勝訴する見込みも高くなるであろう。

アメリカ・ルールの下で，基本となる母集団において法を遵守していない割合が高いと仮定してみよう。原告は勝訴率が高いと考え，自分のケースに強い根拠があると結論づけるであろう。イギリス・ルールでは根拠の強い事件の訴え提起が促されるから，イギリス・ルールへの変更は提訴事件数の増加を招くはずである。提訴事件数が多くなると，自分の起こした傷害に対する賠償金を支払う不法行為者も多くなるから，実体法に従おうとする当事者のインセンティヴはもっと強くなるはずである。その結果，法遵守の割合は高まるはずである。しかし，法を遵守する割合が高くなると，原告が勝訴する見込みは低くなり，訴え提起の割合は減少する。法遵守の割合と提訴率は相互に影響しあいながら，均衡状態に達するまで上下するはずである。最後の均衡状態では，法遵守の割合と提訴率は，アメリカ・ルールの下のそれよりもイギリス・ルールの下で，より高くなるはずである。

---

52) 以下の議論はキース・ヒルトン教授の研究に基づいている。同教授は，様々な弁護士報酬ルールを比較するモデルを構築して，異なるインセンティヴ間の相互作用を分析した。Keith N. Hylton, *Litigation Cost Allocation Rules and Compliance with the Negligence Standard*, 22 J. LEG. STUD. 457 (1993); Keith N. Hylton, *Fee Shifting and Incentives to Comply with the Law*, 46 VAND. L. REV. 1069 (1993); Keith N. Hylton, *An Asymmetric Information Model of Litigation*, 22 INT'L. REV. L. & ECON. 153 (2002) 参照。

第5章 両面的弁護士報酬敗訴者負担制度を合衆国も導入するべきか? 163

　最後に,法遵守の割合が増加した場合,和解率はどのような影響を受けるかを検討しなければならない。これは分析の中で最も複雑な部分である。法遵守の割合が高くなるということは,実際には責任のない被告の数が多くなるということを意味する。しかし,訴訟において実際には責任のない被告の数が多くなると,本来責任を負うべき被告が実際には責任のない被告の陰に隠れる絶好の機会を得て,一括化戦略,すなわち事情を知らない原告を騙して自分には責任がない振りをして一括化した対応を受けようとする強いインセンティヴを持つようになる(一括化戦略の説明については,第1章1.2.3.2.3参照)。原告はこのことを知り,本来責任のある被告を罰して一括化戦略をとらないようにさせる目的で何回かに一度は和解を拒否する。しかし,和解を拒否すると,本来責任のある被告はトライアルに進むことを余儀なくされ,和解率は減少する。したがって,イギリス・ルールに変更すると,(前節で見たように)双方当事者にとっての係争利益が増加し,かつ,実際には責任のない被告の割合が増加し,好ましくない一括化戦略の状態がさらに悪化することから,このモデルでは和解率が減少する可能性がある。

　以下の図は,これまでの一連の論理的推論を示しているが,これらはアメリカ・ルールをイギリス・ルールに変更することで起こることであり,最初の時点ではアメリカ・ルールの下で法を遵守していない割合が高いことを前提にしている。

```
アメリカ・ルールの下での高い法不遵守率⇒
勝訴の見込みについての高い割合⇒
イギリス・ルールへの変更で提訴数増加⇒
法遵守の割合増加⇒責任がない被告の増加
⇒和解の減少と高い訴訟費用
```

　このようにイギリス・ルールには法遵守の割合を高めるメリットと,提訴率を高め,和解率を減少させることによって訴訟費用を増加させるデメリットとがある。差し引きしたネットの結論がアメリカ・ルールと比べて改善されているかどうかは,法遵守の割合のプラス効果の程度,

訴訟費用の増加額と比較して法遵守の割合増加の方が大きいことによる便益，トライアルに達する事件数が多い場合にイギリス・ルールの下で増加する手続コストの金額によって決まる[53]。

第5.5節　第5章のまとめ

要約すると，われわれは，複雑な訴訟手続の問題，ここでは，弁護士報酬についてのアメリカ・ルールとイギリス・ルールのどちらを選択するかという問題を考えるために，実証的分析と規範的分析という異なる方法をいかに統合させるかを検討した。**訴え提起，和解，訴訟追行への費用支出，法遵守**という4つのインセンティヴに与える影響を予測するために，どのように実証的モデルを用いるかについて述べた。また，実証的結論をどのように過誤コストと手続コストの枠組みに組み込むかを検討した。最後に，異なるインセンティヴの**相互作用**を考慮することの重要性について論じた。これらの相互作用は，重要な点で規範的な結論を変更させうるものである。

イギリス・ルールの評価に関しては，プラスの面もマイナスの面もある。プラス面については，被告が訴訟の内容について私的情報を持っている場合には濫訴のコストを減少させ，相対的に根拠の強い訴えの提起

---

[53] 事実，ヒルトン教授は，発表論文の中で，勝訴原告に有利に弁護士報酬の負担を変更するが，敗訴原告については負担を変更しない片面的な弁護士報酬負担変更のルールはアメリカ・ルールやイギリス・ルールのどちらよりも優れていると論じている。そして，若干異なったモデルを用いた別の論文で，同教授は，最終的にイギリス・ルールが最良の選択であろうと提案している。しかし，これらの分析では，手続コストや濫訴に対する影響は考慮されていない。

　法を遵守しない割合が初めにアメリカ・ルールの下で低い場合，また，情報の非対称性が異なる場合には，別の結論が得られる。たとえば，法を遵守しない割合が初めに低い場合，原告は自分の事件の根拠が弱いと感じ，したがって，イギリス・ルールの下では訴えを提起することが少なくなる。これが原因で法を遵守する割合が減少し，提訴事件数が減少し，訴訟において本来責任がある被告の割合が増加する。

を促し，ときには法遵守のインセンティヴを改善する可能性がある。同時に，マイナス面については，原告が私的情報を持っている場合には濫訴の問題を悪化させ，根拠のある訴訟の訴え提起を抑止し（リスク回避的であるとすると，根拠の強い訴訟の訴え提起さえ抑止する），和解の頻度を減少させ，和解によって終了しないすべての事件について訴訟費用確定のための審問が必要となることで手続コストを増加させるおそれがある。

　これは法と経済学の分析で通常得られる結論の典型的なものである。どのような提案にも費用と便益があり，これらの費用と便益が問題のタイプによって異なっている。その結果，提案を実行するべきかどうか自信を持った結論を出すためには，通常，より正確な経験的知見が必要になる。イギリス・ルールについてもこのことは確かに当てはまる。

　それでも，法と経済学の分析が有益である理由がいくつかある。第1は，法と経済学の分析は，訴訟手続の改革に関するどのような単純な議論に対しても疑問を投げかけることの重要性を裏付けている。訴訟手続は単純な議論をするには複雑すぎる戦略的環境であり，単純な議論に重きを置くことはできない。第2に，法と経済学の分析は，手続的問題を考えるための枠組みを提供する。経験的知見が利用できるようになったときにはその知見をこの枠組みで処理することができるし，また，この枠組みによって，より洗練された予測やより良い提案を生み出すことができる。第3に，法と経済学の分析は，これ以外の方法では発見することの難しい変数や因果関係を特定するのに役立つ。最後に，法と経済学の分析は，プリーディング・ルールに関して行った提案と類似した具体的な提案を提供する。イギリス・ルールの採用を正当化する理由は，事件類型の特徴ごとにさまざまに異なっているので，仮にイギリス・ルールを採用するとしても，実質的・具体的方法で行われるべきである[54]。

---

　54) たとえば，ある論者が主張するように，医療過誤訴訟で濫訴の問題がはびこっており，イギリス・ルールを適用しても和解の成立に深刻な影響がないのであれば，医療過誤訴訟はイギリス・ルールを適用するのが妥当な分野かもしれない。医療過誤事件は，被告が私的情報を

この結論は，実体法と切り離した手続法を考える伝統，すなわち，実体法上は差異があるにもかかわらず，すべての事件に適用される手続ルールを当然のものとしてきた民事訴訟法の伝統に対して重大な問題提起をするものである。

持ち，原告側の弁護士が多様な事件を通じてリスクを分散することができるという構造的な特徴があるから，イギリス・ルールに変更することによるメリットが期待できる。他方で，公民権訴訟の弁護士がリスク回避的であるならば，公民権の事件はイギリス・ルールに適さない分野であろう。個々の事件でイギリス・ルールを適用すべきかどうかを判断するコストが大きくない限りは，対象を限定したルールの変更がルールの一律適用よりも優っているであろう。

第6章

規範的法と経済学の限界

```
           概念と分析道具

        ●公正対経済的効率性
        ●手続を基礎にした公正
          ・心理学的理論
          ・尊厳理論
        ●結果を基礎にした公正
```

　規範的法と経済学は，社会厚生を最大化することに焦点を当てている。これは，必ずしも，訴訟手続システムを設計する際に考慮すべき唯一の目標ではない。多くの人が，手続的権利を尊重するアメリカの民事裁判での長い伝統を引用して，経済的効率性とは別に公正の価値に重きを置くべきであると論じている。この章では訴訟手続の研究における公正の理論の主要な特徴を述べる。法と経済学に焦点を置く本書の性質上，説明は短いものであるが，少なくとも，規範論をめぐる様々な議論の中で法と経済学がどのように位置づけられるかにつき一般的な理解を得ておくことが重要である。

第6.1節　公正 対 効率性

　法学や哲学の論文では，公正理論や権利論を効率性，功利主義と対比させるのが通例である。そこでの一般的な考え方は，次のようなものである。すなわち，社会はその構成員全員が全体でどのようにうまくやっていくかという，経済的効率性や厚生経済学，より一般的には功利主義が問題にしていることだけに関心を持つだけでは足りない。社会は，個

人の権利が尊重されているかどうかや，社会的財の分配において平等に取り扱われているかどうかというように，各構成員が個別にどのようにうまくやっていくかにも関心を持たなければならない。

たとえば，平等主義者は，より生産的な個人に大きな分け前を割り当てる分配が長期的には社会全体の富を増大させるとしても，それが不公平であるという理由から，その不平等な分配に異議を唱えて公正を訴えるかもしれない。また，自由主義論者は，盗聴がほとんど費用をかけることなく犯罪を抑止することによって社会全体の福祉を増大させるとしても，プライヴァシーの権利を侵害するという理由で盗聴についての政府の方針に異議を唱えるかもしれない。

これらの例が示すとおり，公正理論の明らかな特徴は，社会全体の福祉を最大化することを目的とする社会的判断を制限し，これに制約を加え，あるいは覆すことである。公正理論の1つの重要な機能は個人の権利を保護することにある。「権利」として認識するということは，その主体に一定の利益や取扱いを保障することによって社会全体の福祉では純減が生じるとしても，そのような利益や取扱いを確実に保障するということに他ならない。たとえば，合衆国憲法第1修正の言論の自由の権利は，言論の内容が他人にとって大変不快であることで高い社会的費用を生じさせ，社会全体としては効用が減少するとしても，そのような発言の機会を保障する。この場合，自己の私的利益だけを考えて票を投じる政治的多数派はその発言者の発言を禁ずる法律を容易に作ることができるであろうが，合衆国憲法第1修正が多数意思を覆す切り札になっているのである。

第6.2節　手続的公正についての理論

手続的公正と手続的権利の理論は2つの大きなカテゴリーに分類される。手続を基礎にした理論と，結果を基礎にした理論である。手続を基礎にした理論は，結果の質とは別に，手続がその訴訟プロセス自体の中で訴訟当事者を扱う方法によって公正さを判断する。一方，結果を基礎にした理論は，手続システムが生み出す結果の質によって公正さを判断する。

たとえば，ほとんどの人が，自白を得るために拷問を用いることを認めないのは，自白が信用できない可能性があるという理由からだけでなく（結果に基づく），さらに重要なのは，拷問によって完全に誤りのない結果がもたらされたとしてもそれが人間の尊厳を侵害するという理由からである（手続に基づく）。さらに，拷問による自白の例ほど印象的ではないが，ディスカヴァリの範囲を制限する議論を考えてもらいたい。ある者は，範囲の狭いディスカヴァリのルールは訴訟当事者が適正な結論を得る可能性を阻害するものだと主張し（結果に基づく），ある者は，範囲の狭いディスカヴァリのルールは訴訟当事者が訴訟に十分に関与する可能性を制限することで裁判を受ける権利を侵害すると論じるかもしれない（手続に基づく）。

6.2.1 手続を基礎にした理論
6.2.1.1 心理学的理論

手続を基礎にした理論でよく知られているものの1つは，「手続的正義」と呼ばれる一連の実証的な心理学の研究に基づいている[55]。この研究のほとんどは，訴訟当事者が自ら訴訟に関与して判断権者に「言い分を述べる」機会があると，不利な結論にでも満足し，また，手続が公平であると考える割合が高いことを示す実験に関するものである。訴訟法学者の中には，これらの実証的結論を引用して，訴訟で公平に取り扱われたという感情を保証するためには，訴訟当事者が訴訟に関与し，訴訟をコントロールする広範な権利が必要であるとして，このような権利の正当性を主張する者もいる[56]。

この心理学的理論にはいくつかの問題がある。おそらく最も重大な問

---

55) たとえば，E. Allan Lind & Tom R. Tyler, THE SOCIAL PSYCHOLOGY OF PROCEDURAL JUSTICE 26-40, 61-83, 93-127 (1988) 参照（これら研究をまとめている）。

56) 合衆国連邦最高裁判所さえもがこの見解を支持している。Carey v. Piphus, 435 U.S. 247, 260-61 (1978) 参照（不公平な取扱いを受けたという感情を持たれないようにする観点から，手続に基礎を置いた価値について述べている）。

題は，この理論が功利主義を排斥できていないように思われることである57)。もし感情が重要であるならば，われわれは，学校，道路，公益企業やその他すべての社会的財について人々が持つ感情を考慮しなければならないことになる。しかし，平等原則に基づいて，あ・ら・ゆ・る・こ・と・について・あ・ら・ゆ・る・人の感情を考慮に入れる場合に，通常用いられている功利主義的な利益衡量（バランシング）から，訴訟手続の政策だけは除外して考えることがどのように正当化できるのか明らかではない。言い換えると，手続的公正の理論と仮にも呼びうるためには，訴訟手続を他の全ての社会的財に優先して取り扱うことを正当化する根拠を示さなくてはならないはずである。心理学的理論がそのような理由を提示することができているかどうかは明らかでない。

6.2.1.2 規範的理論

しかし，手続を基礎にした理論には規範的なもの，すなわち，カント哲学的な個人尊重の思想に基づいた訴訟参加についての尊厳理論というものがある58)。この理論によれば，個人の参加や合理的な意思決定など，

---

57) もう1つの問題は，実際の訴訟では，手続的正義についての実験とは異なり，訴訟当事者が本当には訴訟をコントロールしていないということである。つまり，訴訟をコントロールしているのは彼らの弁護士である。実際，依頼人は，相手方から提案を受けた和解案を受け入れるかどうかというような重要な実質的判断が必要とされる場合でない限りは，訴訟が今どうなっているかに関心を持つことはほとんどない。それゆえ，訴訟当事者が訴訟のプロセスそれ自体から実際どのように心理学的価値を見出しているのか疑問の余地がある。David Rosenberg, *Of End Games and Openings in Mass Tort Cases: Lessons from a Special Master*, 69 B.U.L. REV. 695, 701-03 (1989) 参照。

58) Jerry L. Mashaw, DUE PROCESS IN THE ADMINISTRATIVE STATE 158-253 (1985); Laurence H. Tribe, AMERICAN CONSTITUTIONAL LAW §§ 10-6, 10-7 (2d ed. 1988) 参照。大まかには，Robert G. Bone, *Rethinking the "Day in Court" Ideal and Nonparty Preclusion*, 67 N.Y.U.L. REV. 193, 264-79 (1992) 参照。司法参加の権利を民主的正統性の本質的・道具的理論に関連づける若干異なったアプローチとして，Christopher J. Peters,

民事訴訟のプロセスの特定の要素は，人間の尊厳を意味するものの中に当然に内在している。たとえば，この考え方によれば，訴訟に参加する機会を当事者に与えることなく，不利な内容の判決にその当事者を従わせるのは誤りである。なぜなら，この場合，訴訟当事者は，自律的個人として本来与えられるべき配慮を受けていないからである。これは，他人がすでに激しく争った問題について当事者があらためて訴訟に持ち込むことが可能になることを意味したとしても同様に誤りであり，さらに，大規模な不法行為訴訟のように，同一の争点を繰り返し訴訟で争うことで膨大な社会的費用が生じる反面，それに見合う大きな社会的便益がないとしてもやはり同様に誤りである。

　尊厳理論に対する反論もある。反論の1つは，尊厳理論の適用範囲の広さに対するものである。社会は，訴訟当事者の行為を規制することをそれほど重大に考えていないので，個人が訴訟に参加する権利を保障するために膨大な社会的費用が生じたとしてもこれを負担することを厭わない。しかし，人間の尊厳概念から当事者の自由にどのような限界を設けることになるのか，あるいは，尊厳理論が社会全体のコストは考慮すべきでないという立場に立つとすれば個々の社会的費用をどのように考慮すべきかが明らかでないのである。

　さらに，個人の尊厳を理由に訴訟参加の権利を尊重すると，すべての訴訟当事者を悪化させることによって不利な結果が生じることになると反論する論者もいる[59]。たとえば，ディスカヴァリを事前に制限しておけば将来の訴訟についての期待コストが減少し，その分自由に使えるようになった財産で豊かさを増すこともできるという理由から，訴訟当事者が事前にディスカヴァリを制限することに合意していれば，（効用の点で）有利になる場合がある。しかし，取引費用が高いので，当事者が

　　Adjudication as Representation, 97 COLUM. L. REV. 312 (1997) 参照。
59)　尊厳理論のように，訴訟当事者の厚生を考慮に入れない手続的公正理論がすべての訴訟当事者の厚生をどのように減少させることになりうるかについての説明と具体例として，Louis Kaplow & Steven Shavell, *Fairness versus Welfare*, 114 HARV. L. REV. 961, 1188-1225 (2001) 参照。

事前に合意するのは困難なことが多い。そのような場合には、ディスカヴァリを制限する手続ルールが合意の代わりになりうる。したがって、人間の尊厳に基づいて広範なディスカヴァリを許容する強い権利を主張すると、最後には尊厳の名の下にすべての訴訟当事者を悪化させるという、公正さの観点からも正当化することが困難な結論に至る。

最後に、手続を基礎にした理論が一貫しているかどうか疑念を持つ論者もいる。問題は、裁判がもともと正しい結論を導くためのものであり、人に参加する機会を与えたり、人生において自律的選択を行う機会を与えたりするものではないという事実である。このことを前提にすると、なぜ裁判は裁判手続において個人の参加を尊重しているのかという疑問に突き当たる。一般的な答えは、個人の参加は裁判制度の正統性のために必要であるという回答である。しかし、この答えはさらなる疑問を提起する。結果の質それ自体は正統性のためになぜ必要ではないのであろうか？ なぜこの考え方は、個人は適正な結果を獲得する機会を与えられるべきであるというカント哲学の思想を満足させるべく、個人を十分に尊重しないのであろうか？ 訴訟に参加し、訴訟上の意思決定をする権利は適正な結論を得るための道具として正当化されるかもしれない。しかし、これは手続を基礎にした理論ではなく、結果を基礎にした理論である。

6.2.2 結果を基礎にした理論

結果を基礎にした理論は、手続によって生じた結果の質によってその手続の公正さを評価する。この種の理論にはどれも、問題とされる結果の定義と、結果の質を評価する基準が必要である。問題となる結果を判決あるいは和解と定義し、その質については正確性、すなわち、当該事件の事実関係への関連法規の正確な適用をその結果がどの程度反映しているかを基準とするのが通常である。このことは唯一の正確な結果が存在しなければならないということを意味しない。正確性は、一定の許容範囲内に含まれる結果とも定義することができる[60]。しかし、もし結果

---

60) たとえば、この正確性の基準はコモン・ローでの判例形成に関する

の正確性が基準であるならば，結果を基礎にした公正は，前提となる手続が生み出す誤判のリスクの関数でなければならない。結果を基礎とした理論にとっての問題は，手続的公正が誤判リスクとどのように関係しているかを説明することである。

　最初に注意しておくべき点は，ある手続だとその手続がない場合よりも当事者が受け取る額が少ないとか，多く支払わなければならないとか単にそういう理由で，ある手続を公正でないと非難することでは十分ではないことである。当事者が今よりも良く取り扱われるべき権利あるいはそのような道徳上の要求権を持っている場合にのみ，状態を悪化させることは公正ではないのである。たとえば，ある特定の訴訟での訴訟当事者の見込額と，制限された手続の下での訴訟当事者の見込額とを比較する議論は，その特定の訴訟が，規範的に公正さを評価するための適切な基準となることを前提にしている。しかし，その特定の訴訟が適切な基準になるのは，訴訟当事者がその訴訟によって与えられている手続的な取扱いを受けるべき権利を有している場合のみである。

　また，単に誤った結果を生み出すという理由だけで手続システムを公正でないと非難することは意味がない。そのような立場は各当事者に完全に正確な結論を得る権利を与えるのに等しい。しかし，もしそうであるならば，完全な正確性を達成するのは不可能なので，どのような手続システムも公正ではありえないということになるであろう。人間の作った制度の公正さを，その制度が決して満たすことのできない基準で評価

　　　　少なくとも1つの考え方と適合する。コモン・ローの制度では，結果の質は単に先例といかにうまく適合するかというだけの問題ではない。結果の質は，その判決が法の目的とするところをどれだけ先に推し進めるかという点でも判断される。にもかかわらず，ある判決を誤りであると批判できる限りは，受け入れうる判決結果と受け入れえない判決結果との境界線を引くことができなければならないことになる。したがって，その境界線によって正確性を定義することができる。しかし，許容できる判決であるかどうかについて極端な意見の相違がある場合には，判断基準について折り合うことはできず，それによって正確性を定義することもできないであろう。

することは単純に意味がない。

　より現実的な可能性は，最大限実行可能な正確性という観点から公正さを定義することである。そこでの実現可能性は，認知能力の限界やその他の人間の持つ限界を前提に，人間が実際に実行することができることによって決められる。この考え方からは，誤りが生じる手続は公正ではあるが，通常用いることのできるあらゆる手段をもってしても誤りを減少させることができない場合にのみ公正であるということになるであろう。この基準はより現実的なものではあるが，なお過剰な要求であり，伝統的な手続的公正の理解に合致しない。実際には，手続の数を増やすことによって誤判のリスクを減少させることが常に可能である[61]。したがって，公正さを最大限実行可能な正確性と定義すると，公正さの名の下に，訴訟手続へ無限に費用を支出することが必要になり，その陰でその他の価値ある社会政策には壊滅的な結果が生じるであろう[62]。

　このように，いかなる手続的公正の理論も，それが意味のある理論となるためには，費用を基礎にした限界を組み込み，結果の正確性と他の社会的財との間のトレード・オフ（二律背反）を受け入れなければならない。結局のところ，手続的公正の理論が，費用を基礎にした限界を組み込んだり，二律背反を受け入れたりするためには，功利主義計算を切り捨てる考え方を放棄しなければならない。ロナルド・ドォーキン教授による1つのアプローチは，配分的正義の観点から手続的権利を定義するものである[63]。ドォーキン教授は，手続的権利を，ある特定のレベル

---

61) たとえば，1つの事件が何度も繰り返して審理される場合，その平均（すなわち分布の平均値）か，最も一般的に生じる結果（すなわち分布の最頻値）をとると，誤判のリスクはより小さくなる。したがって，最大限実行可能な正確性に対する権利は，理論的には，高い社会的費用にもかかわらず，無限に再審理する権利を当事者に与えることになろう。

62) 公正さの要請に応えることは社会全体の厚生を増進することよりも優先することが前提であることを思い起こされたい。

63) Ronald Dworkin, *Principle, Policy, Procedure*, in A MATTER OF PRINCIPLE 72 (1985) 参照。

の誤判リスクに対する権利としてではなく，異なる事件や当事者間で公平に誤判リスクが分配される手続に対する権利と捉える。ドォーキン教授にとっては，公正な分配は，争われている実質的な利益の基礎にある相対的な道徳的重要性を反映するものである。

たとえば，法システムが，少額の財産権侵害に対する損害賠償よりも言論の自由の保護にずっと高い価値を置いていると仮定しよう。表現の自由に関する事件で40％もの高い誤判率があっても，財産権侵害に関する事件に70％の誤判率があれば公正であるかもしれないが，財産権侵害に関する事件で2％しか誤判率がない場合には公正とはいえないであろう。40％対70％の比較割合は，誤判によって生じる道徳的被害の相対的程度に大まかに対応するが（財産権侵害訴訟よりも，表現の自由に関する訴訟の方がずっと被害の程度が大きい），40％対2％の比較割合はこれに対応しない。

ドォーキン教授の理論も，他のすべての理論と同様に，数多くの批判を免れない。しかし，本書はこれらの問題点を詳細に論じる場ではない。重要な点は，訴訟手続に関して，公正さに根拠を持ち，厚生経済学の立場から行われる社会全体での計量を回避しようとする規範理論があるということである。訴訟手続システムについての評価が適切になされるためには，これら異なる見解をも考慮に入れなければならない。

第3部

その他の応用

第1部と第2部では，実証的法と経済学および規範的法と経済学を民事訴訟の分野に適用する際の一般的枠組みについて，そのあらましを述べた。そして，そこでの検討で，法と経済学の基本的な分析道具と概念を紹介するとともに，それらの使い方を示して，濫訴の謎と和解の謎という2つの経験上の疑問を解決し，また，ノーティス・プリーディングから厳格なプリーディングに移行すべきかどうか，弁護士報酬についてイギリス・ルールを採用すべきかどうかという2つの規範的な問題を分析した。

第3部で，われわれは，民事訴訟法のその他の領域をいくつか検討する。そこでの分析では，すでに詳しく述べた概念や分析道具が用いられるが，途中で多少新しい考え方も紹介される。しかし，包括的な分析を行うことが目的ではない。そのようなことをするには，それぞれのテーマともそれだけで1冊の本が必要となってしまう。ここでの目的は，多様な異なる論点について，法と経済学の論者がどのように考えているかを示すことにある。興味を持たれた読者の方は，引用された文献に当たって，さらに理解を深めていただきたい。

第7章

ディスカヴァリ

概念と分析道具

●自発的開示のインセンティヴと解明効果
●過剰なディスカヴァリと外部費用
●濫用的なディスカヴァリと囚人のディレンマ
●義務的開示

　1970年代の半ば以降，訴訟制度についての批判の矛先は，混迷の主たる原因であるディスカヴァリの濫用の問題に集中している[1]。そこで批判の対象になっているのは，ただ相手を疲弊させ，自分に有利な和解を強いるだけのために過剰なディスカヴァリを行い，負担の大きい文書提出の要求書を送付し，多数の証言録取を通知する弁護士たちである。これらの批判は実態調査報告によってある程度裏付けられている[2]。尋ねられれば，多くの弁護士は，(もちろん，常に他の弁護士がやらかした)極めつけの濫用の具体例を挙げることができるし，裁判官はディスカヴァリが手に負えないと懸念している[3]。しかし，より厳密な実証的研究

---

1) 1970年代半ば以降のディスカヴァリを抑制しようとする試みについての歴史的な説明として，Richard L. Marcus, *Discovery Containment Redux*, 39 B. C. L. REV. 747 (1998) 参照。
2) Linda S. Mullenix, *Discovery in Disarray: The Pervasive Myth of Pervasive Discovery Abuse and the Consequences for Unfounded Rulemaking*, 46 STAN. L. REV. 1393, 1432–42 (1994) 参照。
3) たとえば，Frank H. Easterbrook, *Discovery as Abuse*, 69 B. U. L. Rev. 635, 636 (1989) 参照（ディスカヴァリの濫用が一般的に見られる旨述

の成果によれば，さほど心配というほどでもない[4]。その研究結果によれば，訴訟当事者の行うディスカヴァリはほとんどの事件で比較的低調なレベルか，節度を持ったレベルのものでしかない[5]。最も重大な問題は，係争利益が大きく，戦略的な策略を用いる機会が非常に多い，大規模複雑な事件に限定されているように思われる。

今日ではごくあたりまえと思われている広範なディスカヴァリは，実際には比較的最近の訴訟手続改革によってもたらされたものであり，1938年の連邦民事訴訟規則によって初めて連邦裁判所に全国規模で導入された[6]。19世紀の大部分と20世紀の初頭の間は，ディスカヴァリの機

べている)。

4) ディスカヴァリの問題は，問題の存在自体を覆い隠すことでデータに影響を与える可能性があるので，実証的研究から結論を推論する際には注意が必要である。たとえば，ある種の事件では，ディスカヴァリの濫用が抑制できないと考えてみよう。この場合，各当事者は高額なディスカヴァリ費用を負担することになると相手に思わせて信頼性のある威嚇をすることができるから，その結果，高額な費用の負担を避けるため，双方ともディスカヴァリに先立って和解をすることにメリットがあるであろう。和解が普通に行われるようになれば，サンプルとして抽出した事件を見ても，実際のディスカヴァリの状況は反映されていないかもしれない。(ディスカヴァリという威嚇によって歪められた和解が社会的に望ましくないことからその問題性は明らかだが) その唯一の原因はディスカヴァリにある。

5) たとえば，James S. Kakalik et al, DISCOVERY MANAGEMENT: FURTHER ANALYSIS OF THE CIVIL JUSTICE REFORM ACT EVALUATION DATA, xx (RAND Institute for Civil Justice 1998); Mullenix, *supra* note 2, at 1432 – 42; Thomas E. Willging et al, *An Empirical Study of Discovery and Disclosure Practice Under the 1993 Federal Rule Amendments*, 39 B.C.L. REV. 525 (1998) 参照。

6) 全般につき，Stephen Subrin, *Fishing Expeditions Allowed: The Historical Background of the 1938 Federal Discovery Rules*, 39 B.C.L. REV. 691 (1998) 参照。連邦民事訴訟規則が施行された後でさえ，必ずしも全ての州が連邦の手本にならい，自らの州裁判所に広範なディスカヴァリ制度を採用しようとしたわけではない。Robert G. Bone, *Procedural*

会は制限されていた[7]。加えて、世界の多くの国々で設けられているディスカヴァリの方法はアメリカのそれと比べてかなり少ない[8]。

今まで述べてきたことから多くの人が疑問に感じるのは、広範な開示を認めるディスカヴァリが結局のところ本当に素晴らしい考え方なのか、もっと制限された制度の方が合理的なレベルの情報開示や情報交換を低コストで達成することができるのかどうかという点である。以下の議論では、これらの問題について理解を深めるために、法と経済学がどのような考え方を提供することができるかを検討する。

第7.1節　概観

法定のディスカヴァリ制度の目的は、事件に関係のある情報や証拠の開示を進んで行おうとしない当事者にこれを強制することにある。ディスカヴァリが正当化されるのは、当事者、司法制度、社会全体が開示によって皆利益を享受するからであると説明されている。当事者が利益を

　　Reform in a Local Context: The Massachusetts Supreme Judicial Court and the Federal Rule Model, in THE HISTORY OF THE LAW IN MASSACHU-SETTS: THE SUPREME JUDICIAL COURT 1692–1992, at 393 (1992) 参照（マサチューセッツ州における、連邦規則のやり方に対する抵抗と口頭の証言録取に対する激しい反対について述べている）。

7) ディスカヴァリの歴史に関する簡潔な要約として、Jack H. Friedenthal, Mary Kay Kane & Arthur R. Miller, Civil Procedure § 7.1 (3rd ed. 1999) 参照。たとえば、ほとんどのコモン・ロー上の訴訟では、プリーディングの内容は別として、当事者がコモン・ロー裁判所から直接にディスカヴァリによって何かを得るということはほとんどできなかった。その代わりに、当事者はエクイティ上の手続である開示請求訴状 (bill of discovery) の申立てをしなければならず、当事者に利用可能なディスカヴァリは今日よりもずっと制限されていた。同文献386頁参照。

8) Vincent Mercier & Drake D. McKenney, *Obtaining Evidence in France for Use in United States Litigation*, 2 TUL. J. INT'L & COMP. L. 91, 94–96 (1994) 参照（フランスにおける証拠開示はアメリカと比較して厳しく制限されている旨述べている）。

受けるのは，ディスカヴァリによって事件をより徹底的に争い，より正確な結論を得ることができるという点と，ディスカヴァリによって情報の非対称性が緩和され，より和解が成立しやすくなるという点においてである。また，司法制度も，ディスカヴァリの結果得られたより完全な事実関係に基づき，より正確な判断を下したり，より優れた内容の和解を成立させたりする点や，ディスカヴァリによって和解率が高くなることで訴訟費用が節約される点において利益を享受する。さらに，社会は，結果の正確性が高まる結果，抑止力が高まる点や，和解率が高くなる結果，手続コストが減少する点で利益を得る。

同時に，ディスカヴァリは，それ自体，費用を生み出す。その費用には，申立ての費用やディスカヴァリの要求に対応する費用だけでなく，裁判所がディスカヴァリをめぐる紛争を解決するための運営コストや，当事者が本来の事実認定のためではない別の目的でディスカヴァリを用いようとすることから生じる戦略コストがある。法と経済学の観点からすれば，法定のディスカヴァリを支持するかどうかは，便益が費用を上回るかどうかによって決まる。

第7.2節　法定のディスカヴァリの便益

まず，比較衡量すべき便益の部分を詳しく見ることから始めよう。経済学者にとって重大な問題は，法定のディスカヴァリを持つ訴訟制度がどれだけ社会的便益を生み出すかではなく，ディスカヴァリがない制度と比較してどれだけ・・より多くの社会的便益を増加させているかという点である。この問題に答えるには，ディスカヴァリがない場合の情報共有インセンティヴを分析することが必要であるが，この分析は実証的法と経済学の分析道具を用いて行うことができる。

一見すると，訴訟当事者は，強制されない限り，相手方当事者と情報を共有する理由はまったくないようにも思われる。もしこのことが正しいならば，どのような情報もほとんど交換されることはないであろう。その結果，貧弱な事件記録に基づいて判決が下され，和解の成立も難しいものとなるであろう。しかし，実際には，当事者が自発的に情報を共有しようとする理由は数多く存在する。

7.2.1 有利な証拠の開示

　法と経済学の論者は，開示のインセンティヴについてかなり詳細に研究してきている[9]。1つ明らかな結論は，当事者は自分に有利な情報を開示する傾向があるということである。訴訟では，有利な和解を導くために，このような開示は早い段階でなされることが見込まれる。被告が有利な証拠を開示する場合には，合理的な原告は，勝訴率の見込みを下方修正し，要求額を下げるはずである。同様に，原告が有利な情報を開示する場合には，合理的な被告は原告の勝訴率の見込みを上方修正し，申出額を上げるはずである。

　これには例外がある。当事者が相手方の応答期間を短くすることで大きな利益が得られると考えるような場合には，早い段階で開示しないことで有利になることが時としてある。また，自発的な開示による便益の効果は開示の内容が真実であるかどうかによって決まる。しかし，開示する当事者には自分たちが実際には有利な証拠を持っていないにもかかわらず，有利な証拠を持っていると虚偽を述べるインセンティヴがある。開示を受けた当事者も書類やその他の物的証拠を吟味したり，開示によって明らかになった証人に質問したりすることによって，それらの虚偽を見つけることができるかもしれない。しかし，そのような確認は必ずしも常に可能なわけではない。そうだとすると，開示を受けた当事者は，開示された情報の真実性をある程度割り引いて考えるであろうし，そのことが開示のインセンティヴを減殺することになるはずである。

　さらに，自発的開示の議論は，開示を受けた当事者が情報を処理した上で，合理的かつ正確に予測確率を修正することを前提にしている。しかし，われわれは，第3章で，当事者が自己奉仕的バイアスによって新たな情報を既存の考え方を補強するような形で解釈する傾向があることを見た。これは，開示を受けた当事者が新たな情報を完全に合理的にではなく，自分に有利に解釈する可能性があるということであり，そのよ

---

[9] Steven Shavell, *Sharing of Information Prior to Settlement or Litigation*, 20 RAND J. ECON. 183 (1989) 参照。

うな場合には，開示の効果は小さくなり，開示するインセンティヴも弱くなるであろう。

それでも，あらゆる状況の下でこれら要因が一斉に生じるというわけではないので，多くの場合には和解による便益が大きくなることが見込まれる。したがって，開示する当事者にとって有利な証拠の自発的開示が多くなされることが期待できるであろう。

7.2.2　不利な証拠の開示

さらに，不利な証拠を開示するインセンティヴがあることも分かる。このことは，ゲーム理論の有名な成果である**解明効果**（アンラベリング効果，unraveling effect）から導くことができる[10]。その直観的考え方は単純である。当事者は，他人が考えるほどには自分は悪くないと示すことによって便益を得る場合に，不利な証拠を明らかにするであろう。たとえば，2人の被疑者が強盗罪と殺人罪で逮捕されている場合に，逃走用車両を運転していた方の被疑者は，自分が直接殺人に関与していないことを警察に分かってもらうために強盗について自白するかもしれない。

この結論が訴訟にどのように用いられるかを見るために，パブロが自分の担当医ドリス・デラーノを医療過誤で訴えると仮定しよう。責任の有無に関する証拠のほとんどを医者のドリスが持っているので，患者のパブロには事件にどの程度の根拠があるか分からない。ここで，一般的に，医療過誤事件が事件の強さによって5つに分類できるとしよう。分類1は，責任を認める証拠が弱く，原告に10％の勝訴率しかない事件である。分類2は証拠がわずかに強く，原告に30％の勝訴率がある事件である。分類3は50％の勝訴率がある事件である。分類4は70％，分類5は90％の勝訴率がある事件である。それぞれの分類に該当する事件数は同一であると仮定しよう。これらの仮定を前提にすると，パブロがドリスのした行為を何も知らない場合には，彼はあらゆる可能性からすべて

---

10)　訴訟における情報開示への解明効果の適用について，Bruce L. Hay, *Civil Discovery: Its Effects and Optimal Scope*, 23 J. LEGAL STUD. 481, 484–94 (1994) 参照。

の分類の平均値を算定し，勝訴率を50％と推定するであろう[11]。

　ドリスは，パブロがそのように考えることが分かるので，パブロの事件が実際は50％よりも弱い，すなわち，事件が分類1か分類2に属するものであることを示す証拠をドリスが持っている場合には，彼女は，パブロの誤解を正し，もっと有利な和解をするために証拠を開示するはずである。しかし，パブロはドリスがそのように行動することが分かるので，彼がドリスの証拠を受け入れないならば，彼は自分の事件が分類1や分類2ではなく，分類3ないし5に属するにちがいないと結論づけるであろう。このように考えて，パブロはこれら3つの分類の平均値を再計算し，70％という勝訴率を算出する[12]。

　しかし，ここで，同じ一連の推論が繰り返される。ドリスは，パブロが勝訴率を再計算することが分かるので，パブロの事件が本当は分類3（すなわち勝訴率50％）に属することを示す，あらゆる証拠を開示するインセンティヴを持つ。したがって，パブロがドリスの証拠を受け入れなければ，彼は，自分の事件が分類3ではなく，分類4か分類5に属すると結論づけるであろう。パブロがこれら2つの分類の平均値をとることによって再計算すると，勝訴率は80％になる。しかし，そうすると，ドリスはこの事件が分類4（すなわち勝訴率70％）に属することを示す情報を開示するであろう。パブロがこの証拠を受け入れなければ，彼は自分の事件が分類5に属すると結論を出すことになる。こうして，すべての分類が解明され，ドリスとの事件に関する強さがパブロに分かることになる。

　同様のインセンティヴは，反対の方向，すなわち原告が私的に有している情報の開示を促す方向にも働く。このように，解明効果が完全に機能するときには，自分の事件が実際そうであるよりも悪く取り扱われるのを回避するために，すべての当事者は有利な証拠だけでなく，不利な証拠についても開示することになる。しかし，解明効果は，実際は完全には機能しない。1つには，それが有効かどうかは，開示内容が真実か

---

11) $(0.1+0.3+0.5+0.7+0.9) \div 5 = 0.50$
12) $(0.5+0.7+0.9) \div 3 = 0.70$

どうかによって決まるが，開示当事者は自分の事件の強さについて誤った情報を伝えるインセンティヴを持っているからである。開示を受ける当事者はこれらの虚偽に気づくこともあるが，必ず気づくというわけではない。さらに，訴訟費用が高額であることや，解釈に困難があることなどその他の要因によっても，解明効果は制限される。それでも，これらの制限は解明効果を完全に拭い去るものではないので，少なくともいくらか不利な証拠は広い範囲の事件で開示されると考えるのが合理的である。

しかし，決定的な条件が1つある。解明効果が機能するのは，情報を持たない当事者——われわれの例ではパブロ——が，情報が存在することと，トライアルで文書提出命令状を使ってでもその情報を出させると相手に信じさせ，信頼性のある威嚇をするだけの価値がその情報にあることを少なくとも知っている場合に限られる。そうでなければ，その情報がトライアルの結果に影響することはありえないから，ドリスのような当事者がこれを開示する理由はまったくない。このことから重要な結論が導かれる。訴訟当事者が結局はトライアルで明らかになると考える証拠であれば有利なものでも不利なものでも開示するインセンティヴを有していることを前提にすれば，法定のディスカヴァリは，トライアルでは決して明らかにならないであろう不利な証拠を引き出すための最も有益な道具であるかもしれない[13]。追加で得られたこの証拠は，トライアルの結果の正確性と，その結果に基づいて交渉されることになる和解の質を高める限りにおいて，社会的価値を有するものである。

7.2.3 和解への影響
7.2.3.1 和解の頻度
アメリカ・ルールの下で和解の成立が最も困難とされた，当事者双方が楽観的な見込みを持っている事件では，開示者にとって有利な証拠が

---

[13] 証拠がトライアルに出てこないのは，一方当事者がその証拠の存在に十分気づいていないことから相手方に要求せず，他方当事者もこれを開示する利益がないからである。

自発的に開示されることで相手方は悲観的になるから，和解が成立する
見込みが高まるはずである[14]。しかし，開示者にとって不利な証拠の自
発的な開示には逆の効果がある。すなわち，相手方はより楽観的になり，
和解が成立する見込みが小さくなる。したがって，自発的開示に頼る場
合のプラスマイナスの効果は，実際に開示される有利な証拠と不利な証
拠の比率によって決まる。究極的には，あらゆる情報が自発的に開示さ
れるならば，合理的な当事者は同一の予測に達し，和解することができ
るはずである。

　法定のディスカヴァリは，この結果にどのような影響を与えるであろ
うか？　ディスカヴァリは，ディスカヴァリが存在しない場合に自発的
に開示される情報の比率次第で，和解率を上げる可能性も下げる可能性
もあるというのがその答えである。たとえば，ある事件で，解明効果が
まったく存在しないことから，当事者が自己に都合の良い情報だけを自
発的に開示すると考えてみよう。このような自発的開示により相手方当
事者は勝敗についてより悲観的になるが，その結果，双方の楽観的見込
みは小さくなり，和解の成立する見込みが高まることになる。この状況
に法定のディスカヴァリが適用されると，当事者は不利な証拠について
も引き出すことができる道具を手にすることになるから，双方当事者は
自分が勝訴することについての楽観的見込みを高め，和解成立のチャン
スが減少することになるかもしれない[15]。

7.2.3.2　和解の質

　少なくとも理論的には，法定のディスカヴァリには和解の質に関して

---

14)　第2章で見たように，当事者双方が楽観的見込みを持っている場
合には，和解範囲が消滅することが多い。すなわち，原告は高い和解
金を要求するが，被告は低い和解金の提案しかしない。有利な証拠を
相互に開示することで，各当事者の楽観的見込みは小さくなり，和解
範囲が存在する可能性が生じてくる。

15)　Robert D. Cooter & Daniel L. Rubinfeld, *An Economic Model of Legal Discovery*, 23 J. LEGAL STUD. 435 (1994) 参照。

明らかなメリットがある。事実関係が完全に明らかになった上での和解であれば，正確なトライアルの結果が反映され，実体法にも合致する見込みが高くなる。もっとも，この結論は，実際にディスカヴァリが行われ，そこで開示された情報に従って和解交渉がなされることを前提にしている。しかし，必ずしもそのような流れを辿るわけではない。実際には，法定のディスカヴァリ制度が設けられると，訴訟にかかる費用が増加し，当事者にとっては早期に和解することの魅力が大きくなる[16]。

したがって，法定のディスカヴァリが和解の質に対して及ぼす影響を検討するためには，2つの相反する要因を考慮しなければならない。すなわち，ディスカヴァリは情報の交換を促進し，それが和解の質を高めるのだが，他方で，ディスカヴァリがなされる以前に和解をするインセンティヴも大きくなる[17]。2つ目の影響は，1つ目の影響を弱めるものである。プラスマイナスすると，和解の質はいくらか改善する可能性があるが，とても期待するほどにはならない。

この点をもっと詳しく検討してみよう。最初に注意すべき点は，法定のディスカヴァリが利用可能になると，実際には使われることがなくても，和解の質を改善することができるということである。それは，ディスカヴァリで生じうる結果を予測して当事者が和解をするからである。注意すべき2つ目の点は，ディスカヴァリが行われる前に和解が成立する場合には，当事者ができるのはディスカヴァリで明らかになる証拠を推測することだけであるから，メリットはかなり弱められるということである。これら2つの点を一緒に考慮すると，和解の質についてのメリットが，限られたものであるが，いくらか生じることが予測される。

具体的に説明するために，ディスカヴァリが利用できなければトライアルには出てこないであろう不利な情報を被告が持っていると考えてみよう。ディスカヴァリが存在しない場合には，この情報がトライアルの

---

16) 当事者が過剰な，あるいは濫用的なディスカヴァリを予測する場合には，これらのコストはかなり大きなものとなりうる。

17) ブルース・ヘイ教授は，ディスカヴァリに関する論文の中でこの影響を考慮している。Hay, *supra* note 10 参照。

結果に影響を及ぼす可能性はまったくないので，勝敗を予測する際にこれを考慮に入れる理由はどちらの当事者にもない。

　法定のディスカヴァリは，この状況を著しく変化させる。原告がディスカヴァリを通してこの情報を知ると被告が考える場合には，被告はこの情報がトライアルの結果に与える影響を考慮に入れ，トライアルで損失を被る確率が高くなるのに応じて和解金の最高申出額を増額するであろう。方法は異なるが，原告もこの証拠を考慮に入れるであろう。被告とは違って，原告はむしろ，どのような証拠が実際に存在しているのかが分からない。しかし，ディスカヴァリが同種事件で明らかにする相手方に不利な証拠が一般的にどういう範囲のものであるかは原告にも予想がつくので，原告は自分の事件での予測値を計算することができる。その結果，ディスカヴァリが平均的な事件で典型的に明らかにする類の証拠の平均的価値に応じて，原告は和解金の最低要求額を上げるであろう。

　そうすると，法定のディスカヴァリが存在しない状況と比較して，原告の最低要求額と被告の最高申出額の双方がともに大きくなる。このことは，和解範囲が上方にシフトするとともに，その結果合意される和解金が，完全な情報に基づいたトライアルでの期待判決額という実体法的に理想的な金額により近づくことを意味する[18]。

　そうだとしても，ディスカヴァリが和解に及ぼすプラスの影響は限られたものである。原告は，自分の事件に関して相手方にどのような不利な証拠が存在するかを知らないので，被告の留保価格が本当の留保価格と同じかどうか知りようがない。したがって，原告は，その情報がない

---

18) 原告が最低要求額を増額する程度よりも，被告が最高申出額を増額する程度の方が大きくなる可能性が高く，その結果，和解範囲が広くなり，攻撃的な交渉がなければ和解成立の見込みも高まるであろう。その理由を考えるために，原告が予測する平均的な確率ほどには被告の証拠が不利ではない場合の被告のインセンティヴを考えてみよう。この場合には，原告の予測を下方修正させるために，被告は和解交渉の前かその間に証拠を開示することに重点を置くであろう。したがって，明らかにされないままの証拠は，原告が平均的に予測するものよりも不利な証拠に違いないということになる。

場合には，被告の最高申出額と自分が考える金額よりも高い金額を執拗に求めようとはしないであろう。もちろん，原告が，自ら被告の最高申出額と考える金額よりも高く，かつ，被告の本当の最高申出額よりも低い金額をたまたま要求した場合には，（おそらく原告にとっても思いがけないことであろうが）被告が最終的に和解に応じるかもしれない。しかし，被告には，そのような和解案が和解範囲から外れているかのような振りをする強いインセンティヴがある[19]。さらに，ディスカヴァリが存在する場合の原告の最低要求額には，同種事件の平均的な値だけが反映する。したがって，原告の予測修正は，隠されている証拠が平均的な事件と比較して自らの事件が実際にどれだけ強力かによって決まるから，原告が実際にディスカヴァリを行い，その情報を入手した場合の予測修正よりも，小さくなるかもしれない（あるいは大きくなるかもしれない）[20]。

---

[19] ここでの議論は，和解交渉中に被告が自分に不利な証拠の存在を原告に知らせる可能性を無視している。

[20] 具体的な例として，パブロとドリスの場合を考えよう。初めに，ディスカヴァリが存在しないと仮定する。パブロとドリスは，パブロがトライアルで60％の確率で勝訴すると考えており，期待判決額は10万ドル，予測される訴訟費用は各当事者とも2万ドルである。パブロがトライアルに進むことの期待価値は，$0.6 \times 100{,}000 - 20{,}000 = \$40{,}000$で，ドリスの期待損失は，$0.6 \times 100{,}000 + 20{,}000 = \$80{,}000$である。当事者が和解をして，交渉力が同じであるとすると，和解金は6万ドルになる。さて，ここで，法定のディスカヴァリが存在し，当事者はディスカヴァリが行われる前に和解交渉をすると仮定しよう。各当事者に4000ドル余分な費用がかかり，パブロはドリスが所持しているドリスに不利な証拠を知ることができるとしよう。そして，その証拠がパブロの勝訴率を80％に上昇させると仮定しよう。ドリスはこの情報の価値を正確に知っているので，勝訴率が変化することが分かるが，パブロは自分にとってどんな有利な証拠があるか分からない。それでも，パブロは，同種事件での経験に基づき，医療過誤事件で被告が不利な証拠を隠し，それが開示される場合には，勝訴率を平均で5％上昇させると予測する。その結果，パブロは勝訴率を60％＋5％＝65％と予

基本的な要点は単純である。ディスカヴァリより前に和解する場合，当事者はありうるディスカヴァリの結果を予測して和解をする。もしディスカヴァリによって明らかになる内容を一方当事者が確実には知らないならば，その当事者は和解交渉で不利な立場に置かれ，その不利な状況が和解に反映するであろう。このように，ディスカヴァリが利用できると，ディスカヴァリ前の和解が促進されるが，和解での予測に限界があることから，ディスカヴァリの情報開示の便益は小さいものにとどまっている[21]。

7.2.4 要約

結局，法定のディスカヴァリ制度が訴訟にどれだけの便益をもたらしているかは明らかでない。ディスカヴァリ制度がなくても，当事者は自発的に何らかの情報を交換するインセンティヴを持っている。ディスカヴァリはもっと多くの情報，特にディスカヴァリがなければトライアルで提出されることがないような情報を明らかにする。このことで，トライアルの結果の正確さは増すが，和解に及ぼす影響はそれほど確実ではない。ディスカヴァリによって和解の成立率が増えるか減るかは，自発

測する。当事者間で和解が成立しない場合，パブロはディスカヴァリを行うと相手に思わせて信頼性のある威嚇をすることができるので，和解しない場合にはディスカヴァリが実際に行われるという前提で双方当事者とも交渉するであろう。このことは，パブロが最低要求額を$0.65 \times 100,000 - 24,000 = \$41,000$と計算し，ドリスが最高申出額を$0.8 \times 100,000 + 24,000 = \$104,000$と計算することを意味している。同一の交渉力を持っているとすると，今度は，当事者は7万2500ドルで和解するが，この金額はディスカヴァリが利用できない場合の和解金よりも1万2500ドル大きく，理想的なトライアルの結果8万ドルにより近いが，なおこれに及ばない額である。

21) ディスカヴァリについてのより洗練されたゲイム理論モデルに言及する論文は数多いが，そのいくつかは和解とどのように影響しあうかについて論じている。Joel Sobel, *An Analysis of Discovery Rules*, 52 LAW & CONTEMP. PROBS. 133 (1989); Joel L. Schrag, Managerial Judges: *An Economic Analysis of the Judicial Management of Legal Discovery*, 30 RAND J. ECON. 305 (1999) 参照。

的な証拠開示の基準がどこにあるかによって決まる。ディスカヴァリが利用できることで，和解の質は高まるが，どれだけ高まるかは，事件がどの程度和解で終結し，どれだけの追加的なプレッシャーをディスカヴァリが作り出すことができるかによって決まる。

第7.3節　法定のディスカヴァリの費用

ディスカヴァリは適切に用いられる場合でもコストがかかるが，過剰に，あるいは濫用的に用いられる場合にはなおさらである[22]。それでも，これらコストは全体との兼ね合いで評価されなければならず，このことに関しては，2つの一般的な問題に触れておくのが重要である。

第1に，ディスカヴァリの費用は，トライアルだけでなく和解の視点からも検討されなければならない。すでに見たように，当事者にはディスカヴァリより前か，少なくとも多額の費用がかかる内容のディスカヴァリが行われる前に和解をする強いインセンティヴがある。ディスカヴァリの前に和解することで，ディスカヴァリにかかる手続コストを避けることができるが，一方で，ディスカヴァリ前の和解は，ディスカヴァリの威嚇を戦略的に用いることによって過誤コストを生じさせる点にも目を向けなければならない。さらに，当事者が普通にディスカヴァリを用いる場合であっても，ディスカヴァリによって当事者の異なる期待が修正され，和解の可能性が高まるならば，ディスカヴァリにかかる余分な費用とトライアルで節約できる費用との比較を行う必要がある。

第2に，ディスカヴァリ制度が生み出すコストがどれだけのものであれ，ディスカヴァリが存在しない場合に当事者が任意に調査を行うことによって生じる余分なコストとの比較がなされなければならない。法定のディスカヴァリがなければ，当事者は相手が隠している証拠を利用す

---

[22] 弁護士を対象にした調査結果に基づくある実証的研究において，訴訟にかかる費用の総額のうちディスカヴァリの費用に約50％がかかるとの報告がなされている。Thomas E. Willging et al, DISCOVERY AND DISCLOSURE PRACTICE, PROBLEMS AND PROPOSALS FOR CHANGE 15 (Federal Judicial Center 1997) 参照。

る機会を得るためにより複雑な方法に頼ることになるかもしれないので，このことは特に重要である。開示の請求を受けることが見込まれる者は，相手の出方を予想して開示を事前に防ぐための対策に費用をかけるであろうが，そのことが予防策の裏をかくためのさらに手の込んだ方法という形で対抗策の誘い水となるなど，一方がエスカレートすると相手も同じやり方で対抗することになる。ディスカヴァリはこの無駄な「軍拡競争」の代替策であり，無駄なコストを減らすのに役立っている[23]。

　これらの考慮要素に注意して，ディスカヴァリの費用に関する以下の2つの主張を考えてみよう。当事者はディスカヴァリを過剰に用いているという主張と，当事者は和解を強いるための戦略的武器としてディスカヴァリを濫用的に用いているという主張である。

7.3.1　過剰なディスカヴァリ

　法と経済学の用語としては，ディスカヴァリで余分な費用が支出される場合，支出による社会的費用が社会的便益を上回れば常に「過剰」である。当事者が（上記のように定義される）過剰なディスカヴァリを行う理由は容易に理解できる。その理由は，ディスカヴァリの申立てをする当事者はその費用の全てを負担するわけではなく，特に，相手方の回答にかかる費用を支払う必要がないからである。要するに，当事者は，企業が過剰に公害を起こすのと同じ理由で，過剰なディスカヴァリを行っている。すなわち，当事者はコストの一部を**外部化**（externalize）することができるのである。

　具体的に説明するために，期待判決額が20万ドルある事件で，原告が追加の宣誓供述を取るかどうか考えていると仮定しよう。宣誓供述には当事者双方に8000ドルずつの費用がかかり，原告はこれがトライアルで

---

[23]　同時に，ディスカヴァリは，それ自体，別の種類の「軍拡競争」を生み出している。当事者が拒否特権を根拠に情報を開示しないことがよくあるが，このことが仕返し的な対応や，開示強制あるいは裁判所侮辱を求める申立てに関する激しい訴訟上の争いを招く可能性がある。

の勝訴率を5％押し上げる証拠になると予測している。これらを前提とすると，原告は宣誓供述を得るであろう。原告にとっての便益は，期待判決額で1万ドル（すなわち，0.05×200,000＝＄10,000）の利益であり，その費用としては8000ドルがかかるだけだからである。

　ここで，この宣誓供述の社会的な便益が原告の個人的な便益，すなわち，期待判決額での1万ドルの利益と同一であると仮定してみよう。宣誓供述を得ることは社会的観点からは過剰であることは容易に理解できる。宣誓供述を得ることによる社会的費用の合計には原告および被告双方のコストが含まれるが（裁判システムを維持する公的コストは無視する），その値は1万6000ドルである。よって，社会的観点からは，費用が便益を上回ることになる。原告が宣誓供述を得る理由は，彼が総コストの2分の1しか支払いをしないからである（自分の8000ドルは支払うが，被告の8000ドルは支払わない）。

　論者の中には，追加的に得られる利益のために当事者が支出する総費用が判決価値をちょうど上回り始める損益分岐点（break-even point）を超える場合には常にディスカヴァリは過剰であると考える者もいる[24]。しかし，この定義には問題がある。追加で行うディスカヴァリから得られる社会的便益は，当事者にとっての判決価値と同一ではない。むしろ，社会的便益には，より正確な結果によって高まった社会構成員全員にとっての抑止の利益が含まれる。したがって，追加のディスカヴァリが判決価値だけの観点からは過剰でも，抑止の利益を併せ考慮した場合には過剰でないということもあるかもしれない[25]。（他方で，抑止の観点を踏まえた定義に基づいて実際にこれを計算することは難しい。ある特定の事件の事実関係を前提に，追加的な抑止から得られる社会的便益を裁判官がいかに評価するかは困難な問題である。）

　過剰なディスカヴァリの原因は費用の外部化だけではない。エイジェンシー問題もその一因となっている。たとえば，依頼人は弁護士をチェ

---

24) Cooter & Rubinfeld, *supra* note 15 参照。
25) Hay, *supra* note 10 参照。被告において，訴訟費用がもっと高くなると予測することが原因で生じる追加的な抑止の便益もある。

ックするのが難しく，弁護士は自らの利益を追求する広範な自由を持っていると仮定しよう。もし報酬の取決めがタイム・チャージ制（時間報酬制）であるならば，弁護士は報酬を上積みするために過剰なディスカヴァリをする傾向がある。われわれは，このエイジェンシー問題を第2.4節で取り上げたが，そこでは，和解のインセンティヴに対する影響を検討した。同じことが過剰なディスカヴァリにも当てはまる。

7.3.2 濫用的なディスカヴァリ

「濫用的なディスカヴァリ（abusive discovery）」は，相手方に費用を押しつけ，有利な和解を成立させることを目的に行われるディスカヴァリを指す。この関係では，「情報的価値（informational value）」と「賦課的価値（impositional value）」を区別することが有益である[26]。ディスカヴァリは，どんなに情報的価値がもたらされることになろうが，賦課的価値のために用いられる限り，少なくともある程度は濫用的である。

7.3.2.1 申立当事者による濫用

濫用的な戦略を1つ具体的に説明するために，以下のような筋書きを考えてみよう。情報的価値については何も明らかになることは期待できないが，被告にコストを押しつけるために文書提出要求を追加で出すかどうか原告が検討していると仮定しよう。原告が要求書を準備し，送達するのに1000ドルを支払い，被告がこれに対応するのに1万ドル支払わなければならないとしよう。双方当事者とも原告に60％の勝訴率があると考えており，期待判決額は50万ドル，追加のディスカヴァリがない場合の訴訟費用はそれぞれ5万ドルであるとしよう。これら前提事実を要約すると，次のようになる。

---

[26] John K. Setear, *The Barrister and the Bomb: The Dynamics of Cooperation, Nuclear Deterrence, and Discovery Abuse*, 69 B.U. L. REV. 569, 581 (1989) 参照（これらにつき，「情報利益（informational benefits）」，「賦課利益（impositional value）」という用語で言及している）。

> 濫用的ディスカヴァリの事例
>
> p＝0.6　　　w＝$500,000
>
> 原告の申立費用＝$1000
> 被告の応答費用＝$10,000
> 各当事者のそれ以外の訴訟費用＝$50,000

　もし原告が文書提出要求を出さなければ、原告の最低要求額は、0.6×500,000−50,000＝$250,000となり、被告の最高申出額は0.6×500,000＋50,000＝$350,000となる。したがって、交渉力が対等であるとすると、当事者は余剰を平等に分配し、30万ドルで和解をするはずである。

　原告が文書提出要求を出し、被告の方でも原告が本当にこれを実行すると考える場合には、この和解の状況は変化する。この状況の下で、被告は、要求に対して応答するのに予想される費用1万ドル分、最高申出額を増額するであろう。新たな和解範囲は25万ドルと36万ドルの間である。交渉力が対等だとすると、予測される和解金額は30万5000ドルである。結局、原告が文書提出要求書の準備と送達に1000ドルを支払い、その代りに5000ドル、純利益4000ドルを得るが、これはすべて情報的価値のない威嚇的ディスカヴァリによるものである。

　この例で原告が成功する鍵は、ディスカヴァリ費用の非対称性にある。原告が被告を威嚇するのに費用はかかるが、原告は、それ以上の費用がかかると被告を威嚇することができるので、その有利な立場を利用するのである。被告は、原告が強制的にディスカヴァリを行うまでもなく要求を撤回するのではないかと期待して、単に要求を拒絶する対応をとるかもしれない。しかし、原告が将来の訴訟のことも見越して、ディスカヴァリを積極的に行うという評判が立つことで何かメリットがあるような場合には、この戦略は裏目に出る見込みが高い。

　この例は、濫用的なディスカヴァリが生み出すさまざまな社会的費用を浮彫りにしている。原告にはディスカヴァリの要求書を準備し、申し立てる費用がかかる[27]。もっと重要なことは、和解が、ディスカヴァリ

の費用負担の点で有利な立場にある当事者にとって都合の良い内容に歪められ，過誤コストが生じることである（より徹底した分析では，原告に有利な過誤を「偽陽性過誤」，被告に有利な過誤を「偽陰性過誤」と名付けることもできるであろう）。最後に，原告が信頼性のある威嚇をするためには，和解が成立しない場合には原告がディスカヴァリを続け，最後までそれを実行するであろうと被告が実際に信じなければならない。しかし，被告がこのように考えるためには，和解交渉が失敗に終わる事件で原告が実際に要求を強制しなければならないことになる。

7.3.2.2 相手方当事者による濫用

相手方当事者も濫用的な作戦を用いることができる。相手方当事者は，単にディスカヴァリに応じることを拒絶するか，あるいは，一部だけ応じて相手に強制のための費用をかけさせることができる。相手方当事者が拒絶するのにかかる費用が，要求する側の当事者が強制するためにかかる費用よりも少ない限り，相手方当事者は費用面で有利であり，より利益の大きい和解を成立させるためにこの有利さを利用することができる。

実際，このような可能性があることによって囚人のディレンマの状況が生じ，双方当事者は互いに情報を与えるのを差し控え，強制の申立てに費用をかけることになる[28]。第2章と第5章で，われわれは，囚人のディレンマ・ゲイムがどのような結果に至るかを見た。当事者は，協力するという相手方の約束を互いに信じることができないので，両者の状態をともに悪化させることになる非協力的な均衡に進むことを余儀なく

---

27) 原告の威嚇だけでも十分かもしれないが，正式な要求書があると威嚇の信頼性が増し，また，対応コストを見積もるためのより明確な基準にもなるので，被告としては正式な要求書が送達されるのを待つ見込みが大きい。

28) 例えば, Ronald J. Gilson & Robert H. Mnookin, *Disputing Through Agents: Cooperation and Conflict Between Lawyers in Litigation*, 94 COLUM. L. REV. 509, 514-15 (1994) 参照。

される。ディスカヴァリの設定の下では，ディスカヴァリの要求に対して完全に情報を開示することが「協力」である。どちらの当事者とも協力しないのは，協力の約束を裏切る選択肢があまりに魅力的であり，自分1人だけ協力した場合の損害があまりに大きいからである。

具体的に説明するために，係争利益が40万ドル，勝訴率が50％，ディスカヴァリに関係しない訴訟費用が当事者ごとに4万ドルという事件で，原告と被告が互いにディスカヴァリの要求書を送達するとしよう。一方当事者が開示を差し控える場合には，強制の申立てを争うのに各当事者に4000ドルがかかり，これら申立てにより全体の80％で開示に成功する（すなわち，全体の20％につき裁判所が誤った判断をし，申立てを棄却する）としよう。最後に，開示を見合わせた情報が相手方当事者に知られる場合には，相手の勝訴率が10％増加すると仮定しよう。

これらの前提の下では，相手方が情報を開示しない場合，各当事者はディスカヴァリの要求を強制するのが合理的である[29]。当事者がディスカヴァリの要求を強制することを前提にすると，利得行列は次のようになる（原告の期待利益は各セルの上部左隅の数値であり，マイナス記号をつけた被告の期待損失は各セルの右下隅の数値である。）[30]。

---

29) この情報により40万ドルの判決額を得る確率が10％増加するから，期待判決価値の増加は，0.1×400,000＝＄40,000となる。そして，強制の申立てが認められる確率が80％あるので，ディスカヴァリの要求を強制することから得られる期待利益は3万2000ドル，すなわち，0.8（強制的開示の認容率）×40,000（開示された場合の情報の価値）＝＄32,000となり，強制のための費用4000ドルを大幅に上回る。

30) 利得は第2章と同じ方法で計算される。たとえば，双方当事者が開示する場合には（行列の左上のセル），各当事者の情報が相手方の情報と互いに影響を相殺し合うので，勝訴率は50％にとどまる。したがって，原告がトライアルから得る期待利益は0.5×400,000－40,000＝＄160,000となり，被告の期待損失は0.5×400,000＋40,000＝＄240,000となる。双方当事者とも開示しない場合には，ともに要求を強制するために4000ドルを支出し，2つの強制の申立てで一方が有利，他方が不利と対称的な結果になる。再び，有利な情報と不利な情報が互いに相殺されて，当事者の勝訴率は50％のままである。したがって，当事

		被告	
		開示	非開示
原告	開示	$160,000 − $240,000	$148,000 − $236,000
	非開示	$164,000 − $252,000	$152,000 − $248,000

　利得を検討すると，相手がどのような行動をとろうと，開示をしないことで各当事者が有利になることが容易に理解できる。したがって，双方当事者は開示することが約束できるならば互いに有利になることはできるが，均衡状態において開示することはしないであろう。囚人のディレンマの典型として，当事者は自分1人だけ開示して，「お人好し」となることを恐れ，また，相手が万一協力すると決めた場合に相手を「お人好し」にしてしまう誘惑に抗しきれず，対極の望ましくない均衡状態に進むことを余儀なくされるのである[31]。

第7.4節　ディスカヴァリの改革

　以下の議論では，ディスカヴァリの費用に対処するための3つの提案，すなわち，義務的開示，ディスカヴァリの制限，費用負担の変更について検討しよう。

　　者が自分の要求を強制し，相手の要求に反論するのにかかった余分な費用8000ドル分だけ，原告の期待利益額は減少し，被告の期待損失額は増加する。
31)　さらに，一方当事者に対する開示の強制だけが認容される可能性があり，その場合，トライアルの結果は，その非対称的な結果によって歪められるであろう。本文の例で，原告の申立てが認容される確率は0.8で，被告の申立てが却下される確率は0.2であるから，この両方が同時に生じる確率は0.8×0.2＝0.16となる。被告の申立てが認容され，原告の申立てが却下される確率は，状況が対称的であるから，やはり0.16となる。したがって，結果が歪められる確率の合計は0.32となる。すなわち，トライアルの結論は，完全な情報の下での結論から，大まかに全体の3分の1ずれるであろう。

7.4.1 義務的開示

「義務的開示（mandatory disclosure）」では，当事者が訴訟の開始時点で，「自発的に」，すなわち，正規の要求がなくとも，一定の核心的な情報を交換することが求められる。この考え方は通常のディスカヴァリを事前の情報交換で補おうとするもので，この事前交換により正規の要求を後の段階で用いる必要性が少なくなることが期待される。たとえば，連邦民事訴訟規則26条(c)(1)項は，訴訟の始めに，証人の名前を交換し，書類のコピーか記載内容を提供することを当事者に求めており，また，26条(g)(3)項と37条(c)(1)項はこれに従わない場合に制裁を課している。当事者は，初期の開示段階が終了した後に，法定のディスカヴァリを自由に利用することができる。連邦民訴規則が義務的開示を有利な証拠——すなわち，「開示当事者が自己の請求あるいは答弁を根拠づけるために用いるであろう」証人や書類——に限定する一方で，不利な証拠を対象としなかったことに理由はない。

義務的開示を支持する論者は，これにより早期に和解が成立する見込みが大きくなると論じている[32]。この議論は，規則26条に例示されているもののように，開示義務を有利な証拠に限定しているアプローチにとっては最も説得力がある。前に述べたとおり，開示当事者にとって有利な証拠を交換することで，当事者は自分の勝訴率についてより悲観的になるから，当事者双方の楽観的見込みは中和される傾向がある。しかし，このような結果になるためにどの程度の義務的開示が必要かは明らかではない。確かに，当事者が遅れて証拠を開示する十分な理由があるようなわずかな事件では，開示義務を課すことで情報の交換が促進されるか

---

[32] また，義務的開示の「自発的」性質が最初から協調精神を育み，このことが後の段階での協調を促し，法定のディスカヴァリの濫用を減少させ，和解交渉を容易にするとも論じている。これを批判する者は，訴訟が敵対的性質を有すること，対立するする場面が数多いこと，訴訟の後の段階で伝統的なディスカヴァリが利用可能であることを根拠に，この主張がどの程度現実的か疑問を呈している。

もしれないが，ほとんどの事件で，有利な証拠は，開示ルールによる強制がなくても，早期に開示されるであろう。

　有利な証拠だけでなく，不利な証拠についても交換するように義務的開示の範囲を拡大することもできよう。あ・ら・ゆ・る・証拠が開示されるならば，トライアルの結果についての当事者の見込みはより接近し，和解が成立しやすくなり，和解金額も完全な情報の下での結論により近づくはずである。しかし，1つ問題がある。このように満足な結果が得られるのは，当事者が義務的開示の義務に完全に従った場合である。しかし，当事者がこれまで法定のディスカヴァリ制度の下で開示していた以上に開示義務に完全に従うと考える根拠はまったくない。言い換えれば，法定のディスカヴァリを濫用しようとする当事者は，義務的開示についても濫用するはずなのである[33]。

　さらに，義務的開示によって事件の見込みについての当事者の予測が一致するというプラスの効果がどれだけもたらされるとしても，回収不能費用の効果によって和解余剰が小さくなるというマイナスの効果がプラス効果をある程度相殺してしまう。すなわち，和解交渉が義務的開示の後に行われる場合には，その開示によって，後に行われる法定のディスカヴァリを用いる必要性が少なくなるから，結局，余剰は小さいものになるのである。これは，法定のディスカヴァリが必要でなくなると，当事者は訴訟にかかる費用がもっと少なくなると予測し，和解で節約できる費用もより少なくなるからである。通常，和解余剰が小さくなると，和解の成立率は減少することになる。

　この他にも問題がある。当事者には，義務的開示に過剰に応じ，関係のある資料に関係のない膨大な情報を混ぜて提供するインセンティヴが

---

33)　義務的開示に関するある調査によれば,対象となった弁護士の37％が問題があると報告し，19％が，問題の原因が不十分な開示にあると述べている。Willging et al, DISCOVERY AND DISCLOSURE, *supra* note 22, at 6 参照。しかし，同じ調査によれば，義務的開示と費用の減少との間には相関関係がないが，最終的決着までの期間との間には相関関係があることが報告されている。

ある。この作戦はもみ殻と小麦を区別する作業を相手方当事者に強いるので、相手方の費用が増加する。さらに、義務的開示は、開示を要求する当事者が外部化する費用をその本人に負担させるわけではないので、過剰なディスカヴァリの問題は何も解決しない。そして、当事者が伝統的なディスカヴァリの手段を利用できる場合には、ディスカヴァリを濫用する機会は依然として多いであろう。このように、義務的開示を支持する論拠は、法と経済学の考え方からはそれほど説得力があるようには思われない[34]。

7.4.2 ディスカヴァリの制限

2番目の改革の提案は、法定のディスカヴァリの対象を制限するというものである。その方法の1つは、直接に関連する証拠だけディスカヴァリを認めるというように、開示を求めることができる情報の種類を限定することである。もう1つは、特定のディスカヴァリの手段を用いることについて上限を設ける方法である。たとえば、連邦民訴規則30条は各当事者の宣誓供述を10回に制限している。

厳格な制限を設ける方法の1つの問題は、厳格な制限があっても特殊な事件における特定のディスカヴァリの必要性は変わらないということである。事件が複雑で、係争利益の金額が大きく、価値ある情報が大量に存在する場合には、ディスカヴァリの効率的レベルは、結局、制限を超える可能性がある[35]。このような理由から、ディスカヴァリの制限は、

---

[34] 義務的開示は、いずれにせよディスカヴァリの必要がほとんどない比較的少数の事件ではメリットがあるかもしれない。そのような事件の弁護士は、ディスカヴァリの要求書を起案する必要もなく、喜んで証拠を交換するかもしれない。しかし、これらは重大なディスカヴァリの問題が生じるケースではない。実際、弁護士に対する調査を行った連邦司法センターの研究報告(同文献参照)によれば、ほとんどの弁護士は当然のことながら義務的開示に満足しており、問題の大部分は係争利益が大きく、複雑な事件で起こっている。

[35] たとえば、被告が原告よりもたくさんの情報を持っている場合にディスカヴァリに厳しい制限を課すと、巨大かつ複雑な事件では誤

通常，厳格なものではなく，原則的なものであり，当事者は裁判所の許可を得て制限を超過することができる。しかし，制限を原則的なものにすると，コストを減少させたり，戦略的な濫用を抑制したりする効果は弱められる。追加で得られる情報に十分価値がある場合には，当事者は制限を超えることの許可を裁判所に求めるが，このことで，例外が認められるかどうかの争いが誘発され，大きな費用がかかる可能性が生じる[36]。

さらに，原則的な制限それ自体が，新たな戦略的濫用の機会を生み出している。相手方に費用を負担させたいと考える当事者は，原則的な制限いっぱいにディスカヴァリを行い，その後で，制限超過の許可要件をめぐる費用のかかる争いに引きずり込んで相手を威嚇することができる。この戦略は，各当事者がどれだけの費用を負担するかによって，法定のディスカヴァリが生じさせるのと同じ和解の問題をここでも生じさせるであろう。

法と経済学の考え方からすれば，過剰なディスカヴァリとディスカヴァリの濫用を減少させる便益と，当事者から価値ある情報を取得するための費用を，最もうまく両立させる制限の方法を設計することが目標である。制限を厳格にすると，便益は増加するが，費用もまた増加する。例外を許容すると，費用は減少するが，便益も少なくなることになる。

7.4.3. 費用負担の変更

3番目の提案は，応答のために要した費用の負担を請求した当事者に負わせることである[37]。このアプローチを正当化する理由は単刀直入

　　判リスクを増加させ，その結果，誤判コストが生じる見込みが高い。
36)　例外が認められるかどうかを判断するためには，裁判官は追加的に行うディスカヴァリの価値を決めなければならないが，ディスカヴァリで明らかになる証拠を正確に知らなければ，その価値を立証することは困難なはずである。裁判官がこの不確実性に対処するために，例外を許容する方向で誤った判断をするならば，当事者は，まず，例外を求めようとするいっそう強いインセンティヴを持つであろう。
37)　この提案と切換点（スイッチング・ポイント）の考え方に関する

である。費用のいくらかを外部化することができるという理由で過剰なディスカヴァリを行うインセンティヴが当事者にあるならば，その費用を請求者に負担させるのが簡明な解決策である。ニューサンス法で公害を発生させる者にそのコストを内部化させて公害を抑止するように，費用負担変更ルールは請求当事者にディスカヴァリの費用を内部化させることによって過剰なディスカヴァリを抑止する[38]。さらに，費用の内部化は，過剰なディスカヴァリに対してだけでなく，ある種の濫用的なディスカヴァリに対しても有益な影響を持つ見込みが高い。たとえば，賦課的な価値を求める威嚇的ディスカヴァリの戦略は，この戦略で余分に生じた費用を濫用する者自らが支払わなければならないとした場合には裏目に出る。

　この提案で1つ問題なのは，ディスカヴァリの要求を抑制するために，相手方当事者が，要求する当事者により多額の費用負担をさせ，応答するための費用をつり上げるインセンティヴを持つ点である。その結果，裁判所は支出した費用の請求が合理的かどうかを吟味しなければならず，このことで手続コストが増加するであろう。

　さらにもっと重大な問題がある。もし情報が当事者間で非対称的に分布しているならば，情報の必要性がより高い当事者はディスカヴァリをより多く用い，費用負担変更ルールの下で相手方よりも多額のコストを負担するであろう。その結果生じる費用の非対称性によって，費用の面で有利な当事者の都合が良いように和解の内容が歪められるおそれがある[39]。

　　　議論について，Cooter & Rubinfeld, *supra* note 15; Daniel L. Rubinfeld, "Discovery" in 1 THE NEW PALGRAVE DICTIONARY OF ECONOMICS AND THE LAW 609, 612–14 (Peter Newman, ed. 1998) 参照。
[38]　期待判決価値1万ドルの宣誓供述で各当事者に8000ドルの費用がかかる事例を思い出してほしい。宣誓供述を求める側の当事者は，支払う必要のある費用が自分だけのものならば宣誓供述をとるであろうが，彼が相手方の応答費用も支払わなければならないとすると，宣誓供述をとらないであろう。
[39]　具体的に説明するために，すべての情報を開示するのに必要なデ

費用負担変更ルールを支持する論者は，応答費用の負担を相手方当事者に戻す切換点（スイッチング・ポイント）を作ることでこの問題に対処することを提案している。この考え方は，ディスカヴァリの費用が最終的に当事者間で均等に分配されるような切換点を探すというものである。要求側の当事者は，切換点までの費用をすべて支払い，この点を超えると，相手方当事者が自らの応答費用を支払う。切換点を定義し，戦略的な濫用を抑制するのは厄介な問題であるが，費用負担変更を支持する論者は，これらの問題は解決可能であると主張している[40]。

　　ィスカヴァリに，原告が5万5000ドルを支出すると予測し，被告が5000ドルを支出すると予測するとしよう。各当事者とも原告の勝訴率につき50％，期待判決価値につき20万ドル，その他の訴訟費用につき各2万ドルと見積もるとしよう。原告の最低要求額は2万5000ドルで，被告の最高申出額は12万5000ドルである。交渉力が対等であるとすると，当事者は7万5000ドルで和解するが，50％が完全な情報を前提にした勝訴率であるならば，この金額は理想的な結果よりも2万5000ドル少ない。

40)　また，原告は，切換点までディスカヴァリを行うために余分な費用がかかることから，勝訴率の低い訴えを起こすことを思いとどまるかもしれない。勝訴率の低い訴訟だが社会的には大きな価値を持っている公民権訴訟のような分野では，このことが問題になりうる。この問題を解決する1つの方法はこういった分野の訴訟には費用負担変更ルールの適用を除外することである。

第 8 章

遮断効

概念と分析道具

●請求遮断効
　・過誤コスト
　・取引費用
●争点遮断効
　・非相互的な争点遮断効
　・非当事者に対する争点遮断効

　遮断効の法理は，ある訴訟の判決が将来の訴訟に及ぼす効果を取り扱っている[41]。遮断効には，請求遮断効と争点遮断効の2つがある。請求遮断効（「混同と障害（merger and bar）」あるいは「既判力」とも呼ばれる）は，当事者が2回目の訴訟で法律構成を変え，別の救済を求めても，同一の取引や出来事については再度訴訟を起こすことを認めない。たとえば，原告が自分の担当医を手術での過失による不法行為を理由に訴えたが敗訴したような場合，この原告が方針を変え，同一の手術経過に関して契約違反を理由とする救済を求めて2度目の訴訟を提起することはできない。原告が不法行為訴訟で勝訴したとしても，原告がさらなる賠償を求めて再度訴えることは，やはり請求遮断効により禁止される。
　2番目の内容である争点遮断効（「争点効」とも呼ばれる）は，別の訴

---

[41]　遮断効法理に関する法理論と多少の歴史的背景について優れた検討をしたものとして，本シリーズ中のデイヴィッド・シャピーロ教授の巻を参照。David L. Shapiro, PRECLUSION IN CIVIL ACTIONS (Foundation Press 2001).

訟で同一の争点を蒸し返すことを禁止する。たとえば，被告がある原告との製造物責任訴訟において一般的因果関係の問題について敗訴した場合には，将来原告となる者は，被告をこの不利な結論に従わせることができる。

　請求遮断効が，実際には訴訟で争われなかったが，争われるべきであった法律構成や請求の趣旨に基づく新たな訴訟を禁止するのに対して，争点遮断効は実際に訴訟で争われ，判断されている場合にのみ，その争点に関する訴訟を禁止する。関連する法律構成や事実関係についてはすべて同一の訴訟に持ち出すよう原告に促すのが請求遮断効の機能であるのに対して，争点遮断効の機能は同一争点を蒸し返すことを禁止することにある。

　一般的な説明によれば，遮断効は訴訟経済，安定性，判断の統一性などの価値に資するものである。まず，訴訟の分断や争点の蒸し返しを禁止することで訴訟の資源が節約できる。また，当事者は最終的に問題を解決するために1回の裁判に集中すれば足り，このことが予測可能性や確実性など安定性の価値をより高めることになる。さらに，遮断効は，同一の紛争や争点の蒸し返しを禁ずることで，判断の不統一が招くコストを減少させている。

　しかし，遮断効には数多くの例外がある。最も重要なものは，非当事者に対する遮断効排除のルールで，1回目の訴訟で当事者か当事者と特別の関係（privity）になかった者には遮断効の効力は及ばない。「特別の関係」の概念は明確に定義されていない。当事者でない者に遮断効が及ぶ事例としては，当事者でない者が1回目の訴訟を事実上追行していた場合や，当事者でない者が正当に承認されたクラス・アクションの構成員であるか，1回目の訴訟の当事者によって代表されている場合がある。もっとも，これらのルールを詳細に論ずることはここでの目的ではない[42]。重要な点は，当事者でない者には例外的な場合にだけ遮断効が及ぶということである。たとえば，被害に遭った人が何万人もいるような

　42）　このルールのより詳細な説明については，同文献74頁から118頁を参照。

大規模な不法行為事件では，（クラス・アクションを前提にしなければ）どの被害者も他の当事者と特別の関係にあるわけではないから，当事者1人1人が個別の訴訟で，（一般的因果関係や被告の認識のような）すべてに共通の争点を別々に持ち出すことができる。各当事者は個別の「裁判を受ける権利（day in court）」を有していると言われ，この権利によって，共通の争点に影響を与えるような訴訟上の意思決定を自ら行う個別の機会が保障されている。

この章では，最初に法と経済学の考え方から請求遮断効を検討した後，争点遮断効に目を転じる。そして，争点遮断効の検討では，非相互的な争点遮断効と非当事者に対する争点遮断効という2つの重要な法理に焦点を当てる。

第8.1節　請求遮断効の法と経済学

8.1.1　請求遮断効の便益

請求遮断効が，訴訟経済，安定性，判断の統一性という政策に資するという一般的説明は，遮断効法理により禁止されない限り，当事者が同一の争点を繰り返し持ち出して訴訟を行うことを前提にしている。しかし，こういう事態はほとんどありそうもない。何度も訴えられ，その費用を支払わなければならないリスクに直面した当事者は和解をし，和解の中で再び訴えないことを合意する見込みが高い[43]。

この点をより明確に理解するために，請求遮断効のない手続制度を想像してみよう。敗訴した原告は同じ内容の訴訟をもう一度提起することが許されるし，敗訴した被告は敗訴判決を無視して，責任がないことの確認を求める判決を得るために2回目の訴訟を提起することが許される[44]。単純化のために，すべての訴訟が互いに独立で，1つの訴訟の結

---

[43]　以下の検討は，ブルース・ヘイ教授の著作に多くを負っている。Bruce Hay, *Some Settlement Effects of Preclusion*, 1993 U. ILL. L. REV. 21, 24-41 参照。

[44]　各当事者とも再び裁判をする能力がなければならない。そうでな

論が他の訴訟の結論に影響を及ぼさないと仮定してみよう（この仮定は，先例拘束性の原理（stare decisis）の制度の下では明らかに多少非現実的である）45)。問題をより具体的にするために，外科医のドリス・デラーノがパブロ・プレンティスに手術を行い，パブロは自分の足が麻痺したのはドリスの過失による不法行為が原因だと考えているとしよう。パブロは医療過誤による損害賠償を求めてドリスに訴えを提起する。

　パブロもドリスも，1回目の訴訟で敗訴した当事者が再度訴えを起こすことができること，2回目の訴訟で敗訴した当事者はあらためて訴えを起こすことができること，これが無限に続くことを知っている。もしパブロが一度訴訟を起こすならば，2回目も訴訟を起こすはずであるし，もしドリスが一度訴訟で争おうとするならば，2回目も訴訟で争おうとするはずである。しかし，訴訟が繰り返し行われることを各当事者が予測するならば，双方当事者とも訴訟費用が高額に上ることを予測するはずであり，その予測されるコスト負担が1回目の訴訟で和解をし，今後は訴訟を提起しないことを合意する大きなプレッシャーとなる。不起訴の合意が，結局，私的な遮断効法理を作り出しているのである。

　具体的に説明するために，パブロの勝訴率が60％で，期待判決価値が20万ドルであると仮定しよう。また，各回の訴訟で当事者は訴訟費用に2万ドルを支出すると仮定しよう46)。パブロが1回目の訴訟で敗訴す

いと，能力を欠いた当事者は相当不利な立場になり，不十分な結果による被害を手続上受けることになる。

45) この例では，当事者が前訴で知った情報に基づいて勝訴の見込みについての予測を修正しないということも前提にしている。非現実的な前提ではあるが，この前提によって，法定の遮断効ルールが必要でないと論じることはより難しくなるから，前提をこのように非現実的にすることは適切な方法である。もし前回敗訴した当事者が次の訴訟で勝訴の見込みを下方に修正するならば，その当事者はあらためて訴訟をしたいとはそれほど思わないであろう。したがって，そのような可能性を無視することで，法定の遮断効ルールの論拠は最も強力なものになる。

46) この仮定は，多少非現実的である。数多くのディスカヴァリや調

ると，2回目の訴訟を起こすことから得られるパブロの期待価値は1回目のそれと同じであるから(すなわち，0.6×200,000−20,000＝＄100,000)，彼が再度訴えを提起するであろうことをパブロとドリスは知っている。もしドリスが1回目の訴訟で敗訴すると，彼女も再度訴えを提起するであろう。なぜならば，2回目の訴訟での勝訴率，すなわち，20万ドルを支払わなくてもよい確率は40％であり，彼女の潜在的利益は8万ドルであるのに対して，訴訟費用は2万ドルだからである。したがって，パブロとドリスは，1回目の訴訟で和解しない場合には，1回目の訴訟で2万ドル，2回目の訴訟でさらに2万ドルを支出すると予測する。1回目の訴訟において和解をすることで，彼らはそれぞれ訴訟費用4万ドルを節約し，節約分の合計すなわち余剰は8万ドルとなる[47]。

　この推論は，3回目の訴訟，4回目の訴訟とその後まで何度も繰り返すことができる。そして，各回ごとにさらに訴訟費用2万ドルが加えられる。しかし，訴訟が無限に続くならば，実際に何らの救済も得られないことになるから，パブロは決して訴訟をしないであろう。しかし，この相互作用は戦略的なゲームであることから，実際の結論はもっと複雑である。各当事者が1回目に何をするかは，相手も将来の訴訟で自分が何をすると考えているかを十分検討した上で，相手が将来の訴訟で何をすると自分が考えるかによって決まる。戦略を決定する際には，当事者は，相手が和解の合意をすることなく無限に訴訟を繰り返すと単純には想定しない。むしろ，各当事者は，相手方の「持久力（staying power）」，すなわち，相手方が訴訟をしようとする回数を予測しようとする。そして，持久力のより大きい当事者は，相手方から有利な和解を引き出すこ

　　　　査の作業は1回目の訴訟ですでに終わっているので，2回目の訴訟では費用が減少すると予測される。しかし，これら費用の節約があることによって単純に再訴の見込みは高まっている。そして，当事者は，申立て，再度のディスカヴァリ，トライアル前の準備，トライアルになお費用を支出しなければならない。
　47）　理解の進んだ読者の方は，私が割引の影響を無視していることを気づかれるであろう。すなわち，割引係数は1であることが前提になっている。

とができる。

　この分析の専門的・技術的側面は重要ではない。重要なのは，請求遮断効の法理がない場合でも，当事者が無限には訴訟をしないであろうということである。それは，和解へのプレッシャーが極めて大きいからである。和解の障害が存在するために1回目の訴訟では合意が成立しないかもしれず，交渉が成立するまでに結局1回か数回の訴訟をすることが必要かもしれない。しかし，各回ごとに訴訟費用を支払うとの予測が，1回目の訴訟での和解に相当なプレッシャーを与えるはずである。そうすると，訴訟経済，安定性，判断の統一性はすべて実際に訴訟が繰り返し行われることを前提にするものであるから，請求遮断効の論拠はそれらとは別の何かに求められなければならない。

　法と経済学の観点から，法定の遮断効ルールを採用する論拠には2通りの説明がある。第1は，請求遮断効は過誤コストを減少させる。訴訟を繰り返すことの威嚇によって生じる和解へのプレッシャーは必ずしも当事者間に対称的には分布しておらず，その場合には，より多額の資金を持つ当事者が自分に都合の良い和解を成立させることができる[48]。請求遮断効は，将来の訴訟があると当事者が威嚇する可能性を取り除くことによって，この過誤の原因を小さくする。

　請求遮断効を採用する第2の理由は，私的な遮断効の合意について交渉をする際の取引費用を節約するためである。再訴を効果的に防止する和解条項を念入りに作ることは，法定の遮断効法理を持たない裁判制度の下では，慎重さを要する事柄である。問題は，2回目の訴訟が和解条項の効力を争う訴訟になるのを防止するための何らかの方法を考え出すことである。たとえば，原告が和解はしたが再度訴えを提起し，被告が

　48）　たとえば，一方当事者は，係争利益が大きく，1回目の訴訟で後10回は訴訟で争うと相手に信頼性のある威嚇ができるほどに十分な財産を持っているのに対して，他方当事者には，後8回訴訟で争うと威嚇できる程度しか財産がないとしよう。訴訟を10回行うことができる当事者はより大きな持久力を持ち，その結果，1回目の和解交渉で相当有利な立場に立つ。

和解の合意で防御する場合，原告は和解条項の効力を争うという対応をするかもしれない。その場合，当事者が2回目の訴訟で最終的に争うのは単純に合意に強制力があるかどうかについてである。そして，当事者が2回目の訴訟で話し合いをして，もう一度和解の合意をするならば，原告（あるいは被告）が再度訴えを提起し，2回目の和解条項の効力を争うかもしれない[49]。

　このリスクを最小化する手段はあるが，それには注意深い和解条項案の作成と交渉が必要になる。たとえば，和解条項には，当事者が保証金を積むが，その後に訴訟が提起された場合にはその保証金は没収されるという条件を挿入するようなことも考えられる。2回目の裁判を審理する裁判所が当該和解条項を無効にする可能性がわずかにあるかもしれないが，この保証金の額は，このような後続訴訟の提起を思いとどまらせるようなレベルで設定することができるであろう。細かい点は重要ではない。重要なのは，私的な合意に代わる法定の請求遮断効ルールは，このような複雑な条項を交渉するのにかかるコストを節約するということである[50]。

　しかし，取引費用の節約効果が大きいのは，遮断効ルールの内容が，ほとんどの当事者が実際に私的な遮断効の条項について交渉した場合に合意するであろう内容と一致する場合に限ってである。もし遮断効ルールがわずかな当事者だけが要望するような内容に一致するものならば，ほとんどの当事者は（遮断効ルールについて契約し直すことが許されていることを前提にすれば）別の内容で交渉することになるから，取引費用の点ではほとんど節約の効果がないであろう。しかし，ほとんどのケ

---

49) 訴えを起こすには費用がかかるので，常に敗訴している当事者については，それほど多くこのような争いを繰り返すことはない。先例拘束性の原理の制度の下では，こういった争いをもう1回起こしても，そこで勝訴する確率は，すでになされた不利な判決の数が増えるに従って小さくなるであろう。

50) また，法定のルールは，交渉すべき問題の数を減少させ，また，その結果として，紛争が起きる機会を減少させることで，和解が成立する見込みを高めるかもしれない。

ースの当事者は，単一の紛争につき1回だけ訴訟をすることを好むというのが合理的なように思われるから，現在の遮断効ルールが同一の紛争に関する訴訟を1回に制限していることは妥当なように思われる[51]。

要するに，請求遮断効を正当化する一般的な根拠——訴訟経済，安定性，判断の統一性——は，和解を視野に入れる場合，どれも法と経済学の見地からは意味がない。むしろ，遮断効法理の主要な便益は，過誤コストの減少と和解における取引費用の節約にあるように思われる。

8.1.2　請求遮断効の費用

請求遮断効のルールは，また，それ自体コストを生じさせる。訴えを却下するための申立てによって，あるいは正式事実審理を経ないでなされる判決であるサマリー・ジャッジメントを求めて，このルールを実行するには，訴訟や運営のための財源が必要になり，その費用が手続コストに加えられる。これらのコストは，請求遮断効が存在しない世界で再度訴訟を提起しない合意を実行するために必要とされるコストより多いかもしれないし，少ないかもしれない。

さらに，コストは遮断効が及ぶ範囲によって影響を受ける。請求の分断を禁止する基準につき法的問題がどれだけ密接に関連していなければならないかによって，請求遮断効のルールは異なってくる。現在の法理は，狭く解するアプローチと広く解するアプローチを認めている。

狭く解するアプローチでは，1つの訴訟で1つの「法的権利」に関する事項だけを併合することが求められる。たとえば，著作権者は，利用許諾契約の条件に違反した被許諾者に対して，契約違反の主張を持ち出

---

[51] 現在の遮断効ルールがすべてのケースで当事者の要望に合致しているというわけではない。たとえば，係争利益が大きく，誤判リスクの大きい，極めて複雑な事件では，もし遮断効ルールが存在しなかったならば，当事者は2回訴訟することに合意し，2回の判決額の平均値を受け入れるかもしれない。2回の判決額の平均値は1回の判決額よりも正確になる見込みが高い。もしそうなら，当事者は1回の訴訟しか認めない請求遮断効のルールを交渉によってかいくぐろうとするかもしれない。

すことができるが，敗訴した場合にはその後方針を変えて，再度，著作権侵害で訴えを起こすかもしれない。この2つの請求が同一の行為に対する損害賠償を求める場合であっても，請求遮断効の法理が契約違反を著作権侵害と異なる法的権利と取り扱っているならば，このような訴えは可能であろう。

　一方，広く解するアプローチでは，当事者は，取引的に関係するすべての事項を1つの訴訟で主張することを求められる。大まかに言えば，同一の取引あるいは一連の取引に関係する法律構成，救済方法，事実関係のすべてがこれに含まれる。この説では，上記の例の著作権者は，契約違反とともに著作権侵害を主張して争わなければならないであろう。

　もし当事者が1回目の訴訟で和解をするならば，どちらにせよ取引的に関係する事項のすべてにつき和解するのであるから，どちらの遮断効ルールが適用になるかでそれほど変わりはない[52]。しかし，事件がトライアルに進むとしたら，ルールが大きな問題になる。広い遮断効ルールの下では，当事者は1回の訴訟でたくさんの法的問題を主張しなければならないから，訴訟はより複雑になる。一般的には，訴訟が複雑になればなるほど，トライアルには多額の費用がかかり，陪審員や裁判官が混乱して，誤った判断をする可能性が高くなる。比較されなければならないのは，これら手続コストや過誤コストの費用と，同じ裁判の繰り返しや証拠の冗長な提出を回避することができることによる便益である[53]。

　結局，このような費用便益の比較衡量をすると，広い遮断効ルールが狭いルールに対して必ずしも有利というわけではない。その理由は簡単である。先ほどの著作権の例に戻って，狭い遮断効のルールが実際に運用されていると仮定しよう。著作権者が1回目の訴訟で著作権侵害を主

---

52) もっとも，請求遮断効が働く範囲によって和解の成立する見込みが影響を受ける可能性はある。
53) トライアルの裁判官は，1つのトライアルでは訴訟運営が困難であるか，混乱が生じると考える場合には，複雑な事件の一部を分離してトライアルする裁量権を有しているが，そうすると，広い遮断効ルールが回避しようとした訴訟蒸し返しのコストが再び生じる。

張するとする。事件がトライアルに進み，原告が勝訴し，与えられるべき救済を得た場合には，2回目の訴訟は行われないであろう。紛争全体は1回の訴訟だけで解決しており，訴訟自体も，2つの主張が同時に審理される訴訟よりも単純で費用のかからないものである[54]。したがって，共通の争点を持つ訴訟の蒸し返しや証拠の冗長な提出が問題になるのは，原告が1回目の裁判で敗訴した場合のみである（かつ，当事者が2回目の裁判で和解をしない場合である）。したがって，原告の敗訴率がかなり低く，複数の主張を同時に審理するコスト面での利益がさほど大きくない場合には，狭い遮断効ルールが広い遮断効ルールよりも優れている可能性がある。

　この例はより一般的な要点を示唆している。請求遮断効が及ぶ範囲をどれだけ広げるかについては限界がある。一般的には，請求遮断効の最適な範囲は，和解の見込み，原告のトライアルでの勝訴率，併合によって節約できる訴訟コストの額によって決まる[55]。

第8.2節　争点遮断効の法と経済学

　これまでの分析は，争点遮断効には直ちに当てはまらない。1回目の訴訟の事実上あるいは法律上の争点に関する判断に拘束されるとの私的な和解に当事者が合意することは可能である。しかし，当事者がそのような行動に出るかどうかは，同一の争点が問題になる将来の訴訟について当事者がどれだけ予測しているかによって決まる。ほとんどの事件で，当事者は，同じ当事者間での訴訟に将来関わるとは考えず，そのように考える場合であっても，異なる問題で訴訟に関わると思うであろう。も

---

54) この結論は，いずれかの主張で原告に与えられる救済内容が，1回目の訴訟で持ち出される主張ですべて網羅できることを前提にしている。原告は最初に，より広範な主張を持ち出すインセンティヴを持っているから，この前提は多くの事件で受け入れられやすいものである。

55) 安定性（予測可能性と確実性）という社会的便益を重視すれば，もっと広いルールが正当化されるかもしれないが，ルールの範囲が拡大するに従って安定性の限界便益は少なくなりそうである。

っと正確に言えば，当事者間に起こる将来の紛争や争点について予測するのは難しい。したがって，その結果として，私的な遮断効を合意することによって得られる利益を計算することは当事者にとって困難であろうし，そのような合意をすることも難しいであろう。

したがって，争点遮断効の法理は請求遮断効よりも容易に正当化することができる。当事者が争点遮断効と同じ目的を達するための私的な合意をする見込みが小さい状況の下では，法定の争点遮断効ルールが存在することで，訴訟を繰り返すことによって生じるコストが節約される。さらに，そのような合意はその当事者だけを拘束しうるものである。ゆえに，当事者でない者に遮断効を及ぼすためは，法定の遮断効ルールが必要である。

以下の検討では，争点遮断効が当事者でない者に拡大される2つの場面に焦点が置かれている。1つは，非当事者が遮断効を援用する場合で，1つは非当事者が遮断効を援用される場合である。

8.2.1 非当事者による遮断効の援用：
非相互的な争点遮断効と相互性の原則

伝統的に，争点遮断効は，いわゆる「相互性の原則（mutuality rule）」によって利用が制限されていた。相互性の原則は，争点に対する判断が逆であったとしたらBがAに対して争点遮断効を用いることができたであろう場合にのみ，AはBに対して争点遮断効を利用できると考える。結局，相互性は，遮断効を援用する者と援用される者が1回目の訴訟で遮断効のリスクに向き合っていなければならなかったという当事者間でのある種の対称性を求めている。

相互性の原則は，無駄な訴訟を大量に生み出していると厳しく非難されてきた。連邦裁判所と（すべてではないが）多くの州裁判所は相互性の原則を廃止し，非相互的な争点遮断効を認めている。非相互的な遮断効は，防御的にも攻撃的にも援用することができる。防御的な援用は，被告が2回目の訴訟を防御するために遮断効を用いる場合をいい，攻撃的な援用は，原告が2回目の訴訟で救済を得るために遮断効を用いる場合をいう。

たとえば，特許権者（P）が侵害者であると主張されている者（D-1）を訴えるとしよう。D-1がPの特許が無効であると証明してその裁判に勝訴したとしよう。次に，Pは第2の侵害者（D-2）を訴え，D-2はPが特許無効の判断に拘束されるべきであると主張する。相互性の原則の下では，1回目の裁判所が特許を有効だと判断してもD-2はその判断に拘束されなかったから，Pは拘束力を受けないであろう。D-2も，1回目の訴訟の当事者でなく，当事者と特別の関係にもなかったから，やはり拘束力を受けないであろう（このような非当事者に対する狭い遮断効ルールについては，以下の8.2.2で検討する）。しかし，相互性原則を廃止した法域では，Pは拘束力を受け，D-2は特許権侵害の主張についてサマリー・ジャッジメントを得ることができる。これは，非相互的争点遮断効の防御的援用の例である。すなわち，D-2はPの訴えに対して防御するために遮断効を用いている。

　攻撃的援用について具体的に説明するために，被告（D）が広範な被害を及ぼす医薬品を販売したという大規模な不法行為訴訟を考えてみよう。被害に遭った当事者（P-1）がDを訴え，陪審員はDが医薬品のリスクについて一般の人々に警告すべきであったと判断する。次に，被害に遭った2番目の当事者（P-2）が同じ法律構成でDを訴え，DはP-1の裁判で警告義務の争点について争う十分かつ公平な機会が与えられていたから，そこでの判断に拘束されるべきであると主張する。相互性の原則の下では，陪審員が逆の結論を出していた場合にはP-2はその判断に拘束されなかったから，Dは拘束力を受けないであろう。しかし，相互性の原則を廃止している法域では，少なくともP-1の訴訟で警告義務について激しく争うべき理由がDにあり，P-2が訴訟参加すべき理由がなかったならば，P-2は警告義務の争点についてDに遮断効を及ぼすことができる。これは攻撃的援用の例であり，P-2は第2の訴訟で救済を得る目的で遮断効を用いている。

　相互性の原則を批判する者は，拘束されるべき当事者が裁判で争うための十分かつ公平な機会をすでに有している場合に，費用のかかる再訴を全面的に容認するルールを正当化する根拠はまったくないと主張している。本節の残りの部分では，この主張を批判的に考察し，相互性の原

則に何らかの便益があるかどうかを検討する。法と経済学の観点からは，相互性の原則が有用である理由として，係争利益の非対称性を回避する機能と戦略的な濫用を抑制する機能の2つが考えられる。

8.2.1.1 非対称的な係争利益

相互性の原則の廃止は，係争利益を非対称的にすることで訴訟コストを増加させ，また，構造的な過誤を生じさせる危険がある[56]。具体的に説明するために，DとP-1の医薬品に関する大規模な不法行為訴訟の例を考えてみよう。P-1が責任の有無に関して勝訴した場合の判決額を50万ドルと予測し，P-1が勝訴するためには，Dが警告義務を怠ったことを陪審員が認定しなければならないとしよう。また，Dは，それぞれ50万ドルの損害賠償を請求する裁判がほかに1000件あると予測しているとしよう。

相互性の原則の下では，Dは，P-1の訴訟における警告義務の争点に関する不利な結論に拘束されることを心配する必要がない。その結果，Dの係争利益はP-1の係争利益と同じである。すなわち，Dは50万ドルを失う立場にあり，それ以上ではない。これと，相互性を廃止した訴訟制度の下にいるDが直面している状況とを比較してみよう。P-1の訴訟がトライアルに進むと，DはP-1の訴訟で敗訴することだけでなく，これに続く1000件の訴訟でも最初の不利な結論に拘束されることを心配しなければならない。他方で，P-1は，自分の訴訟での50万ドルを心配するだけである。

したがって，非相互的な遮断効は，係争利益の非対称性を生み出す。Dは，P-1が得るものよりもずっと多くのものを失うことになる。合理的な当事者であれば，係争利益が多くなればなるほど，より多額の費用を訴訟に支出する見込みが大きいから，DがP-1の訴訟で争うため

---

[56] さまざまな争点遮断効ルールが係争利益，訴訟追行にかける費用，勝訴率，誤判にそれぞれ与える影響について数学的に分析したものとして，Stephen J. Spurr, *An Economic Analysis of Collateral Estoppel*, 11 INT'L REV. L. & ECON. 48 (1991) 参照。

に支出する金額はP-1が支出する額よりも多くなるはずである。たとえば，Dはディスカヴァリやトライアルの準備により多くの費用をかけ，よりたくさんの証人を呼び出し，より優秀な弁護士を雇い，より迅速に不利な結論に対し上訴するようなことが考えられる。

　DがP-1の訴訟でより多額の費用をかけることにより，もちろん手続コストは増加するが，それ以外にも悪い影響はある。Dに有利な誤判のリスクが増加するのである。一般的に，訴訟により多額の費用をかける当事者は，勝訴する可能性がより高い。つまり，被告が原告よりも多額の費用をかける場合には，被告の勝訴率は高くなり，原告の勝訴率は低くなるはずである。客観的には原告にとって極めて根拠が強い事件であっても，非対称的な係争利益によって訴訟追行に費用をかけるインセンティヴに違いが生まれたことが原因で，原告が勝訴するのは困難になるかもしれない[57]。

　この仮説は，もちろん机上のものである。現実の訴訟には，この悪い影響を軽減する要素がいくつかある。1つには，訴訟への費用支出も収益逓減の法則に従わざるをえない。当事者が費用を支出すればするほど，追加で支出する金額が同額でも，勝訴の見込みに与える影響はだんだんと小さくなる。P-1の被害が甚大である限りは，P-1は裁判を争うのに多額の費用をかけるであろうが，Dの支出する費用が増えた場合に，どれだけP-1と比較して有利になるのかは明らかではない。

　さらに，非対称的な係争利益が及ぼす影響が極めて重大になりそうな分野の1つである大規模な不法行為事件では，同様の立場にいる多数の原告を1人の弁護士あるいは1つの法律事務所が全面成功報酬の取決めで代理するのがかなり一般的である。こういった状況では，将来の訴訟を考慮するのは，独り被告側だけではない。警告義務の争点について勝訴すれば，P-1の弁護士にも非相互的な争点遮断効により得るべきものがある。P-1の弁護士は，将来の訴訟における勝訴の確率を高め，成

---

57) Stephen J. Spurr, "Collateral Estoppel" in 1 THE NEW PALGRAVE DICTIONARY OF ECONOMICS AND THE LAW 289, 289-90 (Peter Newman, ed. 1998) 参照。

功報酬を得るために遮断効を用いることができるからである。したがって，P-1の弁護士は，将来の利益を考慮したレベルまで費用をかける見込みが高く，非対称的な係争利益が引き起こす歪みがこれにより是正される。

8.2.1.2 和解のための戦略的利用

相互性の原則は，遮断効が社会的に望ましくない和解のために戦略的に利用されるのを防止することにも役立っている[58]。前項での分析では，P-1の訴訟がトライアルに進むことを前提にしていた。しかし，これはありそうもないことである。むしろ，非相互的な遮断効が利用可能であれば，被告には和解へのプレッシャーがかなりかかり，このプレッシャーのために手続的に歪んだ内容の和解が成立する可能性がある。

この点を理解するために，1000件の訴訟が待ちかまえている状態でのP-1のDに対する訴訟を考えてみよう。ここでの分析の目的のために，非対称的な係争利益の影響は無視しよう。P-1と他の1000件すべての原告につき，勝訴率が60％，期待判決額が20万ドル，訴訟費用が2万ドルであるとしよう。非相互的な争点遮断効により，Dは，もし警告義務の争点について不利な判決を受けるならば，これに続くすべての原告が自らの訴訟でこの判断を援用することができることを知っている。この争点についての遮断効が後の訴訟での勝訴見込みを60％から80％に上昇させるとしよう。

ここでの分析のポイントは，P-1の訴訟で和解することによって，Dがこれら遮断効の影響を免れることができるということである。つまり，和解することで警告義務の争点についての判決を回避することができるのである。このようなさらなる便益があることを前提に考えると，Dは最高申出額を以下のように計算する。P-1の訴訟でのDの期待損失額は14万ドルである[59]。しかし，この額はDがトライアルに進むことで支

---

[58] この影響についての数学的な分析として，Note, *Exposing the Extortion Gap: An Economic Analysis of the Rules of Collateral Estoppel*, 105 HARV. L. REV. 1940 (1992) 参照。

払わなければならない金額のすべてではない。Dは、また、P-1との訴訟で不利な結論が出されると、後の訴訟で非相互的な遮断効を援用されるリスクに直面している。したがって、Dはこのリスクを回避するための割増金をP-1に進んで支払うはずであり、将来1000件の訴訟があることを前提にすると、この割増金は相当な額に上るはずである[60]。その結果、Dの最高申出額は14万ドルをかなりの額上回るであろう[61]。

他方で、P-1が心配するのは自分の訴訟のことだけなので、P-1の最低要求額は10万ドルである[62]。したがって和解範囲は、10万ドルと、14万ドルよりかなり大きい金額との間になる。非相互的な遮断効が存在しない場合に、交渉力が同等であるとすると、当事者は12万ドルで和解するはずのところ、非相互的な遮断効が存在するがために、12万ドルよりもかなり大きい金額で和解することになる。よって、P-1は棚ぼたを得て、結果は自ずとP-1に都合良く歪められることになる。

しかし、棚ぼたを得るのは独りP-1だけではない。残りの訴訟が999件だけになることで、Dが遮断効に関して得る和解の便益は少なくはなるが、同様の推論はP-2にも当てはまる。さらに、同様の推論はP-3、P-4、P-1000まですべて、これに続く原告に当てはまる。各原告とも、

---

59) $0.6 \times 200,000 + 20,000 = \$140,000$.

60) 非相互的な争点遮断効によって、トライアルでの被告のリスクも大きくなる。もしDがリスク回避的であるならば、このさらなるリスク負担のコストも最高申出額を増額させることになるであろう。

61) Dは、後の訴訟での判断によって、依然、遮断効の影響を受けるので、P-1との訴訟での和解は遮断効の影響の1つの原因を除去しているにすぎない。割増金の正確な額を計算することが困難なのはこのためである。たとえば、後の訴訟で遮断効を援用することで原告の勝訴見込みが60%から80%に20%増加すると仮定しよう。Dが将来の1000件の訴訟すべてで遮断効を回避することができるならば、Dは合計で$0.2 \times 200,000 \times 1000 = \$40,000,000$の節約になると予測するであろう。DはP-1の訴訟で和解することでこの一部を節約するのだが、それが、Dが割増金として支払おうとする金額である。

62) $0.6 \times 200,000 - 20,000 = \$100,000$.

非相互的な争点遮断効のリスクを利用して棚ぼたの和解を得ることができるのである。利益の金額は，残りの訴訟が少なくなるに従って低減はする。しかし，DはP−1001の訴訟での遮断効を回避するために割増金を支払うはずであるから，P−1000でさえ利益を得ることになる[63]。原告側に内容の有利な和解をすべて足し合わせると，合計金額は実体法に基づいてDが支払おうと考えた金額を大幅に超過する可能性がある。

相互性を要求すると，この偏りは修正される。相互性の原則はP−1の訴訟の遮断効をその訴訟だけに限定するので，Dは将来の訴訟を心配する必要はなく，P−1の訴訟自体の条件で和解するであろう。同じことは，これに続くすべての訴訟にも当てはまる。各訴訟とも将来の訴訟について考慮されることなく和解で終わるであろう。Dにとっての合計金額は，実体法に基づき本来支払いが命じられる金額により近いものである。

この分析は，前項で検討した非対称的な係争利益の影響を無視している。Dは係争利益が非対称的であることによって利益を得るが，それは原告が遮断効を利用して得る利益とある程度相殺される[64]。その上，典

---

63) この割増金は，P−1000の訴訟では計算が簡単である。もしP−1001が争点遮断効を援用することができるならば，P−1001の勝訴率は20％増加すると仮定してみよう。もしDがP−1000の訴訟で和解するならば，Dは14万ドルの期待損失を回避し，P−1000の訴訟で敗訴した場合にP−1001にさらに20％の勝訴率を与えることを回避できる。したがって，非相互的な争点遮断効に起因するP−1000の利益は，0.6（Dの敗訴率）×0.2（Dが敗訴した場合に増加するP−1001の勝訴率）×200,000（P−1001の期待判決額）＝＄24,000となる。よって，Dは16万4000ドルの金額で和解するはずである。P−1000の最低要求額は10万ドルなので，交渉力が同等であるとすると，当事者は13万2000ドルで和解するはずである。

64) 実際の正確な影響は明らかではない。一方では，係争利益が非対称的であることによって原告の勝訴率が減少するという事実は，すべての原告が遮断効を利用して得る利益が少なくなるということを意味しているので，Dは最高申出額を減らすであろう。他方で，事件がトライアルに進んだ場合にDが訴訟により多くの費用をかけるという事

型的な設例では相互的な遮断効と非相互的な遮断効の違いが誇張されているが，相互性の原則によっても，Dは将来の訴訟での先例拘束性の原理の影響を考慮しなければならない。また，P-1の訴訟で和解することで，Dはトライアルの戦略をP-2やそれに続く原告に知らせることを防いでいる。したがって，相互性の原則の下でも原告がより高額な和解による利得を得る方法はあるが，その方法はそれほど強力なものではないであろう。

　もう1つ重要な条件がある。実際の訴訟では，非相互的な遮断効で得られる棚ぼたは，机上の設例で得られるのよりもずっと少なくなりそうである。第9章で見るように，われわれの例におけるP-1と他の1000人の原告は結局クラス・アクションかそれ以外の集団として一緒に訴訟に参加し，全ての訴訟が一緒に解決される見込みが高い。そうなると，遮断効のリスクを生むはずの後続訴訟の数は少なくなる。さらに，大規模不法行為訴訟では，当事者になるべき膨大な数の依頼人を数人の弁護士が集めて，個々の事件をすべて一緒に和解する傾向がある。したがって，われわれの例では，大きな原告グループが同じ弁護士に依頼し，この弁護士がひとまとめにした合計金額ですべての訴訟について和解をする見込みが極めて高い。この総額による和解の方法では，争点遮断効を戦略的に濫用すると相手に思わせて，信頼性のある威嚇をすることがずっと難しくなる。

　要約すると，相互性の原則には，訴訟費用を減少させ，構造的に生じるトライアルの過誤と和解の過誤を防止する点に潜在的な便益がある。同時に，相互性の原則は，前の訴訟ですでに激しく争われ，慎重に判断された争点について繰り返し訴訟をすることを要求するから，それ自体相当なコストを生じさせる。経験的な知見や綿密な分析なしに，この費用便益の衡量がどのようになるかを判断することは不可能である。さらに，衡量の結果が非相互的な争点遮断効に有利になったとしても，この

　　実は，Dが最高申出額を増やすことを意味している。これをプラスマイナスした結論は，和解金が少なくなると考えるのが合理的なように思われるが，確実ではない。

ルールの範囲と適用の可否を判断する際に考慮すべき潜在的なコストがほかに存在する[65]。

8.2.2　非当事者に対する遮断効の援用：裁判を受ける権利

　遮断効を受ける当事者がすでに争点を争うための十分かつ公平な機会を有している場合には，裁判所は，比較的容易に相互性の原則の一部を緩和している。しかし，裁判所は，争点を争う機会を持たなかった当事者に争点遮断効を拡大することには慎重である。誰もが個別に「裁判を受ける権利（day in court）」を有しているといわれており，この権利によって，人は自分自身で訴訟上の意思決定をする機会を保障されている。他人によって追行された訴訟に基づいて非当事者に遮断効を及ぼすのは，たとえ両方の裁判で争点が同一で，最初の訴訟の当事者の1人が同じ目的を持ち，その争点を激しく争ったという事情があるとしても，裁判を受ける権利を侵害すると考えられている。

　非当事者に対する遮断効に関して，このように狭い解釈をすることを法と経済学の見地から正当化するのは極めて難しい。もしその争点が最初の訴訟で激しく争われ，慎重に判断がなされているのであれば，再度の訴訟でより正確な結論が出ると考えるべき理由はない。最初の判断が誤っていることはありうるし，再訴によって前の誤判が修正される可能性もあるが，新たに誤判が生じる可能性もある。確かに，非当事者は争点について再び裁判で争いたいであろうし，もしそうすれば勝訴することもあるかもしれない。しかし，再訴が非当事者にとって好ましいということは，社会にとっても好ましいということを意味するものではない。

---

[65]　たとえば，攻撃的な争点遮断効が政府に対して援用される場合には，法の発展が制限されることになる点について特別な配慮が必要になり，この点への配慮から，連邦最高裁は，United States v. Mendoza (464 U.S. 154 (1984))において，争点遮断効の攻撃的援用を制限した。また，Parklane Hosiery Co. v. Shore (439 U.S. 322 (1979))で，連邦最高裁は，非相互的な争点遮断効の攻撃的援用を認めた場合に生じる特有の濫用コストの発生を防止するために，その援用を制限した。

これらの点を理解するために，以下のような事例を考えてみよう。純粋に事実上の争点か，あるいは，法律上のものと事実上のものとが混在する争点が生じるような訴訟が100件あると仮定しよう。前提となる訴訟はどれも，正しい判断の確率が80％で，各訴訟は，1つの訴訟での判断が他の訴訟での判断に影響しないという意味で他の訴訟と独立である。この条件の下で，正しい判断がなされると予測される訴訟の数は，非当事者に対する遮断効があろうとなかろうと同じである。遮断効があると，第1の訴訟で正しい判断がなされる確率は0.8で，その判断が次の100件すべての訴訟に適用されるから，80の正しい判断が下されると予測される（すなわち，$0.8 \times 100 = 80$）。遮断効がない場合には，争点は100件すべてで繰り返して争われ，正しい判断がなされる確率は各訴訟ごとに80％であり，合計で80の正しい判断が下されると予測される。

　正しい判断の予測数は同じであるが，判断分布の分散は異なっている。特に，遮断効システムでは，100件すべての判断を1件の結論によって決めるので，より大きい分散が生じている。分散がより大きいということはリスクがより大きいということであり，これがリスク回避的な行為者にとってのリスク負担コストを生じさせる[66]。再訴を認めるとこのリスクを減少させるという便益が得られるが，再訴が一定以上になると，その社会的費用がリスク減少のもたらす便益を上回るようになる。

　しかし，一定程度の再訴が正当化される特別な状況が考えられる。複雑な科学的証拠や目新しい争点のある大規模な不法行為事件では，科学が進歩し，弁護士が以前の事件から学ぶにつれて，証拠や議論が回数を重ねるごとに良くなるときがある。したがって，後続の事件での判断は，

---

[66] 大規模な不法行為のように，問題となるほとんどの局面で非当事者となるのは原告であろう。非当事者が原告である場合，非相互的な争点遮断効の結果として，被告はすでに高いリスク負担のコストに直面しているので，非当事者に対する遮断効によって被告側がどれだけのコストを新たに負担することになるかは明らかではない。しかし，非当事者に対する遮断効は，原告側弁護士が同一の争点を持つ事件をさらに多人数分代理することになる場合には，そのリスク負担のコストを増加させるかもしれない。

それ以前の判断より正確であるかもしれない。さらに，前の判断が後の判断と互いに関連するか，あるいは後の判断に影響を与えるとするならば（すなわち，相互に独立であるとの仮定を緩める），判決価値を予測する判断基準が決まることで，再訴では，和解の内容が改善される可能性がある。特に，大規模な不法行為のように，事件の数が膨大で，大きな係争利益がある場合には，結局，より実体に近い和解ができることの見返りに何件か再訴が行われるのを許容することが理にかなっているかもしれない。

　非当事者に対する広範な遮断効に反対する主な議論は，非対称的な係争利益が及ぼす悪影響に関するものである[67]。P−1がDを訴え，将来訴訟を起こす原告が他に1000人いるような大規模な不法行為を考えてみよう。もしDが，P−1の訴訟での有利な陪審の評決について，1000人の原告に拘束力を及ぼすことができるならば，Dの係争利益はP−1のそれよりもずっと大きくなる。8.2.1.1で見たように，係争利益の相違は，訴訟にかける費用の格差と，被告の有利に偏った内容の誤判リスクをもたらす見込みが大きい。

　しかし，8.2.1.1で論じたのと同じ要因がここでもまた悪影響を軽減するはずである。多額の損害賠償を請求する原告はとにかく高いレベルで費用を支出することが見込まれ，訴訟費用を支出しても収益が逓減する場合には，このことが，被告の有利な立場に限界を画することになる。さらに，1人の弁護士が全面成功報酬ベースで多数の原告を代理する場合には，弁護士が費用を支出するレベルも後の訴訟で遮断効を援用されるリスクに影響を受け，その結果，非対称性が小さくなる。

　加えて，訴訟手続にすでに非相互的な遮断効が存在するならば，非当事者に対する遮断効を加えることで，非相互性に関するいくつかの歪み

---

[67] Richard A. Posner, ECONOMIC ANALYSIS OF LAW § 21.11, at 635 - 37 (5th ed. 1998) 参照。ポズナーはまた，1人の原告が複数の被告に遮断効を及ぼす場合，原告は最初に一番弱い被告を選んで訴えることができ，そのために非対称性が拡大するとともに，誤判の影響がさらに悪化すると論じている。

を補正することができる。つまり，前項で見たように，非相互性の下で判決を回避しようという被告のインセンティヴは遮断効を和解のために利用しようとする原告の戦略を生み出す原因となっているが，非当事者に対する遮断効があることで，被告は訴訟で争って裁判所の判断を得るようになり，このことが，非相互性の下で判決を回避しようという被告のインセンティヴを打ち消すのに役立つからである。

　要約すると，現在の非当事者に対する遮断効の法理は法と経済学の見地からは擁護するのが難しい。非当事者に遮断効を及ぼすことで訴訟を繰り返すコストは大きく節約できるので，少なくとも再訴が膨大な数に上る大規模不法行為事件では，その社会的便益はコストより優っている可能性が高い。この結論は，現在のルールの根拠が経済的効率性以外のものを基礎にしていることを必然的に強く示唆している。実際には，これらのルールは手続志向，権利志向の参加理論に基礎を置いているように思われる[68]。第6章では，この理論について簡単に論じたが，最終的に，この理論が再訴によって生じる高い社会的費用を正当化することができるかどうかは，この理論がどれだけ筋が通っており，また，この理論が支持する参加の権利がどれだけ重要なものであるかどうかによって決まる。

---

68) Robert G. Bone, *Rethinking the "Day in Court" Ideal and Nonparty Preclusion*, 67 N.Y.U.L. REV. 193, 212-32 (1992) 参照。

第9章

クラス・アクション

概念と分析道具

- ●コストに見合う個別訴訟とコストに見合わない個別訴訟
- ●ただ乗り（フリー・ライディング）
- ●エイジェンシー・コスト
- ●逆選択（アドヴァース・セレクション）
- ●集合行為の問題

　クラス・アクションは大量の同種事件を1つの手続で解決するための仕組みである。クラス・アクションは，規模の大きなグループのために，代表の当事者が訴訟追行することを許容することで成立する。代表当事者が連邦裁判所にクラス・アクションを提起するには，その訴訟がクラス・アクションであることの承認を求める申立てを行い，連邦民事訴訟規則23条のすべての要件を充足していることを立証しなければならない。いわゆる「離脱クラス（opt out classes）」と呼ばれるタイプのクラス・アクションでは，訴訟に参加しない構成員はクラスを辞め（「離脱（opt out）」），個別に訴訟をすることができる。一方，それ以外のいわゆる「強制クラス（mandatory classes）」と呼ばれるクラス・アクションでは，離脱することが許されない。

　クラス・アクションの背後にある考え方は，各構成員が自分で個別に訴訟をしたかのように，クラス全員に終局判決の拘束力を及ぼすというものである。ほとんどすべてのクラス・アクションは和解で終わるが，その場合には，裁判官は公正さと合理性の見地から和解内容を審査しなければならず，和解が認可されると，クラスの構成員すべてに拘束力が

及ぶ。

　クラス・アクションの複雑さは，主として，関係者が多数に上ることと，この制度が数多くの戦略的機会を提供していることに原因がある。大規模なクラス・アクションでは，(1)代表当事者，(2)クラスの弁護士，(3)訴訟に参加しない，互いに異なる利害を持つクラス構成員，(4)個々のクラス構成員あるいはそのグループの弁護士，(5)被告，(6)裁判官を含め，利害関係者の数が多い。これらの者すべてがクラス・アクションにそれぞれ独自の利害を持っており，これらの者同士の対立と競争が高い社会的費用を生み出している。

　クラス・アクションについてなされている法と経済学の研究はおびただしい数に上り，検討されている問題は複雑である[69]。以下の議論では，具体例として，連邦のクラス・アクションの実務を素材に，一般的な方法で，その経済分析を行う。最初の節では，クラス・アクションの便益について述べ，次の節でクラス・アクションの費用について触れ，3番目の節でいくつかの改革案を検討する。最初に一言注意しておくが，クラス・アクションは本書で検討された他の多くのテーマよりもずっと複雑であり，ディスカヴァリや遮断効よりも間違いなくずっと理解しにくいものである。したがって，この章ではこれまで以上に議論を比較的普通のレベルに設定することとした。概括的に予備知識を得ることで，関心を持たれた読者の方は自ら詳しい内容を研究するのにちょうど良いレベルになるはずである。

第9.1節　クラス・アクションの便益

---

[69]　以下の説明では，多くの箇所で，出典として，重要なもののいくつかを引用するにとどめる。参考文献目録を兼ねるものとして，Geoffrey P. Miller, "Class Actions" *in* 1 THE NEW PALGRAVE DICTIONARY OF LAW AND ECONOMICS 257 (Peter Newman, ed. 1998) 参照。法律的，政策的，理論的観点からクラス・アクションを概観するものとして，Deborah R. Hensler et al, CLASS ACTION DILEMMAS: PURSUING PUBLIC GOALS FOR PRIVATE GAIN (Rand 2000) 参照。さらに，法学分野における主要論文のほとんどについては脚注でその一次的な出典を記載する。

クラス・アクションの主な便益を特定するためには，2つの理論的枠組みに場合分けをすることが役に立つ。1つは，各クラス構成員に個別の訴訟を提起するだけの十分な係争利益があるクラス・アクションであり，1つは各クラス構成員に個別の訴訟を提起するだけの係争利益がないクラス・アクションである。多くのクラス・アクションではこれらが混在しており，コストに見合った（すなわち，プラス期待価値の）個別訴訟と，コストに見合わない（すなわち，マイナス期待価値の）個別訴訟の双方が含まれている。それにもかかわらず，2つの理論的枠組みに焦点を当てることで，クラスによって異なる取扱いをする理由を的確に説明することができる。

9.1.1　第1の理論的枠組み：コストに見合う個別訴訟

個別訴訟がコストに見合う場合には，クラス・アクションは，訴訟費用の節約，規模の経済の達成，個別訴訟で生じる深刻な外部性の回避という，少なくとも3つの重要な機能を果たしている[70]。第1の機能は最も明らかである。別々に行われるはずの訴訟を1つの手続で裁判することによって，クラス・アクションは，別々の訴訟に共通な争点を繰り返し審理することで生じる高い社会的費用を回避している。確かに，クラス・アクションが和解で終わらないならば，個々の争点について判断しなければならないが，1回しか共通の争点を争うことができないという点には相当の便益があり，クラスの規模が大きくなり，共通の争点が多くなるにつれて，この便益は増大する。

---

70) 4番目の機能も果たしているかもしれない。連邦民事訴訟規則のクラス・アクションが1966年に全面改訂された際，差止命令や宣言的判決による救済を求める公民権事件をクラス・アクションとして追行できるよう23条(b)(2)項が設けられた。これらの事件では，クラス・アクションの方式を採用することにより，別々の裁判所が互いに矛盾する形で差止命令による救済を発するという無駄が生じるのを避けるだけでなく，利害関係のある当事者が幅広く訴訟に参加することが容易になり，また，裁判官が複雑な判決を下す際に外部の意見を求めることがずっと簡単にできるようになっている。

第2に，クラスの構成員は，集団で訴訟をすることによって，規模の経済を享受している。クラス・アクションでは，巨額の賠償を得られる可能性があることから，個別訴訟に興味を持つ弁護士よりも優秀な弁護士に事件を引き受けてもらうことが可能になる。また，集団訴訟の効率性により，ディスカヴァリやトライアルの準備において高額の費用をかけることも可能になる。論者の中には，これがコストに見合った請求をクラス・アクションで提起する主要な便益の1つであると考えている者もいる[71]。これらの論者は，個別の訴訟では被告が相当有利な立場にいるが，クラス・アクション訴訟の規模の経済性はこの被告の有利さを軽減するのに役立っていると述べている。共通の争点を争うのにどれだけの費用をかけるかを決める際に，合理的な被告は，すべての原告に対する期待損失の合計を考慮に入れ，単独で訴訟をする原告の弁護士よりも多くの費用をかけるであろう。この議論は，第8章の8.2.1.1で論じた非対称的な係争利益の議論に類似しており，問題も同様である。すなわち，被告がより多額の費用をかける場合には，被告の勝訴率は原告の勝訴率よりも高くなる。個別訴訟をすべて1つの手続にまとめることによって，クラス・アクションは費用支出のインセンティヴを同一にし，当事者間で同額の費用支出がなされるような状況を作り出している。

　クラスの構成員が任意に集団を組織することで，これらと同様の便益を達成することができるのは事実である。しかし，大きな集団を組織化する取引費用は単純に高すぎる。そのためには，少数の人が，潜在的な構成員をすべて見つけて連絡し，各構成員にプランを説明し，その承諾を得る負担を進んで引き受けなければならないが，大規模なクラスのためにこのような行動をとるコストは法外なものであろう。このように，クラス・アクションは，少数の個人が他のすべての者を代表して訴訟提起をすることを認め，クラスに参加しない者の利益を保護するために裁

---

71) Bruce Hay & David Rosenberg, *"Sweetheart" and "Blackmail" Settlements in Class Actions: Reality and Remedy*, 75 NOTRE DAME L. REV. 1377 (2000) 参照（以下，"Hay & Rosenberg, *Sweetheart Settlements*"で引用する）。

判所の助力を得ることによって，クラスを構成するコストを減少させている。

コストに見合った訴訟のためのクラス・アクションの第3の機能は，個別訴訟から生じる重大な外部性を防止することである。具体的に説明するために，10万人が，被告である医薬品会社（D）が製造した医薬品を摂取したことを原因として傷害を受けたと主張していると仮定しよう。傷害を受けた各当事者は個別訴訟を提起し，塡補的損害賠償と懲罰的損害賠償で600万ドルの支払いを求めている。各訴訟には60％の勝訴率があると仮定しよう。また，Dの責任保険は5000万ドルが上限となっており，Dの会社資産はこちらも5000万ドルである。

傷害を受けた当事者10万人すべての期待賠償額の合計は，$0.6 \times 100{,}000 \times 600万 = 3600億ドル$になる。すべての賠償を支払うために利用できる金額の合計は1億ドルであるが，個別訴訟が時間をかけて間隔を置いて行われたとしても，この金額は3600億ドルの期待賠償額に到底及ばない。このような状況の下では，最初の数人の原告が，手に入れることができる資産すべてを奪い取り，後で判決の支払いに充てるものは何も残らないことになる。

この状態は「限定資産状況（limited fund）」と呼ばれることが多い[72]。限定資産状況の場合，各原告は，何も獲得しないリスクを増加させるという形で外部費用を他の原告に押しつけている。クラス・アクションは10万人の原告すべてを1つの訴訟にまとめることで外部性を取り除き，限られた資産をすべての原告に公平に分配することを可能にする。

法と経済学の見地からすれば，この結論には少なくとも2つの便益がある。第1は，この結論は，賠償額が0か100かという極端な状態を排除

---

[72] Ortiz v. Fibreboard, 527 U. S. 815 (1999) で，連邦最高裁が，連邦民事訴訟規則23条(b)(1)(B)項に根拠のある，専門的に「限定資産状況」と呼ばれる要件に制限を課したが，本文の例がこの制限を受けるかどうかは明らかではない。それでも，判決を履行するために使える資金の総額が足りない状況を示す用語として，「限定資産状況」という表現はなお有用である。

し，取得額を均等化することによって原告のリスク負担のコストを減少させているという点である。第2は，被告が個別訴訟の防御に支出しなければならない費用の額を減少させることで，原告に分配するための資産を最大化することができるという点である[73]。

9.1.2 第2の理論的枠組み：コストに見合わない個別訴訟

クラス構成員の係争利益が少なすぎて個別に訴訟をすることが割に合わない場合，クラス・アクションを経済学的に正当化する根拠は訴訟コストの節約や限定資産状況とは関係がない。クラス・アクションがなければ，個別訴訟は提起されず，したがって，重複した訴訟も，外部性も存在しない。

こういった——しばしば「少額請求クラス・アクション（small claims class action）」と呼ばれる——場合にクラス・アクションを認める理由は，私人による実体法の実現を促すためである[74]。これら事件——典型的には証券詐欺，反トラスト，消費者保護の訴訟——の共通点は，違法な行為が地理的に分散した膨大な数の人に対して極めて小さな個別的被害

---

[73] その他のタイプの外部性も存在する。アスベスト訴訟を考えてもらいたい。アスベスト訴訟が何千件と係属しているために審理予定が立て込むと，たまたま裁判予定がこれらに遅れることになった事件にとっては，極めて高額の遅延のコストが生じることになり，遅延コストにより原告の受けるべき賠償額のほとんどが実質的に失われる可能性もある。こういった状況の下では，裁判が先に予定されている事件が後の事件に遅延という外部性を生じさせていることになる。これは，アスベスト訴訟を大規模なクラス・アクションの形式で集団的に処理することを正当化するためになされている議論の1つである。しかし，裁判所は，そのような懸念に理解を示す一方で，クラスの承認をする単独の理由として，この種の外部性を考慮してはいない。

[74] これらクラス・アクションの経済分析に関する詳細な議論として，Jonathan R. Macey & Geoffrey P. Miller, *The Plaintiffs' Attorney's Role in Class Action and Derivative Litigation: Economic Analysis and Recommendations for Reform*, 58 U. CHI. L. REV. 1 (1991)（以下，"Macey & Miller, *Plaintiffs' Attorney's Role*"で引用）参照。

を生じさせる可能性が大きいということである。たとえば，証券詐欺クラス・アクションにおける投資家としてのクラス構成員は，ほとんど，ある会社の株価が急落した場合であってもわずかな損害しか被っていないであろう。同じことは，反トラスト法や消費者保護法違反により不当につり上げられた価格を支払わされた消費者についても当てはまる。

　クラス・アクションはすべての少額請求を1つの訴訟に寄せ集め，期待賠償額の合計を大きなものにしている。このことが，弁護士が事件を受任し，クラス全体のために獲得した結果に基づいて報酬を得ようとする強力なインセンティヴとなっている。たとえば，証券詐欺のクラス構成員それぞれが平均100ドルの損失を被り，証券詐欺の請求をトライアルで裁判するための期待費用が100万ドルかかると仮定しよう。また，相手の責任が認められる確率は60％であると仮定しよう。明らかに，クラスの構成員は誰も100ドルのために個別訴訟を提起しないであろう。しかし，10万人のクラス構成員がいるとしたら，クラスでの期待賠償額は600万ドルとなり[75]，この額であれば，合計賠償額のたとえば20％（120万ドル）の報酬が得られると考える弁護士を引き込むのに十分大きな額である。

　個々のクラス構成員は，集団を組織することで同様の結果を達成することはできるであろう[76]。しかし，前項で述べたように，取引費用があまりに高すぎるので，これは現実的な方法ではない。その上，少額請求の場面では，さらなる障害がある。すなわち，集団を組織しようと試みるだけの係争利益が誰にもないということである。

　法と経済学の見地からは，少額請求クラス・アクションの最も重要な便益は抑止力にある。違法行為が膨大な数の人に対して少額かつ広範な

---

[75] $0.6 \times 100{,}000 \times 100 = 600$万ドル

[76] グループ構成員の利益を守るためにクラス・アクションが必ず必要というわけではない。たとえば，会社が訴えを起こす場合，提起されている訴訟を集団訴訟と観念することもできるが，会社は，あくまでも独立の存在として，株主によって構成されるグループのために救済を求めている。

被害を及ぼしている場合，クラス・アクションがなければ，被告は常に自らの違法行為が引き起こした被害に対する賠償金の支払いを逃れることができるであろう。少額請求クラス・アクションにより，クラス構成員は塡補賠償金を手にすることができるが，個々人の損失が少ないものであるならば，少なくとも法と経済学の考え方では，この便益が大きいということはなさそうである。少額請求クラス・アクションには，証券詐欺クラス・アクションでの年金基金やその他大口の機関投資家のように，大きな損失を被ったクラス構成員が含まれることがあるのも事実である。しかし，これら大口の原告はクラス・アクションを起こす必要がなく，個別に裁判をすることができる。そして，これら大口の原告は，1つの訴訟に任意に共同して参加することで，規模の経済の利便性をいくらか手に入れることもできる。

　少額請求クラス・アクションの抑止力の議論は，2つの重要な前提に基づいている。第1に，制定法上の救済方法が，法が過小にしか実現していない問題をかねてから考慮していないことを前提としている。たとえば，連邦の反トラスト法は，損害額の3倍の賠償を認めている。その趣旨は，個別訴訟を費用に見合うものにし，各訴訟の抑止力を大きくすることにある。もし3倍賠償の規定が，少額請求が原因で生じている法実現の不十分さをいくらかでも補おうとすることを部分的に意図しているならば，過小な法実現の問題を克服するためにクラス・アクションを用いることによって，過剰な法実現の状態になり，社会的に有益な活動が萎縮することになるかもしれない[77]。

　第2に，抑止力の議論は，すでに存在する実体法の公的な実現方法がどのようなものであれ，私的実現で補充するのが社会的に望ましいということを前提にしている。たとえば，証券取引委員会は，証券取引法違

77）　他方で，もし3倍賠償の規定が，違法行為を発見することの困難さや訴え提起のインセンティヴと関係のないそれ以外の原因によって生じている過小な法の実現に対処するために主に設けられたものならば，クラス・アクションは必ずしも過剰な法の実現をもたらさないであろう。

反を犯した会社を訴える法的権限を有しており，米国連邦検察局は刑事罰の適用を求める権限を有している。このような選択肢が他にあることを前提にすると，選択の方法は，私的実現か実現方法を全くとらないかのどちらを選択するかではなく，私的実現プラス公的実現と，公的実現だけのどちらを選択するかということになる。私的実現プラス公的実現の選択肢が通常正当化されるのは，人的・物的資源の限界，政治的圧力，その他効果的な公的実現の採用を妨げる原因が存在していることや，私人の当事者が違法な行為を調査し，熱心に裁判を行うインセンティヴを有していることに理由がある。

第9.2節　クラス・アクションの費用

クラス・アクションの費用には，複雑な訴訟を運営し，これについて裁判するための手続コストと，集団の訴えについて判断をすることで生じる過誤コストが含まれる。さらに，クラス・アクションのいくつかの特質がこれらの問題を悪化させている。たとえば，エイジェンシー・コストは特に深刻であり，また，逆選択（アドヴァース・セレクション，adverse selection）効果のように，経済学者に馴染みのある集合行為の問題の多くが過誤リスクの度合いを強めている。加えて，巨額に上る賠償額によって生じる和解へのプレッシャーで，濫訴が魅力的になる可能性がある。

9.2.1　手続コスト

手続コストには，クラス・アクションの訴訟を提起し，運営する費用，クラス・アクションがトライアルに進んだ場合に複雑な事件を審理する費用，また，クラス・アクションが和解になる場合に，複雑な和解内容を交渉し，審査する費用が含まれる。これらの費用は相当な額に上る可能性がある。たとえば，訴訟の始めに，裁判官はクラスを承認すべきかどうか決定しなければならないが，承認されるか否かの判断で和解段階での相対的な交渉力に大きな相違が生じることから，承認の申立ては激しく争われるのが通常である。加えて，ほとんどの損害賠償クラス・アクションでは，クラスの弁護士は，離脱する権利があることを知らせる

通知をクラス構成員に送らなければならない。この通知の送付には多額の費用がかかるが，これも訴訟提起のための手続コストに加算されるべき費用である。

　手続コストは訴訟のもっと後の段階でいっそう大きくなる。裁判官がクラスを承認する場合には，多人数の弁護士を調整する何らかの方法を見つけなければならない。大規模不法行為のクラス・アクションのように請求が巨額な場合には，承認の前に，クラスの構成員がすでに自身の弁護士を雇い，訴訟提起している例がよくある。その上，少額請求（と多額請求）のクラス・アクションでは，さまざまな弁護士がクラス・アクションの重複申立てを行うのが通例である。これらの事件を1つの手続に併合すると，多人数の弁護士が1つの訴訟に併存することになる（大規模なクラス・アクションでは，弁護士が100人以上になることもある）[78]。多人数の弁護士が自分の事件だけを個別にすべてコントロールしようとすれば，クラス・アクションの便益は失われる。したがって，調整作業が不可欠であるが，通常は，訴訟運営委員会を結成し，訴訟追行の指揮を執る主任弁護士を指名して調整が図られる。運営委員と主任弁護士を選任する作業は，やり方次第では，費用のかかる仕事になる可能性がある[79]。

　さらに，クラス・アクションがトライアルに進む場合には，裁判官は，極めて複雑な進行になるはずのトライアルを運営し，トライアルでの賠償額が分配されるのをチェックし，クラス弁護士からの報酬請求を審査

---

[78] これら弁護士のすべてにクラス・アクションで依頼人の代理人となる法的資格があるわけではないかもしれないが，誰かが将来クラス和解に反対するかもしれないリスクを最小化するために，これらの弁護士を含めて考える強いインセンティヴが存在する。後記9.2.3および9.2.4参照（このような和解のインセンティヴのいくつかについて論じている）。

[79] 主任弁護士に選任される者は誰でも，訴訟や仕事の割り振りについて広範な主導権を持ち，他の弁護士に支払われる報酬額を決定する大きな権限を有する。その結果，主任弁護士になるための競争が極めて熾烈なものになることがよくある。

しなければならない。トライアルでは、共通の問題だけが判断されるかもしれないし、共通の問題と、損害のような個別の問題とが2つの手続に分けて判断されるかもしれない。また、異なる争点ごとに多数回に段階を分けて判断をする、さらにいっそう洗練された審理計画が必要になるかもしれない。こういったすべての複雑さによる手続コストが訴訟に生じることになる。

　和解が成立する見込みはトライアルのコストと、ときには訴訟運営委員会を組織するコストをも減少させる。ほとんどのクラス・アクションは和解で終わるので、この点は重要である。クラス弁護士は、承認の前に被告と和解を成立させることさえあり、その場合、被告はこのクラス弁護士と協力して全員に和解の拘束力を及ぼす目的で裁判所に承認を求めている（後記9.2.4の和解のためのクラスの説明を参照されたい）。

　それでも、複雑なクラス和解の交渉にかかるコストは極めて高いものになる可能性がある。さらに、裁判官は、どの和解についても、公正さと合理性の見地から条項の審査をした上でなければ認可することができない。この審査過程の一部として、裁判所は審問手続を開き、クラス構成員に告知をし、異議のある者に出頭させて異議を述べる機会を与えなければならない。特に複雑な合意のある事件では、この審査過程の補助者として、裁判官が弁護士や大学教授、ときには他の裁判官さえをも任命することがある。

　要するに、クラス・アクションに関する期待手続コストは相当大きなものである。もちろん、このコストと個別訴訟で裁判をする場合の手続コストとを比較しなければならないが、クラスの規模が大きく、共通の争点が多数あるような場合には、クラス・アクションの方が有利になる可能性が高い。しかし、手続コストは唯一の問題ではない。クラス訴訟はまた、特に深刻なエイジェンシー問題、逆選択の影響、根拠の薄弱な事件での和解による利得をもたらし、過誤コストも生じさせている。

9.2.2　エイジェンシー問題

　クラス・アクションにおいてエイジェンシー問題が主に生じるのは、クラス弁護士とクラスの関係においてである[80]。確かに、個別の訴訟で

もエイジェンシー問題は生じうる。しかし，いくつかの理由から，クラス・アクションの状況においての方が問題はより重大なものになるおそれがある。

9.2.2.1 少額請求のクラス・アクション

少額請求だけからなるクラス・アクションでは，どのクラス構成員にもクラス弁護士をチェックするコストに見合うだけの十分な係争利益がない。実際，ほとんどのクラス構成員は，正式な通知を受けた場合でも，これを念入りに読んだり，その条件を理解したりすることはないので，クラス・アクションが行われることをつかの間気にかけるのがせいぜいであることが多い。代表の肩書きを持つ原告でさえ，弁護士の活動に多大な注意を払う行為をすることにあまり関心がない。原告という肩書きがあるのだから，代表原告には訴訟をチェックする何らかの利益があると考える者もいるかもしれないが，そういうケースは滅多にない。むしろ逆に（依頼者の勧誘を禁ずる倫理規範にもかかわらず）クラス弁護士が代表原告を捜し出しているのが通例である。実際，1995年に私人による証券訴訟改革法が成立する以前には，連邦の証券詐欺クラス・アクションを専門とする弁護士は，「職業原告（professional plaintiffs）」という名称の人物を雇っていた。これは，多種多様な会社にわずかずつ株式を持つ個人で，彼らは，多くのさまざまなクラス・アクションで原告とな

---

80) 少額請求クラス・アクションと多額請求クラス・アクションにおけるエイジェンシー問題についての詳細な議論として，Macey & Miller, *Plaintiffs' Attorney's Role, supra* note 74; John C. Coffee, Jr., *The Regulation of Entrepreneurial Litigation: Balancing Fairness and Efficiency in the Large Class Action*, 54 U. CHI. L. REV. 877 (1987)（以下，"Coffee, *Entrepreneurial Litigation*" で引用）; John C. Coffee, Jr., *Class Action Accountability: Reconciling Exit, Voice, and Loyalty in Representative Litigation*, 100 COLUM. L. REV. 370 (2000)（以下，"Coffee, *Class Action Accountability*" で引用）; John C. Coffee, Jr., *Class Wars: The Dilemma of the Mass Tort Class Action*, 195 COLUM. L. REV. 1343 (1995)（以下，"Coffee, *Class Wars*" で引用）参照。

ることができた[81]。

　さらに，クラス構成員にほとんど係争利益がない場合には，通知を受けた場合であっても，クラス弁護士の不当な代理行為や倫理規範の違反行為について届け出をする理由はほとんどない。評判も規律を遵守させる影響力として機能しない。というのは，良い印象を与える相手になるべき現実の依頼者がいないクラス・アクションの場合，弁護士が依頼人に忠実であるという評判を作ろうと努力するのは割に合わないからである。言い換えれば，訴訟を開始し，これを運営するのは，「起業家的 (entrepreneurial)」弁護士[82]として行動するクラス弁護士なのである。すなわち，代表の肩書きを持つ者は，「ほとんどいつも単なるお飾りとして機能している[83]。」

9.2.2.2　多額請求のクラス・アクション

　エイジェンシー問題は，大規模不法行為事件のような，多額請求のクラス・アクションでも深刻である。多くのクラス構成員には，クラスの弁護士を何らかの形でチェックするに見合うだけの十分な係争利益があるが，構成員のほとんどは効果的にチェックするのに必要な知識を欠いている。また，弁護士の訴訟での行状に関する情報を入手することは難しい。弁護士はこの種の情報を進んで開示しないことが多く，容易に利用できる公的な情報源や開示を強制するディスカヴァリのような正式な手段を簡単に利用する方法もない。このような問題は個別の訴訟でも存在するが，クラス・アクションでは弁護士の権限が広範であることから，問題はより厄介になる。個別の訴訟の方が，ふとした偶然から依頼人が弁護士の不当な行為に注意を向ける機会がより多く存在する[84]。

---

81)　実際に，法改正にもかかわらず，なおもこのような実務が支配的であると考える論者もいる。

82)　Coffee, *Entrepreneurial Litigation*, *supra* note 80, at 882 参照。

83)　Macey & Miller, *Plaintiffs' Attorney's Role*, *supra* note 74, at 5 参照。

84)　さらに，クラスの弁護士は，クラスの構成員個人々人というよりも，クラス全体に対して義務を負っている。その結果，筋道の通った批判

さらに，クラス構成員は，クラスの他の構成員が行っているチェックの努力にただ乗りしようとするインセンティヴを持っている。ただ乗り問題（フリー・ライダー問題，free-rider problem）は，あらゆる種類の集合行為に特有のものである。この問題は，グループの各構成員が他のメンバーにグループの仕事を負担してもらいたいと考える場合に生じる。より正確に言えば，グループの構成員はすべて，グループ全体の利益に適うあらゆる努力から便益を得ているので，各構成員にはその努力を他人に委ねるインセンティヴがある。なぜなら，そうすることで，何ら費用負担することなく便益を得ることができるからである。

加えて，訴訟に参加しないほとんどのクラス構成員は，弁護士の訴訟活動に多大な注意を払うだけの直接の関わりや，訴訟での利害感情を持っていない。むしろ，多くの構成員は，被害に遭った他の当事者が代表者として行動していることを知って，いくらか安心することも多いくらいである。多くの事件で，クラス構成員が知らないのは，クラスの代表者がクラスの弁護士によって選ばれているという事実である。

9.2.2.3 帰結

こういったエイジェンシー問題が存在することで，クラスの弁護士は，自己の利益を図るため，かなり自由にクラス訴訟を追行することができる。その結果，クラスにはどのような不利な結果がもたらされることになるであろうか？　通常，弁護士の関心は自らの報酬額を最大化することにあるので，この問いに答えるためには，クラス・アクションでの報酬がどのように支払われるかについてまず検討するのが重要である[85]。

　　に対しても，その批判が反対意見を唱えるクラス構成員の個人的利益には適うが，クラス全体の利益には適わないと正当性を主張することができる。このような事情からすれば，第三者が，対立する主張のどちらが真実か判断するのは困難であろう。

85)　われわれがこれまで議論してきた，少額かつ大規模な不法行為事件のような損害賠償のクラス・アクション訴訟では，このような動機づけを前提とすることができる。しかし，この前提は一般的に当てはまるものではない。たとえば，公民権クラス・アクションの弁護士は，

クラスの弁護士は、個々のクラス構成員と個別に報酬の取決めを交わすことは不可能であるから、クラスとの契約に基づいて報酬の支払いを受けることはできない。クラス・アクションが実際にトライアルに進んだ場合には、裁判所は、弁護士がクラスにもたらした利益を考慮して合理的な報酬額を決定する。訴訟運営委員会が設置される複雑なクラス・アクションでは、この報酬額の大部分は主任弁護士に支払われるのが通常である。他方、ほとんどのクラス・アクションがそうなのだが、訴訟が和解で終了する場合には、当事者は和解の一部として報酬額について合意するのが普通である。しかし、この場合にもやはり裁判官は和解の内容を審査する際に報酬額についても審査することになっている。

　判決で終結する事件において報酬額を決定する場合でも、和解における報酬に関する条項を審査する場合でも、合理的な報酬額を算定する方法には、2通りの方法がある。いわゆる「基準額方式(lodestar method)」はタイム・チャージ制の方式にならうものである。この場合、弁護士は稼働時間の記録を提出し、裁判官は時間当たりの合理的な報酬額に稼働時間を乗じて基準額を算出する。その上で裁判官は、並はずれたリスクというような特殊要因を考慮してそこで得られた基準額を修正する。また、「賠償額の割合 (percentage of recovery)」方式は全面成功報酬制の方式にならうものである。裁判官は、弁護士の職務に対する評価、クラスに対する賠償額、事案の性質に基づいて賠償総額の何割を弁護士に支給すべきかを決定する。

　当然、クラスの弁護士のインセンティヴは、通常の時間報酬制や全面成功報酬制で代理をしている弁護士のそれとパラレルになるはずである。第2章では、これらインセンティヴのいくつかについて検討した。報酬が基準額方式によって支払われると考える場合には、クラスの弁護士は総稼働時間をかさ上げするために訴訟を長期化させるインセンティヴを持っている。また、報酬が賠償額の割合ベースで支払われると考える場

　　　　報酬額を最大化するよりも、公益に関する自らの見解を推し進めたり、ことによると、自分の評判を高めたりすることの方に、より関心を持っていることが多い。

合には，クラスの弁護士は早期に，あるいはトライアル直前に，クラスの請求についての期待判決額を下回る金額で和解をするインセンティヴを持っている。

　しかし，これらが最も重大な問題というわけではない。クラス・アクションを批判する人の大方の意見では，最も重大なのは，「馴合いの和解（sweetheart settlement）」と呼ばれるもので，クラスの弁護士がクラスの賠償額を低額にするのと引換えに自らの報酬額を高くしてクラスを裏切るという問題である。その問題性の程度については，若干の意見の相違があるものの，クラス・アクションについて論じる者の多くはこの問題が重大であると考えている。論者は，その例として，依頼人であるクラスの構成員が利益から損失を差し引きして最終的に損失を被ったにもかかわらず，クラスの弁護士らが何百万という報酬を受け取った Kamilewicz v. Bank of Boston Corp. を引用している[86]。

　和解の段階における裁判所の審査はこういった濫用を見つけることを目的にしてはいるが，特に，和解の認可をすれば複雑な事件の手持件数が少なくなるという大きなメリットが裁判官にある場合には，裁判所の審査はあまり機能しない。さらに，裁判官が徹底的に審査したいと思っても，和解案に反対する根拠を効果的に主張できる人を見つけるのはかなり困難であろう。クラスの弁護士にも被告にもそのようなことをするメリットはない。クラスの構成員の中には，この仕事を引き受ける者も

---

86) Kamilewicz v. Bank of Boston Corp., 92 F. 3d 506 (7th Cir.1996) 参照。Kamilewicz 事件では，ボストン銀行抵当証券会社から抵当証券の発行を受けた71万5000人の抵当権者のクラスが，エスクロー口座に維持しなければならない必要額の計算を銀行が間違ったとして，損害賠償の支払いを求める訴えをアラバマ州裁判所に提起した。当事者は，クラスの弁護士が報酬として850万ドルから1400万ドルの間の金額を受け取り，クラスの構成員が1回限り0ドルから8.76ドルの利息の支払いを受けることで和解をした。和解では，ボストン銀行が抵当権者のエスクロー口座から弁護士報酬を引き落とすことができる旨規定されていたので，ほとんどの抵当権者について引き落とし額が利払額を超過し，クラス構成員が訴訟によって純損失を被る結果となった。

いるかもしれないが，経験的にはほとんどの者が気にかけることはなく，引き受けたとしてもその仕事は不十分なものになるおそれがある。クラス・アクションの和解は，専門家による分析なしには評価することが困難な，複雑な方法で作られている可能性があるので，この点は特に問題をはらんでいる[87]。

　実際，クラスの構成員が異議を申し立てて関与してくる場合，和解の認可を阻止する利益があるのは，そのクラス構成員自身ではなく，クラス構成員を代理する弁護士であるという例がよくある。そのような場合，当該弁護士は主任弁護士になるための争いに敗れたということが考えられ，和解案が認可されないで，並行あるいは重複して行われているクラス・アクションを引き続き行えばより高い報酬額を受け取れると考えているのかもしれない。もっとありそうなのは，その弁護士がクラスから離脱する意図があるのではなく，和解の分け前や裁定による報酬額をもっと得ようとしてクラスから抜けることを単に脅しとして使っているという場合である。このようなことが起こると，異議申立人がクラスの利益を一番に考えているなどと当てにすることはできない。その上，クラスの弁護士と被告には異議申立人を「買収（buy off）」しようとするイン

---

87)　たとえば，少額請求のクラス・アクションで頻繁に用いられる，最も議論の多いタイプの和解の1つは，被告製品を将来購入するのに使うクーポン券のような現物をクラス構成員に支給して補償を行うというものである。この場合，必ずしも，すべてのクラス構成員が，支給されたクーポン券やその他の非金銭的な形態の補償を利用しないことも考えられるので，クラス構成員にとっての真の利益をいくらと評価するかは極めて難しい。もう1つの例は最終残余金返還方式の基金設立和解で，被告がクラスの構成員に補償金を支払うための基金を設立し，クラスの弁護士が基金から報酬の支払いを受けるが，一定期間経過後に請求されずに残った分は被告に返還されるというものである。この場合，クラスの弁護士と被告には，多額の基金を設立しながら，クラス構成員には基金に請求させないようにするインセンティヴを持っているので，ここでも，クラスがどれだけの利益を享受することになるのか正確に評価するのは困難である。

センティヴがある。買収には，異議申立てをした弁護士の担当する個別の請求権を割増しで和解する裏取引による方法と，異議申立てを行った弁護士がクラスに利益をもたらしたので，高額の報酬を受けるに値すると主張することができるように和解案を微調整する方法とがある。

　要するに，クラスをだまして，本来クラス構成員が受けるべき実体的権利より低い，構造的に歪んだ賠償額が支払われることになる馴合いの和解が締結される機会は数多くある。これら過誤の社会的費用を計算するためには，クラス・アクションの目的を考慮に入れなければならない[88]。

　少額請求のクラス・アクションにおける抑止目的を前提に考えると，どれだけの賠償額がクラスの構成員に支払われるかではなく，どれだけの金額を被告が支払わなければならないかによって，和解や報酬額を評価するのが理にかなっている。弁護士とクラス構成員のどちらが支払いを受けるかは，さして重要ではない。また抑止力のギャップを埋めるために公的機関による法の実現手段が用いられている限りにおいては，和解金額がクラスの請求額の期待価値に達しないとしても問題はない。すなわち，馴合い和解の過誤コストは，公的機関による法の実現が不十分である場合に抑止力がどれだけ損なわれているかによって決まるということになる。

　馴合い和解のコストは，賠償額がより顕著に高額化する多額請求の場合に，より大きいものになりそうである。係争利益の額が大きい場合には，賠償金は経済学的見地から有用なのである。なぜなら，賠償金はクラス構成員のリスク負担のコストを減少させ，損害を惹起した原因行為に対する効率的な投資を促し，社会的に最適な保険の選択を促すからで

---

88) 過誤コストのほかに，道徳的権威や裁判制度の正統性が傷つけられるという潜在的なコストもある。これらのさらなるコストの中には，経済学的アプローチに適合するものもあるかもしれないが，経済学的な厚生に関係しない道徳的基準に依拠するコストについては，経済学と同化することはできない。予備知識として，本書第2部序論と第6章が有益である。

ある。しかし，クラス・アクションが過誤コストを生み出すと非難する前に，個別訴訟での馴合い和解のリスクも考慮に入れなければならない。たとえば，大規模な不法行為訴訟の弁護士は，通常，（しばしば数万人規模に及ぶ）膨大な数の依頼人を集め，総額で一括して和解をする。和解も弁護士報酬も何ら裁判所の審査や認可を受けることはない。このやり方にもエイジェンシー問題の欠点があり，依頼人を裏切る和解をするインセンティヴが生み出されるのは明らかなはずである。これら2つの状況でリスクの程度が異なるのは当然だが，個別訴訟でも同様の問題が生じることを認識しておくことは重要である。

9.2.3　逆選択と離脱
9.2.3.1　クラス内での富の移転

　クラスの弁護士は，個別の事件にたまたま根拠の弱い事件が含まれるとしても，できるだけ多くの被害当事者をクラスに加入させようとするインセンティヴを持っている。たとえば，大規模な不法行為のクラス・アクションでは，弁護士が依頼人を多く持てば持つほど，その影響力は大きくなり，より多額の裁定報酬額を得ることができる。問題は，根拠の強い請求を持つ被害当事者が数多くいると，弁護士が代理をするクラス構成員は，最終的に根拠が中程度か，根拠が弱い請求を持った原告でいっぱいになるということである。個別の事件の内容を調査しなければ，根拠が強いか弱いかを判別することはできないので，根拠の弱い請求を持った原告──より正確にはその弁護士──は，根拠の強い請求を持っている振りをする可能性がある[89]。

---

89)　これは大規模不法行為訴訟に特有の問題である。なぜなら，個別的な争点（異なる被害状況，特定的因果関係についての異なる事実など）により原告グループ内でさまざまな多様性が生じ，また，最も根拠の強い事件と最も根拠の弱い事件との間に大きな相違が生じるからである。実際，大規模な不法行為訴訟を扱う法律事務所は，根拠の強い事件を注意深くふるい分ける「高級事務所（boutique firms）」と，たいした識別もせずに数多くの根拠の弱い事件を引き受ける「大量事務所（wholesale firms）」とに分かれる傾向がある。Coffee, *Class Wars*,

この結果は，経済学者が**逆選択**（アドヴァース・セレクション，adverse selection）と呼んでいるものの1つの例である[90]。クラス・アクションは根拠の弱い請求を「逆選択する」が，根拠の弱い請求と根拠の強い請求は容易に区別することができないので，根拠の弱い請求は根拠の強い請求に紛れて，根拠の強い請求と一括化された取扱いを受けようとする。この説明から明らかなように，逆選択は第1章の1.2.3.2.3で説明した一括化戦略の応用である。訴訟の場面以外で身近なのは，保険契約が危険度の高い被保険者を引きつける傾向があるという例である。保険会社が低額な保険料で健康な人に生命保険契約を売りたがっているとしよう。保険会社がもっぱら自己申告に頼る場合には，低額な料金で保険を購入するために申込者は自己の健康状態について虚偽を述べるであろう。保険会社もこのことが分かるので，健康診断を実施し，健康記録の提出を求めることになる。しかし，これが保険契約のコストを増加させ，より高い保険料を通じて顧客に転嫁される。その上，健康診断や健康履歴では完全に選別できないので，保険会社はその分の高いリスクをまかなうためにいくらか高い保険料をさらに請求するのである。

　この例は2つのことを明らかにしている。1つ目は，逆選択は情報が偏在する場合に行われるという点である。この場合，一方当事者が（たとえば，健康リスクが高いか低いか，あるいは，根拠が強い原告か弱い原告か）どのタイプに属するかを判断するためには相手方当事者に費用がかかる。2つ目は，逆選択では望ましくないタイプが望ましいタイプに一括化されて，望ましいタイプと同じ取扱いを受けようとする点であ

---

　　supra note 80, at 1365 参照。これにはシグナリングの利点があり，根拠の強い訴訟と根拠の弱い訴訟をある程度区別するために利用できる。
90) クラス・アクションにおける逆選択の問題は，Coffee, *Entrepreneurial Litigation*, *supra* note 80 で論じられている。逆選択とは関係なく，別の原因でやはり根拠の弱い事件でクラスがいっぱいになる可能性がある。被告とクラスの弁護士には，和解の一部として定められた多額の弁護士報酬を裁判官が認可するよう説得する材料として，できるだけクラスを大きくすること，すなわち根拠の弱い事件をクラスに含めることにメリットがある場合がある。

る。したがって，対象を特定の性質に従って異なるタイプとして処理しようとする努力が無駄になり，社会的費用が生じることになる。もし根拠の強い請求と弱い請求を区別することができるとしたら，裁判所は大きなクラスを根拠の強弱によって小さなクラスに分け，それぞれ別の弁護士を指名して各小クラスの利益を擁護させることができるであろう。しかし，一括化戦略の理由にもなっていることであるが，情報入手に障害が存在するために，この方法をとることは不可能である。

　したがって，クラス・アクションの状況の下では，逆選択は，根拠の弱い請求を持った原告を引きつけることになる。被告はこのことを予測するがゆえに，クラスの期待賠償額が比較的低額であると見込み，クラス全体として比較的低額な和解案を提示する。そして，請求の根拠の強弱によって区別することができないので，クラスの和解総額は，通常，(多くの場合病状の分類によって) 各人均等に配分される。その結果，根拠の強い請求を持ったクラス構成員は，自分の請求の期待判決価値よりも少ない額しか賠償金を受け取れず，根拠の弱い請求を持ったクラス構成員は期待判決価値よりも多い金額の賠償金を受け取ることができる。結局のところ，クラス・アクションの和解は，平均を上回る者から平均を下回る者に富を移転し，それによって2つのタイプの過誤を生み出している。高額な請求権を持つ原告は実体的権利よりも少ない額しか受け取れず，低額な請求権を持つ原告は実体的権利よりも多い額を受け取るのである。逆選択の問題が大きくなるに従って，過誤は非常に多くなり，富の移転も顕著になる[91]。

---

91) 具体的に説明するために，1万人の構成員がいるクラスに，根拠の弱い請求，中程度の請求，強い請求を持った原告がいるとしよう。根拠の弱い請求はクラス全体の50％，中程度の請求は30％を占めている。根拠の弱い請求には平均で1万ドルの期待判決価値があり，中程度の請求には20万ドルの期待判決価値が，根拠の強い請求には50万ドルの期待判決価値があるとしよう。訴訟費用が同額で，交渉力が対等であるとすると，和解額は$5000×10,000+3000×200,000+2000×500,000=16$億5000万ドルになるはずである。この合計額が全構成員一万人に

9.2.3.2 高額請求権を持つ原告の離脱

逆選択は，高額な請求権を持つ原告がクラスを離脱する理由にもなる。根拠の弱い請求が流入することで平均の期待賠償額が下がるから，高額請求権を持つ原告にとっては個別訴訟の方が魅力が大きくなる。クラスの期待賠償額と個人の賠償額の相違が大きくなるので，個別訴訟で費用がかかるにもかかわらず，どこかの段階で，当該クラス構成員はクラスを離脱した方が有利になる。そして，離脱する原告が多くなるにつれて，クラスに残る高額請求権を持つ原告の相対的割合は小さくなるから，被告は和解の提案額をさらに下げ，それがさらなる離脱を招く。

離脱という選択肢に魅力がある要因がもう１つある。離脱したクラス構成員の個別訴訟は，通常，クラス・アクションが係属中の裁判所に移送され，それと併合される。このことが，クラス構成員にとって，クラスの弁護士がすでに行った調査，ディスカヴァリ，その他の作業にただ乗りする格好の機会を与えるのである。他方で，離脱した構成員は，クラスの和解に拘束されることなく，個別に訴訟をする権利を保持することができる。

理論的には，クラス・アクションは，クラスが根拠の弱い請求だけになるまで，完全に分離される可能性がある。しかし，高額な請求権を持つ原告がすべて自分の事件の根拠が強いと分かっているわけではないし，離脱する価値を十分に理解しているわけでもないので，実際問題として完全な分離は起こりそうもない。しかし，クラスが最終的に個別訴訟で（争われるとして）激しく争われることのない根拠の弱い請求ばかりになる場合には特に，離脱による個別訴訟が行われることで，クラス・アクションの効率性は台無しになる。また，高額な請求権を持つ原告はクラスの弁護士を最もチェックしそうな者であるから，離脱によってエイジ

均等に配分されると，各クラス構成員は16万5000ドルを受け取るであろう。根拠の弱い請求を持った原告は，根拠の強い請求と中程度の請求を持った原告を犠牲にして15万5000ドルの棚ぼたを得る。逆に，根拠の強い請求を持った原告は本来の請求価格の３分の１しか受け取っていない。

ンシー問題も悪化するであろう。

　さらに悪いことに，離脱はクラス構成員にとっての最良の選択ではなく，弁護士にとっての最良の選択になる可能性がある。ある弁護士が訴訟運営委員会のメンバーに選任されておらず，クラス訴訟でささいな役目しか負っていない場合に期待できるのは，クラス・アクションの報酬額のうちわずかな部分にしかすぎない。このような状況の下で，弁護士は，クラスを離脱することで自ら代理しているクラス構成員が不利になる場合でさえ，自分自身は有利になるときがある。たとえば，弁護士は，個別の訴訟の方がもっと思いどおりにできるとか，裁判所が稼働時間を考慮して報酬を調整するのを心配する必要もなく，完全な成功報酬制が保障されているという理由でクラスを離脱するかもしれない。また，弁護士は，被告が自分と和解して，より高い報酬を支払ってくれることを期待して，自ら並行してクラス・アクションを行うという理由からクラスを離脱するかもしれない。

　離脱を防止する1つの方法は離脱する権利を否定すること，言い換えれば，すべての損害賠償クラス・アクションを強制クラス・アクションにすることである。しかし，高額な請求権を持つ原告は，クラスにとどまることを余儀なくされることで富の移転を強制され，実体法上受け取れるそれよりも少ない金額，個別訴訟で得られる金額よりも少ない金額の支払いしか受けられなくなる。この結論が非常に非効率なものかどうかは，あらゆる訴訟が起こされる以前の現実世界において，その見込みが当事者のインセンティヴにどれだけの影響を与えるかによって決まる[92]。それにもかかわらず，それがさほど非効率でないとしても，多く

---

[92] 高額な請求権を持つ原告は実体法的に受け取ることのできる金額よりも少ない金額しか支払いを受けられず，低額な請求権を持つ原告はより多い金額の支払いを受けられるであろうが，経済学的見地から費用のかかるものは，これらの過誤がすべてではない。原告には，自分の事件の根拠が強いか弱いかを確実に知る方法がないので，将来起こるあらゆる不確実な事態を考えて，高い値と低い値の平均値を求めるであろう。平均化によって高額請求と低額請求の差が小さくなるので，少なくともリスク中立的な原告については，事前に最適な判断が

の論者の見解では，それはひどく不公平である[93]。

9.2.4 特別な「和解のためのクラス・アクション」の場合

　エイジェンシー・コストと逆選択の問題は，大規模な不法行為の「和解のためのクラス・アクション（settlement class action）」において，これまでと若干異なった形をとり，おそらくもっと深刻な問題となる[94]。和解クラスの使い方として最も議論があるのは，被告が，被害に遭った当事者を代理する弁護士との間で，訴え提起前に「包括的和解（global settlement）」を交渉する場合である。包括的和解では，本来，すべての潜在的な請求が解決される必要はないが，最も議論を呼んできたタイプの包括的和解では，実際には被告のあらゆる責任――現在傷害を負って

　　　なされるかもしれない。しかし，富の移転は，リスク回避的な原告にリスク負担のコストを負わせることになる。もっとも，このコストがどの程度大きいものかは明らかではない。

[93]　クラス・アクションの擁護論者は，強制クラス・アクションでの富の移転が個人の正義や公正と両立することができる理由について，仮定的同意を論拠にしている。Bruce Hay & David Rosenberg, *The Individual Justice of Averaging*, http://papers.ssrn.com/paper.taf?abstract_id. そこでは，将来クラスの構成員になる可能性のある者は，訴訟費用が大幅に節約でき，それ以外に個人的な利益もあることから，できるなら誰でも，傷害が発症し，あるいは訴訟が起こる前に強制クラス・アクションに拘束されることに同意するであろうと論じられている。したがって，強制クラス・アクションを定める法規は，当事者が事前に契約を結ぶ関係にあったならば，合意していたであろうものを規定したにすぎないという。しかし，仮定的同意で道徳的な側面の大きいこの問題を説明しきれるかどうかは議論のあるところである。結局，仮定的同意は現実の同意と同じではなく，通常，道徳的強制力を持つためには同意が現実になされる必要がある。

[94]　和解のためのクラス・アクションについては，さらに Coffee, *Class Action Accountability, supra* note 80; *Class Wars, supra* note 80; Richard A. Nagareda, *Autonomy, Peace, and Put Options in the Mass Tort Class Action*, 115 HARV. L. REV. 747 (2002) 参照。

いる人に対する責任だけでなく，将来訴えを起こすかもしれない，被害には遭ったが傷害が顕在化していない人（いわゆる「将来請求者（future claimants）」）に対する責任も決定されている。

　当事者は和解案が決まった状態で，クラス・アクションの訴えを提起し，和解案を添付して，承認をするよう裁判所に圧力をかける。その目的は，裁判官にクラスを承認させ，和解案の認可を得て，クラス構成員すべてをその条件で拘束しようとすることにある。裁判官が承認の申立てを認める場合には，提案された和解案を認可することを前提にしている。もし裁判官が最終的に和解案を却下すれば，承認は無効になる。

　和解のためのクラス・アクションは，現在の原告と将来の原告に対する責任を一挙に解決し，「全面的解決（global peace）」をもたらすことから，大規模不法行為訴訟の被告にとっては極めて魅力的である。大規模不法行為事件の被害は，潜伏期間が長いことに特徴がある。つまり，被告は将来何千もの事件が提起されることや，巨額に上る可能性があり，おそらくは支払不能に陥るような責任を将来の原告に対して負うことを心配しなければならない。さらに，これら将来の原告が訴えを起こすと信じるだけの理由が被告にはある。大規模不法行為により原告側の事件を専門に扱う事務所が出てくるが，これら事務所は被害が顕在化した場合にできるだけ多くの原告を掘り起こすことに強い関心を持っているからである。こういった理由から，大規模不法行為事件の被告は，現在の原告に対して負う責任よりも将来の責任の方により大きな関心を持つ傾向がある。和解のためのクラス・アクションは，被告にとって，会社を危機に陥れることなく，この将来の責任を処理する手段になる。

　論者によれば，和解のためのクラス・アクションが被告にとって魅力的である理由は，同時に弁護士の機会主義的行動や馴合いの和解を招く原因でもある。ここで重要なのは，将来の原告が現在の訴訟に無関心であること，包括的和解はその対象が広範囲で，オール・オア・ナッシングの性質を有していることという2つの要因である。クラス・アクションの時点まで健康にまったく問題のない将来の原告は，クラスの弁護士をチェックしたり，和解段階で異議を述べたり，クラスから離脱したりするインセンティヴをほとんど持っていない。また，全面的な解決をし

てしまうと，将来，訴訟を提起し，そこで和解をして金銭を得るということはできなくなるので，大規模不法行為事件を担当する法律事務所には，クラスの利益を犠牲にしてでも，クラス和解での報酬を最大化し，自分たちのために将来請求分の一部を確保しようとする強いインセンティヴが生じる。この2つの要因が，事件処理の過重負担から和解を広く認めようとする裁判所の姿勢と相まって，制度を濫用するのに絶好の条件を生み出す。あるいは，論者はそのように主張している。

　これを具体的に見るために，アスベスト訴訟について通常なされている批判的な説明を考えてみよう。アスベスト訴訟が増加し，倒産の危機に瀕する会社が増加してくると，被告は将来負担する責任についてのリスクを処理して，会社を健全なまま維持する方法を模索するようになった。彼らは，1990年代に入ると，和解のためのクラス・アクションを利用した。被告は，都合の良い条件で包括的和解に応じてくれる原告側弁護士を探し求めた。和解クラス・アクションで包括的和解が成立すれば，それ以後，訴訟を提起することができなくなることから，裏切って甘い汁を取り逃げしようとする多数の弁護士が現れた。実際に，被告は「逆オークション（reverse auction）」の方法を利用することができ，大規模不法行為事件を扱う複数の事務所は，交渉相手となり，クラス弁護士としての立場を得るため，自分が最も被告にとって有利であることを互いに競い合った。

　交渉をする当事者は，将来原告になるはずの者が現在の訴訟に無関心であることを最大限利用して，異議申立てを最少にし，裁判所が認可する見込みが最大化するように包括的和解案を作成した。好んでとられる方法には2段階のステップがあった。被告は，まず，クラス・アクションとは別に現在の請求について和解をし，その後で，すべての将来請求について解決するために包括的和解のためのクラス・アクションを準備した。この2段階の方法にはいくつかの利点があった。被告が現在の請求について和解をする場合には，クラスの弁護士として雇われている法律事務所とだけではなく，アスベスト訴訟についての依頼人を抱えているすべての法律事務所と和解をした。被告は，これら法律事務所が包括的和解に反対しないことを確認した上で，既係属分の請求に対し割増し

た和解金を支払うことに同意した。その結果，こういった裏取引のおかげで，現在の訴訟について最も無関心にならざるをえない将来の原告グループとの第2段階のクラス・アクションにおいて，クラスの範囲に限界を設けることが可能になった。

この説明は複雑な現象を単純化している。その上，批判的な説明であり，クラス・アクションを擁護する者すべてがこの説明を完全に受け入れるわけではない。しかし，そこでは，多くのクラス・アクションの評者が和解のためのクラス・アクションについて特に心配している理由が説明されている。連邦最高裁も懸念を表明しており，2件の判決において和解のためのクラス・アクションを用いることにいくつかの制限を課している[95]。と同時に，もし適切に規制されれば，和解のためのクラスは相当な社会的便益を生み出すことができる。問題は，適切な法的規制手段を工夫することである。

9.2.5 和解への圧力

クラス・アクションについて論じる者の中には，クラスを承認することによって生じる和解への圧力が，根拠のない，あるいは根拠の弱いクラス・アクションを招くことを心配する者もいる[96]。この問題の射程については意見の一致を見ていないが，このリスクが重大であると考える者は，和解での利得をもたらし，濫訴を引き寄せる役目を果たすことになるクラス訴訟の3つの特徴を指摘している。1つ目は，クラス・アクションが集団を作ることによって係争利益を大きくするという点，2つ目は，クラス・アクションが被告のリスク負担の費用，訴訟費用，評判の費用を増加させるという点，3つ目は，クラス・アクションが和解のプロセスで裁判官の助力を得るという点である。

---

95) Amchem Products, Inc. v. Windsor, 521 U.S. 591 (1997); Ortiz v. Fibreboard, 527 U.S. 815 (1999) 参照。

96) これらの懸念について論じるものとして，Robert G. Bone & David S. Evans, *Class Certification and the Substantive Merits*, 51 DUKE L. J. 1251 (2002)（以下，"Bone & Evans, *Class Certification*" で引用）参照。

第1の要因である大きな係争利益は，誤判のリスクが極めて小さい状態でも，濫訴だけからなるクラス・アクションをトータルでプラス期待価値の訴訟に変えることができる。クラスの弁護士が賠償額の合計金のうちの相当な割合を報酬として期待するならば，進んで訴えを提起し，トライアルまで事件を争うと相手に思わせて，信頼性のある威嚇をするであろう。たとえば，裁判所が誤った判断を下し，濫訴全体の2％で責任を認めてしまうとしよう。クラスに1万人の構成員がおり，各構成員の訴訟は濫訴ではあるが，裁判所が誤って責任を認めた場合には50万ドルの損害を立証することができると仮定しよう。また，弁護士報酬はクラス全体の賠償額の20％と仮定する。これら仮定を前提にすると，弁護士は報酬が2000万ドル[97]になると予測するから，期待費用が何百万かかったとしても，クラス・アクションを起こすであろう[98]。

第2と第3の，被告側に生じる高い費用と和解における裁判官の関与は，クラス訴訟がマイナス期待価値であっても，濫訴のクラス・アクションを提起させる要因となる。第1章で，われわれは，訴訟費用を基礎にした濫訴のモデルと，情報を基礎にした濫訴のモデルを検討した。これらモデルをクラス・アクションの設定に適用すると，より高額な訴訟費用，リスク負担費用，評判費用や和解を求める裁判官の圧力が原因で，個別訴訟よりもさらに重大な濫訴の問題が生じることが予測される[99]。

---

[97] $0.20 \times 10{,}000 \times 0.02 \times 500{,}000 = 2000$万ドル

[98] もし，極めて多様な事件を組み合わせて，損失のリスクを効率的に分散することができるならば，弁護士はリスク中立的になるはずであり，予測される訴訟費用が2000万ドルよりわずかに少ない場合でも事件を引き受けるであろう。しかし，弁護士がリスク回避的であるならば，訴訟費用がかなり低い場合にだけ事件を引き受けるであろう（どれだけ低額である必要があるかは，リスク回避の度合いによって決まる）。

[99] クラス・アクションの場合には，係争利益が巨額であることやクラス・アクションがすべてか無かの賭けであることから，被告である企業にとっても，リスク負担のコストは相当なものになる可能性がある。また，クラス・アクションに間々伴う逆宣伝の効果が，被告の評判コ

たとえば，情報を基礎にしたモデルでは，被告は，訴訟費用の負担を避けるために和解をするから，訴訟費用が大きくなり，かつ，裁判官がより積極的に和解を求めると，和解への圧力はより強くなり，濫訴の原告が和解によってより大きな利益を享受することになる[100]。

第9.3節　クラス・アクション改革への提案

クラス・アクションの法理を改革する提案は数多くなされているが，その内容は，裁定報酬額，依頼者によるチェック，馴合い和解，あるいは濫訴と，その対象とする問題の局面によってさまざまである。この最終節では，最も特色ある改革案のいくつかについて概観する。ここでの目的は単に説明をすることだけであり，批判的な論評は一切なされていない。

9.3.1　裁定報酬額

代理人が本人にもたらした利益と代理人の利益とを結びつけることで，エイジェンシー問題は最も的確に処理することができるという前提で，弁護士に対する裁定報酬額を弁護士がクラスにもたらした実際の利益により密接にリンクさせることを目論む提案がなされている。そのような提案の1つは，もっぱら一定割合方式による報酬額の計算を推奨している[101]。この提案の背後には，賠償の獲得額が多ければ多いほど高い報酬額が支払われると弁護士が考える場合には，クラスの賠償額を最大化するためにより良質の仕事をするであろうという考え方がある。この提案をさらに洗練すると，和解した場合でも，判決まで争った場合と同じ

ストを増幅させる。

100) 非対称情報モデルにおいては，濫訴について和解をするプレッシャーの生じる原因が，根拠のある訴訟についてトライアルをしなければならないという被告の懸念にあったことを思い起こしてほしい。したがって，根拠のある訴訟で，トライアルに進むことの費用以上に加算されるものがあればそれが何であっても，濫訴での和解による利得を増大させるであろう。

101) Macey & Miller, *Plaintiffs' Attorney's Role*, *supra* note 74 参照。

裁定報酬額を得られるように割合を調整することになるであろう[102]。もし弁護士が和解してもトライアルに進んだ場合以上の報酬を期待できないならば，それほど馴合いの和解を受け入れようとはしないであろう。

　報酬の点についての改革で最も議論の多いものの1つは，少額のクラス・アクションで実際に行われている改革であり，主任弁護士の地位をオークションするというものである。裁判官は，報酬の明細を付した入札を促し，一定の質的制限を設けた上で，最低の報酬を求めた入札を選択する。法的サービスについて競争市場の条件を模倣することで，過剰な報酬を抑制しようというのがその趣旨である。

　さらに，高額請求のクラス・アクションで戦略的な離脱，すなわち，弁護士の利益にはなるが，クラス構成員の利益にはならない離脱を防止するために裁定報酬額を用いることも提案されている[103]。これは，個別訴訟における裁定報酬額を，原告の個別訴訟での賠償額とクラスの平均的賠償額の差額に基づいて決めるという考え方である。この場合，弁護士は，自らの離脱という判断が，クラスにとどまったならば受け取ったであろう金額よりも大きい額をもたらすことによって当該クラス構成員を利する場合にのみ報酬を得ることができる。

9.3.2　チェック態勢

　エイジェンシー問題に対する第2のアプローチは，依頼人によるチェック態勢を強化することに重点が置かれている。たとえば，1995年の私人による証券訴訟改革法は，連邦裁判所に証券詐欺クラス・アクションを提起する当事者が，構成員に代表を指名するための申込案内の通知を発することを要件としている[104]。裁判所は，申込者の中から代表当事者を選ぶが，わずかな例外を除き，係争金額の大きい候補者を選任する。代表当事者が選任されると，その次に代表当事者がクラスの弁護士を選任する。

---

102)　Hay & Rosenberg, *Sweetheart Settlements*, *supra* note 71 参照。
103)　Coffee, *Entrepreneurial Litigation*, *supra* note 80 参照。
104)　15 U.S.C. §§ 78u-4(a)(3)(B)(i), 78u-4(a)(3)(B)(iii)(I) 参照。

この手続の目的は，クラスの代表の役割を担う大口の機関投資家を選び出すことにある。快く手を貸してくれる当事者を捜すのには費用がかかり，また，機関投資家は弁護士の活動を評価する能力を持ち，弁護士をチェックする可能性が大きいことから，証券詐欺クラス・アクションを提起する弁護士が自発的に機関投資家を選ぶことはあまりない。私人による証券訴訟改革法のアプローチは，裁判官が機関投資家を指名し，機関投資家がクラスの弁護士を選任する場合には，弁護士に対するチェックが行われる可能性が大きいことを前提にしている。また，機関投資家は証券詐欺訴訟において繰り返し当事者となる者である。したがって，機関投資家をクラスの代表に選任し，クラスの弁護士を選任する権限を付与することで，証券詐欺クラス・アクションを担当する弁護士は将来の訴訟でクラスの弁護士に選任されるように，公正な和解をするという評判を広めるインセンティヴを持つようになる[105]。

9.3.3　馴合いの和解

　第3のアプローチは，直接，和解を対象にしている。ある提案は，馴合いの和解が通常有している要素に焦点を置いている。たとえば，クラス・アクション改革法案は，本書執筆の時点で連邦議会において審議中であるが，クーポン券や現金を用いた和解を規制し[106]，一部のクラス構成員との裏取引を禁止している[107]。別の要素に焦点を置いたその他のアプローチもあるが，馴合いの和解の典型的な特徴を規制することで，馴合いの和解について交渉したり，認可したりすることを困難にするという考え方はすべてに共通している。

---

[105]　実際，私人による証券訴訟改革法の規定は，実務でのさまざまな成功例を取り入れている。1つ問題なのは，裁判官がクラス和解の障害となるものを嫌がり，クラスの弁護士が規定をかいくぐるために考えた方法を黙認してしまう点である。これら問題についての議論として，Coffee, *Class Action Accountability, supra* note 80, at 413-17 参照。

[106]　この法案の上院での上程案について，S.1712 (107th Cong. 1st Sess.)，特に，法案1712条参照。

[107]　前記1714条，1715条参照。

もう1つのアプローチは，和解の段階における裁判所の審査を強化しようとするものである。異議申立てを促し，当事者間での議論を生み出して，論戦を闘わせる当事者や裁判所が利用することのできる情報を多くしようとするのがこの考え方の背後にある。たとえば，連邦民事訴訟規則23条の改正案は，本書執筆時点で検討作業中であるが，異議申立てをする可能性のある者に対してより詳細な通知をすることを求め，裁判所がより厳格な審査をすることを促し，あらゆる裏取引について情報を開示することを求めている[108]。同じ考え方に基づいて，クラスの利益を擁護するための訴訟後見人（guardian ad litem）を任命したり，複雑な和解条項を審査するために特別補助裁判官（special master）の利用を拡大したりする提案がなされている[109]。

　3番目の提案は，和解の時点において，あるいは，大規模な不法行為で和解が行われる事案で被害には遭ったがいまだ発症していない人のいる場合には重大な症状が発症した時点において，訴訟に参加していないクラス構成員にクラスを離脱する機会を与えようとするものである[110]。

---

108) 特に関係するのは，規則23条(c)(2)と23条(e)の改正案である。CIVIL RULES ADVISORY COMMITTEE, JUDICIAL CONFERENCE OF THE UNITED STATES, REPORT OF THE CIVIL RULES ADVISORY COMMITTEE 93-104 (Admin. Office of the U.S.Courts, May 20, 2002) 参照。

109) 一般的に，訴訟後見人（guardian ad litem）とは，未成年者や無能力者のように自分自身を守ることができない者の利益を保護するために任命された弁護士などである。この提案は，クラスの訴訟後見人としての任務を務め，和解段階でクラスの利益を擁護する弁護士を裁判所に選任してもらう考え方を示している。特別補助裁判官（special master）は，実質的に裁判官の補助者として活動するために裁判官によって任命される者である。クラス・アクションの場合には，特別補助裁判官は弁護士や大学教授であることが多いが，彼らは，連邦裁判官と比較して，複雑かつ時間がかかる和解審査手続に使う時間的な余裕や広範な専門知識を多く有している。

110) 連邦民事訴訟規則23条(e)の改正案は，離脱クラス・アクションにおいて，当初のクラス承認時だけでなく，和解の時点で離脱することをクラス構成員に認めるかどうかの裁量を裁判官に付与している。同

これらの「事後的離脱権（back end opt out rights）」は，いろいろな提案の中でさまざまに構成されている。たとえば，ある論者の提案は次のようなものである。提案された和解案を審査する一環として，裁判官が，クラス構成員にとってより有利な和解の提案をするよう，他の弁護士たちに競争させる。提案の優劣は，クラス構成員が元のクラスを離脱してより有利な和解を提案する弁護士によるクラスに移転するか否かで分かる，というものである[111]。その1つの目的は，不十分な内容の和解から離脱することによってクラス構成員に自身を保護する機会を付与することにある。しかし，もう1つの目的は，クラスの弁護士に構成員が離脱しようと考えないような魅力ある公正な和解案の交渉をするインセンティヴを生じさせることにある。

9.3.4 根拠のないクラス・アクション

改革が唱えられている第4番目の分野は，根拠のないクラス・アクションを対象にしている。私人による証券訴訟改革法によって採用されているアプローチは，濫訴に対する制裁を強化することである[112]。もう1つのアプローチは，弁護士報酬に関するイギリス・ルールの方式をクラス・アクションに適用し，勝訴当事者の報酬の一部を敗訴当事者の負担に変更することである[113]。

3番目の選択肢は，クラスを承認する段階で根拠の有無について審査

　　文献参照。
111) Coffee, *Class Action Accountability*, supra note 80 参照。Nagareda, supra note 94 も参照（傷害が発症した時点で初めて，クラス構成員が，クラス和解を利用するか，離脱の上，懲罰的損害賠償を放棄するという条件を付けて個別訴訟を追行するかを選択する和解の制度について論じている）。
112) 15 U.S.C. § 78u-4(c) 参照。
113) このような考え方を試案として示唆するものとして，Deborah R. Hensler & Thomas D. Rowe, Jr., *Beyond "It Just Ain't Worth It": Alternative Strategies for Damage Class Action Reform*, 64 L. & CONTEMP. PROBS. 137 (Spring/Summer 2001) 参照。

することである。このアプローチの下では，裁判官はクラス・アクションの実体的根拠の有無を審査し，訴訟にかなりの勝訴率がある場合にのみクラスの承認をするであろう[114]。加えて，根拠の有無を審査する際には，クラスが承認される以前のいくつかの個別訴訟が役に立つ可能性がある。個別訴訟の判決や和解の実績で，裁判官（と当事者）はクラスの請求に根拠があるかどうかを容易に判断することができるであろう。根拠の有無の審査を承認の段階に組み込むと，手続コストと誤った承認拒否の判断は増加するが，誤った承認付与の判断が減少し，費用よりも大きな便益が生じると論者は主張している。

---

[114] Bone & Evans, *Class Certification*, *supra* note 96 参照。

おわりに

　われわれは，訴訟手続の基本的事項から本書における検討の旅を始めた。訴訟手続は一連の規則や訴訟運営における技術的実践以上のものである。手続システムの設計には，予測と評価という複雑な問題や，ときとして深遠な哲学的難問が含まれている。本書の9つの章では，この基本的なポイントを確認した。

　第1部における実証的分析道具の議論では，民事訴訟という設定の下で，予測がどれだけ重要であるか，また，どれだけ困難であるかを示した。訴訟という状況が戦略的な性質を有することから，単純な予測はほとんど役に立たない。われわれが検討した法と経済学モデルおよびゲイム理論的分析道具はその複雑さのいくつかの原因を厳密に検討するのに有益であるが，これら実証的分析道具には限界もある。そして，これら分析道具は人間の行動様式を前提にしているが，それらは，第3章で論じた限定合理性による洞察という観点から修正される必要があるかもしれない。

　第2部で説明した規範的な分析道具は，費用が常に便益と一緒に考慮されなければならないことについてわれわれの注意を喚起した。すべての人に本来の救済を与える手続システムを設計することは不可能である。回避しようと思えば回避できる過誤であっても，資源が限られている現実の世界ではこれを受け入れなければならない。社会的に価値の大きな目標を達成するために十分な資源を残しておくように，人は，その有する実体法的権利にかかわらず，ある程度損失を覚悟しなければならない。経済学者にとって，これは費用と便益の比較衡量という問題であり，第5章で見たように，インセンティヴが関係する場合には，比較衡量の結論を出すことは大変困難になる可能性がある。公正に焦点を置き，強力な手続的権利を認める者にとっては，問題はいくつかの点でいっそう難しくなる。最も微妙な局面の1つは，効用を覆す切り札となる権利の

保護と社会的費用の抑制を，どのように両立させるかという問題であることを第6章で見た。

　第3部では，第1部と第2部で検討した法と経済学の分析道具を，ディスカヴァリ，遮断効，クラス・アクションという3つの手続的問題に適用した。これら3つのテーマは，目下の関心から選ばれたものであるが，さらに，多くの問題点についても論じることができるであろう。経済学は，手続法のあらゆる面を分析するために用いることができるのである。

　民事訴訟法についての新たな見方を読者に提示することができたならば，本書はその目的を達したといえるであろう。さらに，経済学的アプローチへの関心を刺激し，この魅力的な分野を自ら検討する方法を身に付けてもらえたとしたならば，本書はいっそう成功したといえるであろう。

訳者あとがき

　本書は，ロー・スクール学生向けテキスト・ブックであるロバート・G・ボウン (Robert G. Bone) 教授の Civil Procedure: The Economics of Civil Procedure (Foundation Press, 2003) の全訳である。

　ボウン教授は，ボストン大学ロー・スクールの法学教授であり，「ハリィ・エルウッド・ウォーレン記念研究者」の称号を授与された著名な学者である。同教授は，スタンフォード大学，ハーヴァード大学ロー・スクールを卒業し，その後，裁判所のロー・クラーク，ボストンの大手法律事務所でのアソシエイトとしての勤務を経て，1983年に南カリフォーニア大学ロー・スクールの教授に就任した。そして，1987年からはボストン大学ロー・スクールに移り，現在に至っている。（その間，客員教授として，コロンビア大学ロー・スクールやハーヴァード大学ロー・スクールでも講義を担当している）。同教授は，研究生活の当初から，民事訴訟および複雑訴訟の研究を専門としており，多数の論文を『コロンビア・ロー・リヴュー (Columbia Law Review)』，『ペンシルヴェニア大学ロー・リヴュー (University of Pennsylvania Law Review)』，『ニュー・ヨーク大学ロー・リヴュー (New York University Law Review)』，『ジャーナル・オブ・リーガル・スタディーズ (Journal of Legal Studies)』などの権威ある専門学術誌に発表してきている。同教授の採用する方法論は，「法と経済学」のほか，意思決定論，ゲイム理論，厚生経済学，権利と正義の理論など多様であり，最近の訴訟法関連の論文では，裁判による法創造の手続，濫訴，クラス・アクション，裁判官による和解調停などをテーマとしている。

　わが国において，「法と経済学」に関するアメリカの教科書はすでにいくつか紹介されている。それらは，大まかに言えば，所有権法，契約法，不法行為法，刑事法，手続法など幅広い法分野に経済学が適用されうることの紹介を内容とするものであった。本書は，対象を特に民事訴訟法に絞り，実務上・学説上の喫緊の問題点を解明しながら法と経済学の分

析手法を体得できるように工夫されている点で，これまで類書にない特徴を有しているといえるであろう．

　対象分野が限定されているものの，本書は，法と経済学を初めて学ぼうとする人のための入門書と位置づけることができる．すなわち，本書では，基本的な概念や考え方から丁寧な説明が施されており，初学者にも容易に理解ができるよう配慮がなされている．また，理解の困難な数式はほとんど用いられておらず，数式を用いたことによって得られる洞察を，数式を用いない表現に置き換えた上で叙述がなされている．これまで，法と経済学に近寄り難さを感じていた方も，本書によって法と経済学の考え方に容易に馴染むことができるであろう（もっとも，アメリカ民事訴訟法とミクロ経済学についてはそれぞれ若干の予備知識があった方がより理解しやすいかもしれない．理解を深めようとする読者のために，差し当たり，前者の参考書として，浅香吉幹『アメリカ民事手続法』（弘文堂，2000年）を，後者の参考書として，N・グレゴリー・マンキュー（足立英之ほか訳）『マンキュー経済学Ｉミクロ編』（東洋経済新報社，2000年）を挙げておく）．

　しかし，本書が入門書であるからといって，その内容レベルが低いということはまったくない．詳細な文献の引用からも明らかなように，本書には，法と経済学の分野における1970年代以降の民事訴訟法関連の主要論文のエッセンスがぎっしり詰め込まれている．また，読み進んでいただければ分かるように，本書には随所に詳細な注が付されており，読者は，その解説を熟読することにより，さらには引用文献に直接当たることにより，いっそう深い理解を得ることができるであろう．より進んだ研究のための手がかりとして本書を利用することも十分可能である．

　平成16年4月にスタートした日本版ロー・スクール，法科大学院においては，基礎法学・隣接科目群の1つとして，ほとんどの大学院が「法と経済学」の講義を予定している．法と経済学の手法は，実務法律家にとっても不可欠な素養として位置づけられ，その比重は今後ますます高くなるであろう．本書が，将来法律家を目指す学生や実務法律家の方々が法と経済学の考え方に興味を持つ一助になれば，訳者としてこれに尽きる喜びはない．

ところで，ボウン教授については，日本で行った講演の内容がすでに論文として紹介されている。「アメリカの民事訴訟における和解（上）（中）（下）」（大村雅彦教授訳）（NBL759.28, 761.51, 762.55），「アメリカ民事訴訟における遮断効（上）（中）（下）」（三木浩一教授訳）（NBL765.43, 766.73, 768.50）がそれである。いずれの論文も，本書と一部内容が重なるほか，本書の内容を敷衍する箇所もあり，本書の記述をより良く理解するために有益であると思われるので，参考にしていただきたい。

　本書が成るについては，東京大学法学部太田勝造教授に終始お世話になった。本書翻訳のお薦めをいただき，その後も，翻訳に際してのアドヴァイスや，翻訳の前提となる理論面での御教示をいただいた。そして，光栄にも，本書に過分なる推薦のお言葉を頂戴した。ここに太田教授に対して深甚なる感謝の意を表させていただきたい。

　もちろん，訳文についての全責任が私にあることはいうまでもない。誤訳並びに不適切な訳文及び訳語については，読者の御批判，御指摘を賜りたい。

　なお，本書出版にあたっては，木鐸社編集部の坂口節子さんに一方ならぬお世話になった。この場を借りて感謝申し上げたい。

　　　平成16年9月　　　　　　　　　　　　　　　　　　　　訳　者

索引

〔あ〕

当て推量法　95, 96
アスベスト訴訟　233, 253
後知恵バイアス→バイアス
アドヴァース・セレクション→逆選択
アメリカ・ルール　35, 108, 143
R－Sモデル　45, 65, 137
アンカリング（係留効果）と調整バイアス
　　→バイアス
アンラベリング効果→解明効果

〔い〕

イギリス・ルール　108, 143, 260
意思決定理論　11
一括化戦略　54, 58, 163, 247
医療過誤　165
インセンティヴ
　訴え提起の――　128, 144
　　和解の――　152
　訴訟追行に費用をかける――　157
　法遵守の――　160

〔う〕

後向き推論　48, 52, 53
訴え提起のインセンティヴ→インセンティヴ

〔え〕

エイジェンシー・コスト　90, 236, 251
エイジェンシー問題　89, 238, 240, 257
ＡＤＲ→裁判外紛争解決手続
エンダウメント効果　96, 100-103

〔お〕

お人好し　76, 157

〔か〕

開示強制　193
回収不能費用　38, 85
外部化　193, 202
外部性　232, 230, 233
解明効果　184
過誤確率　122
過誤コスト　9, 118
　　――分析　118, 125, 127, 135
過剰なディスカヴァリ
ガスリー，クリス　102
カッツ，エイヴァリィ　54
仮定的同意　251
カルドア－ヒックス効率性　112, 114
カント哲学　170, 172

〔き〕

偽陰性過誤　119, 197
企業家的弁護士　240
基準額方式　242
期待過誤コスト　121
期待価値　11, 25
　プラス――　36, 43, 146, 230
　マイナス――　36, 44, 146, 230
期待金銭価値　11
期待効用　11, 24
期待手続コスト　133, 151
期待の相違　80, 84, 152
期待賠償額　145
期待判決額　54, 85, 159, 189
規範的法と経済学→法と経済学
規範論　167
既判力　206
規模の経済　230, 235
義務的開示　200
逆オークション　253
逆選択　236, 238, 246, 247, 249
強硬な交渉態度　75, 154
強制クラス・アクション→クラス・アクシ

268 索引

ョン
偽陽性過誤　119, 197
切換点　203, 205
均衡　45, 48

〔く〕

クラス・アクション　10
　強制——　228, 250
　——改革法　116, 258
　——の費用　236
　——の便益　229
　少額請求——　233, 239
　証券詐欺——　23, 116, 118, 141, 257
　多額請求——　240
　和解のための——　251
グールド，ジョン　32
軍拡競争　193

〔け〕

経済的効率性　167, 227
ゲイム理論　45
結果を基礎にした公正理論→公正理論
決裂分岐点　69
限界分析　93
現状維持バイアス→バイアス
厳格なプリーディング→プリーディング
限定合理性　96
限定資産状況　232
言論の自由　168

〔こ〕

攻撃的援用　217
交渉費用　73
厚生経済学　12, 108
行動経済学　15
公正理論　167
　手続を基礎にした——　16, 169
　結果を基礎にした——　16, 172
公民権　42, 146, 148, 166, 205
効用　109
功利主義的社会厚生関数　110
効率性　112, 167

公理的方法　88
合理的選択の公理　11
合理的選択理論　24, 31, 103
　——の限界　95
合理的疑いを超える証明　120
コストに見合う個別訴訟　230
コスト比　127
誤判コスト　107, 203
誤判率　175
コモン・ロー　118, 173, 181
コラテラル・エストッペル→争点効
混合戦略　80
混同と障害の法理　206

〔さ〕

裁定報酬額　256
裁判を受ける権利　224
裁判外紛争解決手続　10, 68
裁判所侮辱　193
最頻値　174
差止命令　35, 230
授かり効果→エンダウメント効果
サマリー・ジャッジメント　23, 53, 67, 135, 213
サンチリコ，クリス　82, 108
3倍賠償　235

〔し〕

時間報酬　36, 91, 242
持久力　210
シグナリング　246
自己奉仕バイアス→バイアス
事後的離脱権　259
指示評決　135
私人による証券訴訟改革法　116, 141, 257, 260
自信過剰バイアス→バイアス
実証的法と経済学→法と経済学
私的コスト　150
私的情報　81
支配戦略　50
自白　168

索引　269

自発的な証拠開示　183
社会厚生　12, 167
　——厚生関数　108, 110
社会的費用　12, 63, 171, 229
シャヴェル，スティーヴン　45, 183
遮断効　206
シャピーロ，デイヴィッド　206
集合行為　236
自由主義のパラドックス　113
囚人のディレンマ・ゲイム　76, 79, 157, 197
主張責任　117
主任弁護士のオークション　257
少額請求クラス・アクション→クラス・アクション
証券詐欺クラス・アクション→クラス・アクション
条件付確率　123, 129
証拠の優越　120
情報的価値　195
情報の非対称性　54
情報利益　95
将来請求者　251
職業原告　239
信頼性のある威嚇　47, 53, 65, 186, 191, 197, 211, 223, 254
心理学的理論　169

〔す〕

推移性　11, 110
スイッチング・ポイント→切換点

〔せ〕

請求遮断効　208, 213
成功報酬　35, 90, 242
セレクション・バイアス→バイアス
宣言的判決　35, 230
選好充足　109, 110
専門家証人　157
先例拘束性の原理　209, 212, 223

〔そ〕

相互性の原則　216
争点効　206
争点遮断効　215
双方独占　75
双方の楽観的見込み　80, 152
訴訟経済　207, 215
訴訟後見人　259
訴訟信託　75
訴訟遅延　18, 233
訴訟追行に費用をかけるインセンティヴ→インセンティヴ
訴訟幇助　75
損益分岐点　194
尊厳理論　170
損失回避　100

〔た〕

代表制ヒューリスティクス→ヒューリスティクス
多額請求クラス・アクション→クラス・アクション
ただ乗り→フリー・ライダー

〔て〕

ディスカヴァリ　11, 18, 53, 86, 169, 171
　過剰な——　193
　——の制限　202
　濫用的——　195
テスト・ケイス　42
手続コスト　107, 133, 135, 236
手続的公正　168, 170, 173, 174
手続を基礎にした公正理論→公正理論

〔と〕

道徳上の要求権　173
ドゥオーキン，ロナルド　8, 174, 175
特別補助裁判官　259
富の移転　246, 251
取引費用　211, 231, 234
トレード・オフ　9, 174

〔な〕

ナッシュ，ジョン　48, 88
ナッシュ交渉解　88
ナッシュ均衡　48, 88
馴合い和解　243, 256, 258

〔に〕

二律背反→トレード・オフ
認知能力の限界　96, 100

〔の〕

望ましくない均衡　157
ノーティス・プリーディング→プリーディング

〔は〕

バイアス
　後知恵――　97, 99
　アンカリング（係留効果）と調整――　98, 99
　現状維持――　101
　自己奉仕的――　97, 98, 183
　自信過剰――　97
セレクション・バイアス　20
陪審員　97
賠償額の割合方式　242
バックワード・インダクション→後向き推論
パレート効率性　112, 113
ハンド，ラーニッド　106
ハンドの定式　106

〔ひ〕

Ph.D 許可ゲイム　61
非対称的な係争利益　218, 222, 230, 231
非相互的な争点遮断効　216
非当事者に対する遮断効　224
非当事者による遮断効　216
ヒューリスティクス　63, 95〜98
　代表制――　97
　利用可能性――　97
費用負担の変更　203
費用便益分析　106, 111, 114

評判　65, 240, 254, 255
ヒルトン，キース　162, 164

〔ふ〕

賦課的価値　195
賦課利益　195
プラス期待価値→期待価値
プリーディング　22, 116
　ノーティス――　22, 116
　厳格な――　117
不利な証拠の開示　184
フリー・ライダー　241
フレーミング効果　96, 100
プロスペクト理論　102
分岐点　127
文書提出命令状　186

〔へ〕

平均値　37, 174, 213
ヘイ，ブルース　188, 208
ベブチュク，ルシアン　38, 52
ベンサム，ジュレミー　109

〔ほ〕

包括的和解　251
防御的援用　217
法遵守のインセティヴ→インセンティブ
法定のディスカヴァリ　18
　――の費用　192
　――の便益　182
法と経済学
　規範的――　12, 106, 167
　実証的――　11, 19, 178
　――の訴訟モデル　24
　――の和解モデル　69
ポズナー，リチャード　32, 226

〔ま〕

マイナス期待価値→期待価値
マクドナルドのホットコーヒー事件　22, 43

〔み〕
ミラー, ジェフリー　91

〔む〕
無差別　72

〔も〕
申し出・要求問題　160

〔ゆ〕
有利な証拠の開示　183
ユーティル　31

〔よ〕
抑止力　9, 234

〔ら〕
濫訴　22, 41, 116, 136, 148, 254, 260
ランデス, ウイリアム　32
濫用的ディスカヴァリ→ディスカヴァリ

〔り〕
利益均衡　170
リスク愛好的　25
リスク回避　64, 147
リスク回避的　25, 153, 155, 250, 255
リスク中立的　25, 153, 155, 250, 255
離脱　228, 249, 257
――クラス　228, 259
利得行列　78, 158
利用可能性ヒューリスティクス→ヒューリスティクス
両面的弁護士報酬敗訴者負担制度　143
留保価格　71, 83, 84

〔る〕
ルール11　23, 141

〔れ〕
連邦民事訴訟規則　23, 141, 180, 200, 230, 232, 259

〔ろ〕
ローゼンバーグ, デイヴィッド　45

〔わ〕
和解額の予測　87
和解のためのクラス・アクション→クラス・アクション
和解のインセンティヴ→インセンティヴ
和解
　――の質　88, 187
　――の頻度　186
　――範囲　71, 87, 153, 156, 161, 221
　――余剰　71, 154〜156, 161
枠組み効果→フレーミング効果
割引係数　210

訳者紹介

細野　敦（ほその　あつし）

〔**略歴**〕1964年生れ。1987年　司法試験合格。1988年　一橋大学法学部卒業，司法修習生（42期）。1990年　東京地方裁判所判事補，1994年　司法研修所付，1996年　鹿児島地方・家庭裁判所名瀬支部判事補，1998年　最高裁判所事務総局広報課付，2000年　東京地方裁判所判事，2001年より宮崎地方裁判所判事，現在に至る。

〔**主要著書**〕『要件事実の考え方と実務』（共著）民事法研究会，2002年

〔**主要論文**〕「判決効の主観的拡張理論とその経済分析―コラテラル・エストッペルの経済分析の紹介」『判例タイムズ』828号（判例タイムズ社，1993年），「管轄」塚原朋一＝柳田幸三＝園尾隆司＝加藤新太郎編『新民事訴訟法の理論と実務上巻』（ぎょうせい，1997年），「本執行への移行」丹野達＝青山善充編『裁判実務大系第4巻民事保全法』（青林書院，1999年）「抵当権に基づく占有排除の仮処分の可否」門口正人＝須藤典明編『新裁判実務大系第13巻民事保全法』（青林書院，2002年）

copyright © 2003 *The Economics of Civil Procedure*
by Robert Bone by Foundation Press
Japanese translation right arranged with Foundation Press
through The Sakai Agency Tokyo

民事訴訟法の法と経済学

2004年11月30日第一版印刷発行　Ⓒ

著　者	ロバート・G・ボウン	
訳　者	細　野　　　敦	
発行者	坂　口　節　子	
発行所	㈲　木　鐸　社	

訳者との了解により検印省略

印刷　㈱アテネ社　　製本　大石製本

〒112-0002　東京都文京区小石川5-11-15-302
電話（03）3814-4195番　　郵便振替　00100-5-126746番
ファクス（03）3814-4196番　　http://www.bokutakusha.com

乱丁・落丁本はお取替致します

ISBN4-8332-2359-7　C3033

「法と経済学」関連書

「法と経済学」の原点
R.コース／G.カラブレイジィ他　松浦好治編訳

A5判・230頁
税込　3150円

不法行為法の新世界
R.ポズナー／G.カラブレイジィ他　松浦好治編訳

A5判・180頁
税込　2575円

法と経済学の考え方
■政策科学としての法
R.クーター著　太田勝造編訳

A5判・248頁
税込　3150円

法と社会規範
■制度と文化の経済分析
E.ポズナー著　太田勝造監訳

A5判・366頁
税込　3675円

結婚と離婚の法と経済学
A.ドゥネス／R.ローソン編著　太田勝造監訳

A5判・360頁
税込　3675円

正義の経済学
■規範的法律学への挑戦
R.ポズナー著　馬場孝一・国武輝久他訳

四六判・480頁
税込　6300円

法に潜む経済イデオロギー
R.マーロイ著　馬場孝一・国武輝久訳

A5判・200頁
税込　2310円

法の迷走・損害賠償
■非難文化の温床
P.S.アティア著　望月礼二郎訳

四六判・280頁
税込　2625円